期权投资盈利之道

期权策略的"体系化"运用，权益配合的"方法论"实践

沈发鹏◎著

电子工业出版社
Publishing House of Electronics Industry
北京·BEIJING

内 容 简 介

本书是作者多年期权投资经验的总结，注重从体系化角度思考不同期权策略之间的关系，引导读者形成"先整体、后局部"的投资思考习惯。

全书分为入门篇、进阶篇、升华篇三个部分，由浅入深、层层递进。基础篇尽量通俗易懂，包括趋势策略、非趋势策略等在内的基础期权交易策略。进阶篇讲究实践务实，包括中性卖方策略、波动率交易策略等在内的高阶期权交易策略。升华篇追求逻辑体系，包括期权反脆弱策略、期权指增策略等在内的体系化期权投资框架。本书在介绍期权策略时，除结合案例讲述外，还尽可能运用历史数据回测，让读者从整体上认知策略在不同时空背景下的表现，深入理解策略底层的思想。

本书适合作为期权投资领域研究与从业人员的参考用书，也适合高校相关专业的学生阅读。

图书在版编目（CIP）数据

期权投资盈利之道：期权策略的"体系化"运用，权益配合的"方法论"实践 / 沈发鹏著. —北京：电子工业出版社，2024.1（2025.9重印）.

ISBN 978-7-121-46723-3

Ⅰ．①期… Ⅱ．①沈… Ⅲ．①期权交易—基本知识 Ⅳ．①F830.91

中国国家版本馆 CIP 数据核字（2023）第 223476 号

责任编辑：黄爱萍
印　　刷：北京捷迅佳彩印刷有限公司
装　　订：北京捷迅佳彩印刷有限公司
出版发行：电子工业出版社
　　　　　北京市海淀区万寿路 173 信箱　　邮编：100036
开　　本：720×1000　1/16　印张：19　字数：395.2 千字
版　　次：2024 年 1 月第 1 版
印　　次：2025 年 9 月第 5 次印刷
定　　价：99.00 元

凡所购买电子工业出版社图书有缺损问题，请向购买书店调换。若书店售缺，请与本社发行部联系，联系及邮购电话：（010）88254888，88258888。

质量投诉请发邮件至 zlts@phei.com.cn，盗版侵权举报请发邮件至 dbqq@phei.com.cn。

本书咨询联系方式：faq@phei.com.cn。

推荐序

期权是一种金融衍生品，它给予购买者在未来某个时间内以特定价格购买或出售一定数量的某种资产的权利，但并不负有必须购买或出售的义务。

在普通交易中，投资者需要预测市场的走向，以便在市场朝着预期方向变动时获得利润，同样地，在市场反向变动时承担相应的风险。非对称性交易是指投资者利用信息不对称或其他不对称方式进行的交易，其目的是利用市场或工具的不均衡来获得利润。从工具的设计而言，期权天然具备权利和义务的非对称性，因此，期权也是非对称性交易的重要工具。

由于期权具有非对称性特征，因此期权投资者在理论上可以通过期权构建出拥有更低风险暴露和更高收益期望的投资组合。一个合理的拥有非对称性特征的期权策略，当基础资产表现不如预期时，策略损失可以远远低于基础资产本身；当基础资产走势符合预期甚至超预期时，策略可能获得比基础资产更高的收益。所以相比于普通投资者，能够熟练运用期权工具的投资者可以获得显著的非对称性优势。

同样，因为期权具有非对称性特征，其在专业机构的投资组合中经常作为风险管理工具使用。国际投资大师 Nassim Nicholas Taleb（纳西姆·尼古拉斯·塔勒布）先生所提的"反脆弱性"成为近年来投资领域的热词。"反脆弱性"推崇抵御黑天鹅风险，甚至主动捕捉黑天鹅收益的投资思想，运用的核心投资工具即期权。

中国资本市场从创设至今已有 30 余年，随着全球经济的不断发展，国家之间国力对比逐渐失衡，旧的国际秩序越来越不合时宜，新的国际秩序正在孕育中。未来的全球宏观环境是开放且混沌的，可能更好，也可能更坏，但可以确定的是大国博弈会继续。在这种宏观背景下，投资者不仅需要思考如何让自己的财富增值，更应该基于"黑天鹅不可预测，但必然发生"的常识，进一步考虑如何利用投资工具防范风险，在黑天鹅事件下实现财富的保值与增值。

期权给投资者带来的投资便利有很多。比如，期权隐含波动率对市场情绪天然拥有的量化能力，可以辅助投资者更好地跟踪基础资产状态；基于期权的非线性收益特征，投资者可以在投资执行的起点锁定目标收益曲线，以满足个性化投资需求。

随着科创 50ETF 期权于 2023 年 6 月上线，国内指数期权矩阵基本布局完成。在可预见的未来，利用期权进行指数投资及风险管理将成为新的趋势。沈发鹏先生通过本书，将其多年的实盘交易经验系统性地整理在各个章节之中，为我们学习期权基础知识、运用期权工具进行投资提供了很好的参考。

白致华　高旭歆

海南致衍私募基金管理合伙企业（有限合伙）团队

2023 年 6 月

前　言

工欲善其事，必先利其器

期权被誉为"金融衍生品皇冠上的明珠"，从其诞生之日起便成为资本市场的宠儿，是银行、券商、保险、基金等机构与专业投资者的必选投资工具之一。

2015 年 2 月 9 日，国内第一个交易所期权——上证 50ETF 期权上市，期权也开始走进国内专业机构和投资者的视野。截至 2022 年年底，国内已经有数十个商品期权，以及沪深 300 指数、上证 50 指数、中证 500 指数、中证 1000 指数、创业板指数等权益类指数期权上市。国内期权市场的成交量也随着参与机构和投资者数量的增多而大幅上升。

随着越来越多期权品种的推出与越来越多参与者的加入，熟练使用期权投资工具成为参与资本市场的必要能力之一。

在资本市场做投资就像上山劈柴，当所有人都拿着普通刀具上山时，工具对劈柴效率的影响不大。但随着刀具技术的发展，开始有人拿着电锯上山，这时工具对劈柴效率的影响显著加大。期权就类似于这个比喻中的电锯，虽然最终的结果并不完全由所使用的工具决定，但在其他条件相同的情况下，更好的工具往往对应了更好的结果。

所以，当期权成为越来越多专业投资者的基础投资手段时，更广泛的投资者也应当对期权这个投资工具做进一步了解。

期权作为金融市场中定价和使用方法最复杂的投资工具之一，普通投资者运用起来并不简单。期权既可能带来其他投资工具不可企及的暴利机遇，也可能带来其他投资工具不可同比的亏损考验。

暴利的例子很容易被媒体传播和记忆，比如 2019 年 2 月 25 日，上证 50ETF 期权某合约单日 192 倍的神话在媒体中广为流传。

国际投资大师中也不乏利用期权大幅盈利的故事，比如 2012 年索罗斯利用期权布局日元空头，将 3000 万美元变成 10 亿美元。

但使用期权投资大幅亏损的例子同样有很多，比如 2018 年年初国内某衍生品策略机构基金产品被一夜清盘。

在任意投资机会面前，相较于传统的股票、债券、期货等投资工具，期权既能构建出所有工具中收益最好的组合，亦能构建出所有工具中收益最差的组合。

所以，对于期权这个"一体两面"的投资工具，投资者既要有"工欲善其事，必先利其器"的觉悟来积极了解，也要有"工具而已，不盲目神化"的清醒而合理运用。

本书的内容，一方面结合国内指数期权实践案例，通过入门篇与进阶篇两部分内容，为读者打开从入门到精通的期权运用大门；另一方面基于贯穿全书的数据回溯与本质分析思路，通过升华篇总结提炼，为读者展示体系化运用期权的投资思想，引导读者构建适合自己的期权投资框架。

最后，希望本书可以为读者带来一次良好的期权学习体验，以及期权的投资思路变革！如果对本书内容或者本书未提及的内容有不一样的思考，欢迎通过邮箱 sfpyy@126.com 与笔者进行讨论。

目　录

第三部分　升华篇

第一部分
入门篇

　　入门篇作为本书的第一部分内容，旨在为刚接触期权的读者朋友提供相对简要但颇具整体观的基础知识。针对有经验的成熟期权玩家，大可将入门篇作为简单知识重现，快速阅读，甚至可以直接从第二部分的进阶篇开始阅读。

　　本篇一共包含 3 章，第 1 章是期权基础知识，第 2 章是期权风险管理基础，第 3 章是期权基础策略。这 3 章层次递进，先学习期权基础，再了解期权这个非线性工具最重要的风险管理参数，以及"先压力测试、后配置执行"的风控经验，然后熟悉包括期权保险策略、期权备兑策略、趋势预期下的期权策略、非趋势预期下的期权策略等不同应用情景下的基础策略。

　　相较于进阶篇与升华篇，入门篇的内容稍显枯燥，还请各位读者知悉。建议有基础知识积累需求的读者抵抗一下枯燥，认真品读。待读完入门篇后，相信读者可以对期权这个衍生品工具有一个较为完整的初步认识。

　　此外，因为上海证券交易所的华夏上证 50ETF 期权是国内第一只上市交易的场内期权，其历史数据集和案例相对更完备，故本书后续案例和数据回溯主要基于该品种展开。

第1章

期权基础知识

1.1　期权的定义与基本交易策略

1.1.1　期权的定义

1. 期权简介

期权是指赋予其购买方在规定期限按买卖双方约定的价格（称为行权价）购买或出售一定数量某种资产（称为标的资产）的权利的合约。期权购买方为了获得这个权利，必须支付给期权出售方一定的费用，这个费用被称为权利金、期权费或期权价格。

如图 1.1 所示，在进行期权交易时，购买期权的一方称作买方，出售期权的一方称作卖方。期权的买方支付权利金，享受相应权利，当其行使相应权利时，若行情对买方有利，则买方会选择行权，若不利则可以放弃行权。期权的卖方收取权利金，承担相应义务，当买方选择行权时，卖方必须按照约定配合买方进行标的资产的交割。

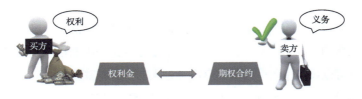

图 1.1　期权权利与义务示意图

2. 期权的分类

（1）按照期权的权利方向划分，期权分为认购期权（Call）和认沽期权（Put）

认购期权的买方可以在合约规定的时间，按照约定价格买入标的资产。认沽期权的买方可以在合约规定的时间，按照约定价格卖出标的资产。认购期权与认沽期权的具体解释与案例会在 1.1.2 节中详细叙述。

（2）按照期权的执行时限划分，期权分为欧式期权和美式期权

欧式期权是指在期权合约规定的到期日才可以行权的期权。美式期权是指在期权合约有效期内的任意交易日都可以行权的期权。美式期权比欧式期权在行权方式上更灵活，同时其赋予期权买方更多的选择，而卖方则时刻面临着履约的风险，因此一般美式期权的权利金比欧式期权的高。本书重点介绍欧式期权。

（3）按照合约标的资产进行划分，期权分为金融期权和商品期权

金融期权包括股票期权、股指期权、利率期权、外汇期权等，标的资产分别为股票、股票指数、利率、货币等。商品期权的标的资产主要为商品期货合约或实物。

目前，国内已经有很多期权品种，其中在上海证券交易所（简称上交所）、深圳证券交易所（简称深交所）上市的一系列 ETF 期权为股票期权；在中国金融期货交易所上市的沪深 300 指数期权、中证 1000 指数期权为股指期权；在大连商品交易所、上海期货交易所、郑州商品交易所上市的豆粕期权、白糖期权、铜期权等为商品期权。

（4）按照期权是否在交易所交易，可以将期权划分为场内期权和场外期权

场内期权是指在交易所内以标准的程序和方式进行交易的期权。场外期权是指不在交易所上市交易的期权。

场内期权与场外期权的区别主要表现在期权合约是否标准化。场外期权受到的管制较少，期权合约可以私下交易，但其交易成本往往比场内期权要高。场外期权的优点是合约条款可以灵活设置，以满足资产管理人的一些特殊要求，但流动性差，交易对手的违约风险较大。近年来，国内比较流行的雪球、气囊式期权就是典型的场外期权。

相对于场外期权，场内期权的标准化程度高、流动性好。交易所有统一的交易规则，且通过交易所统一进行交易、清算，有严格的监管及规范，所以交易所能够有效地掌握有关信息，并向市场发放例如成交价、成交量、未平仓合约数量等数据。所有的场内期权合约都由"结算公司"进行结算，"结算公司"作为所有期权投资者的对手方规避信用风险。

事实上，场外期权基本上是单对单的交易，其中所涉及的只有买方、卖方及经纪方，有时甚至只有买卖双方，并没有一个中央交易平台。因此，场外期权市场的透明度较低，只有积极参与当中活动的人（例如投资银行及机构投资者）才清楚市场行情，一般投资者难以得知场外期权市场的整体交易情况，在每次交易时只能根据自身的预期和定价能力尝试向对手方询价。正因如此，笔者的理解是场外期权的交易包含了更大权重的定价认知博弈，所以笔者认为对大多数投资者来说，除非对标的资产走势预期和期权定价非常自信和熟练，否则均应审慎参与。

3. 期权合约要素

场内期权是在交易所挂牌上市的标准化合约，也是普通投资者参与期权交易的主要类型。场内标准化期权合约通常包括以下要素。

（1）类型

期权类型分为认购期权和认沽期权。

（2）标的资产

标的资产是指合约中约定的买入或卖出的特定资产。常见的期权合约标的资产有股票、商品、外汇、债券（利率）、期货、股票指数等。本书重点引用的是上海证券交易所于 2015 年 2 月 9 日上市交易的华夏上证 50ETF 期权，其标的资产为华夏上证 50ETF 基金份额。

（3）到期日

到期日是指合约有效期截止的日期，也是期权权利方可行使权利进行交割的最后日期。合约到期后自动失效，期权权利方不再享有权利，期权义务方不再承担义务。

欧式期权只能在到期日进行交割，美式期权则可以在该日期或该日期以前进行交割，上证 50ETF 期权为欧式期权。

（4）行权价

行权价也称执行价或履约价，是合约约定交易标的资产的价格。对任何一只期权（部分场外奇异期权除外）来说，其行权价是固定不变的，但其标的资产的价格随时都在变化。根据某一期权的行权价和标的资产价格的相对位置，该期权可能出现以下三种状态。

> **实值**：如果认购期权的行权价低于标的资产价格，那么此认购期权被称为实值（In the money）期权；如果认沽期权的行权价高于标的资产价格，那么此认沽期权被称为实值期权。

> **平值**：如果认购期权的行权价等于标的资产价格，那么此认购期权被称为平值（At the money）期权；如果认沽期权的行权价等于标的资产价格，那么此认沽期权被称为平值期权。

> **虚值**：如果认购期权的行权价高于标的资产价格，那么此认购期权被称为虚值（Out of the money）期权；如果认沽期权的行权价低于标的资产价格，那么此认沽期权被称为虚值期权。

事实上，实值期权即假设权利方即时行权能够获得正现金流的期权合约，平值期权即假设权利方即时行权能够获得现金流为零的期权合约，虚值期权即假设权利方即时行权只能获得负现金流的期权合约。

一个期权合约的状态不是一成不变的，随着标的资产价格的涨跌，期权可以在三种状态之间相互转化。例如，对于上证 50ETF 期权当月行权价为 2.80 元的认沽期权，当上证 50ETF 的价格走低至 2.60 元时，该期权是实值期权，但当上证 50ETF 的价格走高至 2.90 元时，该期权又变为虚值期权。

（5）合约单位

合约单位是指一张合约对应的标的资产数量，对于个股期权来说，就是一张期权合约对应的股票数量，如华夏上证 50ETF 期权合约的合约单位为 10 000 股/张。对于指数期权来说，合约单位是每一个指数点对应的价值，如沪深 300 指数期权合约的合约单位为 100 元/点。

（6）行权价间距

行权价间距是指相邻两个期权行权价的差值。一般期权行权价间距的设定规则都是事先设定好的，标的资产价格越高，行权价间距越大，如华夏上证 50ETF 期权价格的最小行权价间距为 0.05 元。

（7）交割方式

期权的交割方式分为实物交割和现金交割。

实物交割指在期权合约到期后，认购期权权利方支付现金以买入标的资产，认购期权义务方收取现金以卖出标的资产，或者认沽期权权利方卖出标的资产并收入现金，认沽期权义务方买入标的资产并支付现金。目前，上海证券交易所和深圳证券交易所推出的数只 ETF 期权均采取实物交割的方式，包括上证 50ETF 期权。

现金交割指买卖双方按照结算价格以现金的形式支付价差，不涉及标的资产的转让。目前，中国金融交易所的数只股票指数期权均采取现金交割的方式，如沪深 300 指数期权。

（8）期权保证金

当投资者开仓卖出期权时，作为期权的义务方，需要承担买入或卖出标的资产的义务，因此必须按照交易所规则缴纳一定数量的保证金，作为其履行期权合约义务的担保。期权的权利方因不承担任何义务，所以不需要额外缴纳保证金。

初始保证金是指投资者在开仓卖出期权时，需缴纳的保证金。维持保证金是指投资者在交易日终仍有未平仓合约时需缴纳的保证金。平仓不需要缴纳保证金，在对已开仓合约进行平仓时保证金将返还至投资者账户。

投资者在首次开仓卖出期权合约时需要有足够的初始保证金。每日日终，投资者需要为持有的所有未平仓合约缴纳维持保证金，如未能在规定的时间内补足维持保证金，将会被交易所强行平仓。按照国内的结算约束机制，交易所监察经纪商整体的维持保证金情况，经纪商则监察投资者账户的维持保证金。所以，在一般情况下，为保证自身风控的严密性，经纪商对保证金的要求会高于交易所的要求。

　　每个交易所都会在期权合约规则中明晰与保证金相关的计算公式，上证 50ETF 期权的保证金公式在上海证券交易所也有公示。

　　为了便于大家深入了解实践中的期权合约基本条款，此处将上证 50ETF 期权合约的基本条款做详细展示，如表 1.1 所示。

表 1.1　上证 50ETF 期权合约的基本条款

合约标的资产	上证 50 交易型开放式指数证券投资基金（50ETF）
合约类型	认购期权和认沽期权
合约单位	10 000 份
合约到期月份	当月、下月及随后两个季月
行权价	9 个（1 个平值合约、4 个虚值合约、4 个实值合约）
行权价间距	3 元或以下为 0.05 元，3 元至 5 元（含）为 0.1 元，5 元至 10 元（含）为 0.25 元，10 元至 20 元（含）为 0.5 元，20 元至 50 元（含）为 1 元，50 元至 100 元（含）为 2.5 元，100 元以上为 5 元
行权方式	到期日行权（欧式）
交割方式	实物交割（业务规则另有规定的除外）
到期日	到期月份的第四个星期三（遇法定节假日顺延）
行权日	与合约到期日相同，行权指令提交时间为 9:15～9:25，9:30～11:30，13:00～15:30
交收日	行权日次一交易日
交易时间	9:15～9:25，9:30～11:30（9:15～9:25 为开盘集合竞价时间） 13:00～15:00（14:57～15:00 为收盘集合竞价时间）
委托类型	普通限价委托、市价剩余转限价委托、市价剩余撤销委托、全额即时限价委托、全额即时市价委托及业务规则规定的其他委托类型
买卖类型	买入开仓、买入平仓、卖出开仓、卖出平仓、备兑开仓、备兑平仓及业务规则规定的其他买卖类型
最小报价单位	0.0001 元
申报单位	1 张或其整数倍
开仓保证金 最低标准	认购期权义务仓开仓保证金＝[合约前结算价+Max（12%×合约标的资产前收盘价-认购期权虚值，7%×合约标的资产前收盘价）]×合约单位 认沽期权义务仓开仓保证金＝Min[合约前结算价+Max（12%×合约标的资产前收盘价-认沽期权虚值，7%×行权价），行权价]×合约单位
维持保证金 最低标准	认购期权义务仓维持保证金＝[合约结算价+Max（12%×合约标的资产收盘价-认购期权虚值，7%×合约标的资产收盘价）]×合约单位 认沽期权义务仓维持保证金＝Min[合约结算价 +Max（12%×合约标的资产收盘价-认沽期权虚值，7%×行权价），行权价]×合约单位

4. 期权的权利金

期权的权利金是指期权合约的市场价格。期权权利方将权利金支付给期权义务方，以此获得期权合约所赋予的权利。期权的义务方卖出期权而承担了必须履行期权合约的义务，为此收取一定的权利金作为报酬。权利金是由权利方承担的，是权利方在出现最不利变动时所要承担的最高损失金额，因此也称作保险金。

期权权利金的多少取决于标的资产、到期月份及所选择的行权价。

期权权利金从价值上来看包括内在价值和时间价值，期权价值公式如下。

$$期权价值=内在价值+时间价值$$

$$认购期权的内在价值=\text{Max}（0，标的资产价格-行权价）$$

$$认沽期权的内在价值=\text{Max}（0，行权价-标的资产价格）$$

内在价值是指权利方立即履行期权合约可兑现的价值，它反映了期权合约中预先规定的履约价值与相关标的资产价格之间的关系。时间价值是指期权合约的购买者为购买期权而支付的权利金超过期权内在价值的那部分价值。期权购买者之所以愿意支付时间价值，是因为其预期随着时间的推移和市价的变动，期权的内在价值会增加。

期权权利金的影响因素有标的资产价格、标的资产波动率、合约到期期限、行权价、市场无风险利率和股息等，具体如下。

（1）标的资产价格

由于认购期权内在价值等于标的资产价格减去行权价，所以当标的资产价格上升时，认购期权的价值上升。同理，由于认沽期权内在价值等于行权价减去标的资产价格，所以当标的资产价格上升时，认沽期权的价值下降。

（2）标的资产波动率

标的资产波动率是用来度量未来标的资产价格不确定性的。标的资产的波动率越大，那么标的资产价格就有越大的可能性上涨或下跌。对于认购期权，由于股票价格上涨的幅度变大，持有者获利的可能性就越大，同时最多损失权利金，所以认购期权的价值随着波动率增加而增大；对于认沽期权，其价值同样随着波动率的增加而增大。对于期权卖方来说，因为标的资产价格的大幅波动使其面临的市场不确定因素增加，所以此时往往会提高对权利金的要求。

（3）合约到期期限

一般来讲，因为在期权的价值中，一部分是时间价值，所以期权到期时限越长，它的时间价值就越大，认购期权和认沽期权的价值也越大。这是因为期权的到期时限越长，期权转向实值的可能性越大，买方行使期权获利的可能性越大，进而买方愿意支付越高的权利金。而对于期权卖方来说，期权剩余的有效期越长，卖方所承担的风险就越大，这样，卖方在出售期权时所要求的权利金就越高。反之，期权剩余的有效期越短，期权权利金也就越低。

（4）行权价

对于认购期权而言，行权价越高，该期权转向实值期权的可能性越小，权利金相应降低；而对于认沽期权来说，行权价越高，该期权转向实值期权的可能性越大，权利金则相应提高。

（5）市场无风险利率

市场无风险利率通常为金融市场重点标准利率，国内一般参考十年期国债利率。市场无风险利率是影响期权价值最复杂的一个因素，其一般受各国政府部门的引导，变动较为平缓，所以该因素也是一般情况下短期影响最小的一个。①当市场无风险利率上升时，资金机会成本较高，认购期权作为做多标的资产的投资工具，其定价中包含的资金成本更高，认沽期权则相反。②当市场无风险利率下降时，资金机会成本较低，认购期权的定价中包含的资金成本更低，认沽期权则相反。在现实交易中，只有极少数特殊金融背景会让无风险利率对期权价格的影响出现变化。

（6）股息

一般来说，如果在期权到期日前，标的资产进行了股息分配，则在分配日后，除权效应会使标的资产价格下跌。根据期权价格与标的资产价格的关系原理，在行权价不变的情况下，认购期权的价值会下降，认沽期权的价值会上升。

1.1.2 期权的四个基本策略

虽然期权的组合策略有很多种，但无一例外都是由买入认购期权、卖出认购期权、买入认沽期权和卖出认沽期权这四个基本策略所构成的，所以这四个基本策略是所有期权组合策略的基础。

1. 买入认购期权

投资者预计标的资产价格将要上涨，但是又不希望承担不可预料的价格大幅下跌带来的巨大损失，或者投资者希望通过杠杆效应放大标的资产价格上涨所带来的收益，在进行方向性投资时将会选择做多该标的资产的认购期权。投资者支付一笔权利金，买入一张认购期权，便可享有在到期日之前买入或不买入标的资产的权利。理论上来说，买入认购期权属于"损失有限，盈利无限"的策略，其盈亏图如图 1.2 所示。

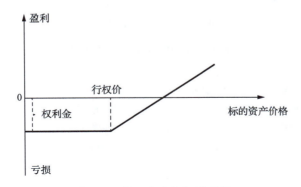

图 1.2 买入认购期权盈亏图

❖ 盈亏平衡点：行权价+权利金。
❖ 最大收益：无限。
❖ 最大亏损：权利金。
❖ 到期损益：Max（0，到期标的资产价格–行权价）–权利金。

在期权合约到期日，如果标的资产价格上涨至行权价以上，便可以先执行认购期权，以低价获得标的资产，然后将标的资产按上涨的价格卖出，获得差价利润。如果标的资产价格不涨反跌，且跌到行权价以下，则放弃行权，损失为权利金。

买入认购期权示例：2023 年 3 月 1 日盘中，华夏上证 50ETF 收盘价为 2.772 元，2023 年 4 月 26 日到期的行权价为 2.80 元的上证 50ETF 认购期权价格为 0.0667 元，若投资者花费 667 元（1 张 50ETF 期权对应 10 000 股 50ETF，即合约规模为 10 000 股/张，本书后面章节同理）买入 1 张该认购期权进行投资，则其认购期权头寸盈亏图如图 1.3 所示。

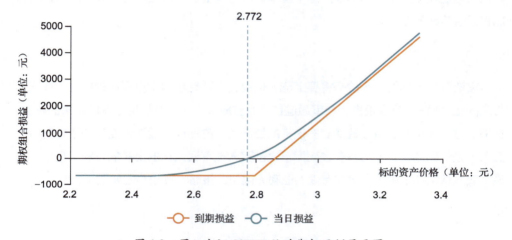

图 1.3　买入上证 50ETF 认购期权示例盈亏图

❖　橙色线为该期权头寸的到期盈亏曲线。

❖　蓝绿色线为该期权头寸建仓当日的实时盈亏曲线。

❖　实时盈亏曲线与到期盈亏曲线之间的差，即该期权头寸的剩余时间价值。

备注：本书所有期权示例盈亏图及 Greeks 变动图表均通过 Wind 金融终端和 Excel 制图，因市场价格的非整性，可能相关图表所展示的示意图与理论图表在某些价格附近存在小偏差，但该偏差不影响实际投资操作，本书后文同理。

2. 卖出认购期权

投资者预计标的资产价格，在近期将会维持在现在的价格附近或者略微下降，可以选择做空与该标的资产挂钩的认购期权，从而得到一定的权利金，同时承担卖出认购期权所履行的义务。如果在期权到期时，认购期权的买方要求执行期权，则该标的资产认购期权的卖方就只能履行按照行权价卖出约定数量标的资产的义务。卖出认购期权属于"盈利有限，损失无限"的策略，其盈亏图如图 1.4 所示。

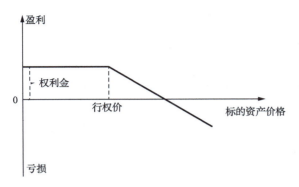

图 1.4　卖出认购期权盈亏图

❖　盈亏平衡点：行权价+权利金。

❖　最大收益：权利金。

❖　最大亏损：无限。

❖　到期损益：权利金-Max（0，到期标的资产价格-行权价）。

在期权合约到期日，如果标的资产的价格上涨至行权价以上，则期权权利方会因为该期权有正行权收益而提出行权。期权义务方将履约，以行权价向权利方出售标的资产，即成为该标的资产的空头。此时，若从市场买入价格上涨的标的资产，并以行权价卖给期权权利方，卖方就会有价差损失，但之前收取的权利金会弥补部分损失。另外，在买方未提出行权之前，卖方也可以随时将该标的资产认购期权平仓，从而获得该期权权利金价差收入或损失。

卖出认购期权示例：2023 年 3 月 1 日盘中，上证 50ETF 收盘价为 2.772 元，2023 年 4 月 26 日到期的行权价为 2.80 元的上证 50ETF 认购期权价格为 0.0667 元，若投资者收取 667 元卖出 1 张该认购期权进行投资，则其认购期权头寸盈亏图如图 1.5 所示。

3. 买入认沽期权

投资者预计标的资产价格下跌幅度较大，同时认为标的资产价格存在继续上行的可能性，担心做空标的资产后资产出现较大损失，在这种情况下，投资者可以选择支付一笔权利金，买入与该标的资产挂钩的认沽期权，便可以享有在期权到期日之前卖出或不卖出相关标的资产的权利。买入认沽期权理论上属于"损失有限，收益无限"的策略，其盈亏图如图 1.6 所示。

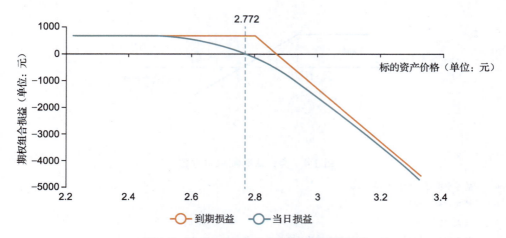

图 1.5　卖出 50ETF 认购期权示例盈亏图

❖　橙色线为该期权头寸的到期盈亏曲线。

❖　蓝绿色线为该期权头寸建仓当日的实时盈亏曲线。

❖　实时盈亏曲线与到期盈亏曲线之间的差即该期权头寸的剩余时间价值。

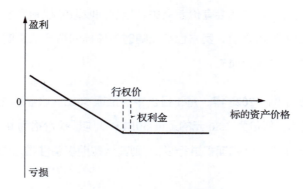

图 1.6　买入认沽期权盈亏图

❖　盈亏平衡点：行权价-权利金。

❖　最大收益：行权价-0-权利金。

❖　最大亏损：权利金。

❖　到期损益：Max（0，行权价-到期标的资产价格）-权利金。

在期权合约到期日，如果标的资产价格下跌至行权价以下，则认沽期权的买方便可以先执行认沽期权，以高价卖出标的资产，然后在二级市场以低价买入相关标的资产，获得价差利润。如果标的资产价格下跌，则认沽期权的买方也可以卖出期权平仓，从而获得权利金价差收入。如果标的资产价格不跌反涨，则认沽期权的买方除可以选择平仓以限制亏损外，还可以放弃行权。

　　买入认沽期权示例：2023 年 3 月 1 日盘中，上证 50ETF 收盘价为 2.772 元，2023 年 4 月 26 日到期的行权价为 2.8 元的上证 50ETF 认沽期权收盘价为 0.0892 元，若投资者花费 892 元买入 1 张该认沽期权进行投资，则其买入认沽期权头寸盈亏图如图 1.7 所示。

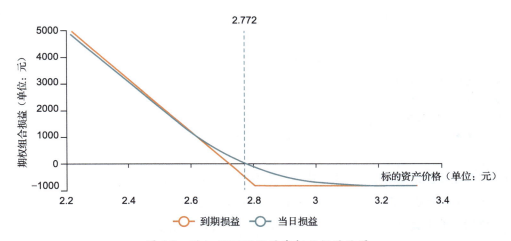

图 1.7　买入 50ETF 认沽期权示例盈亏图

❖　橙色线为该期权头寸的到期盈亏曲线。

❖　蓝绿色线为该期权头寸建仓当日的实时盈亏曲线。

❖　实时盈亏曲线与到期盈亏曲线之间的差，即该期权头寸的剩余时间价值。

备注：对于认沽期权而言，特别是以股票等具有股息的资产为标的的认沽期权，当标的资产价格下行至距离行权价较远的区间时，期权的剩余时间价值会为负。因为深度实值欧式认沽期权的买方虽然持有的只是一张期权，但实质上相当于其已经持有对应数量的标的资产，并随时准备以行权价向义务方出售该资产，所以此时的期权买方相当于没有资金占用成本就拥有了该标的资产下行的收益，若继续持有，则可能会损失该优势，进而形成这个阶段权利方剩余时间价值为负的现象。

4. 卖出认沽期权

　　投资者预计标的资产价格短期内会小幅上涨或者维持现有水平，此时可以做空与该标的资产挂钩的认沽期权，从而得到一定的权利金，并承担在认沽期权买方需要行权时以行权价购买标的资产的义务。卖出认沽期权属于"盈利有限，损失无限"的策略，其盈亏图如图 1.8 所示。

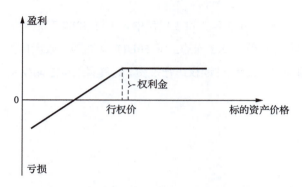

图 1.8 卖出 50ETF 认沽期权示例盈亏图

❖ 盈亏平衡点：行权价-权利金。
❖ 最大收益：权利金。
❖ 最大亏损：行权价-0。
❖ 到期损益：权利金-Max（0，行权价-到期标的资产价格）。

在期权合约到期日，如果标的资产的价格下跌至行权价以下，则期权卖方将被迫履约，即以行权价向认沽期权的买方购买对应数量的标的资产。若此时在二级市场以下跌后的价格卖出该标的资产，则卖方会有价差损失，但之前收取的权利金会弥补部分价差损失。另外，在买方未提出履约之前，认沽期权的卖方也可以随时将认沽期权平仓，以获得权利金价差的收入或损失。

卖出认沽期权示例：2023 年 3 月 1 日盘中，上证 50ETF 收盘价为 2.772 元，2023 年 4 月 26 日到期的行权价为 2.35 元的 50ETF 认沽期权收盘价为 0.0892 元，若投资者选择收取 892 元卖出 1 张该认沽期权进行投资，则其买入认沽期权头寸盈亏图如图 1.9 所示。

5. 期权的四个基本策略总结

期权的四个基本策略总结如表 1.2 所示。

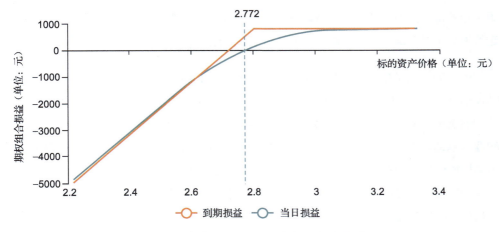

图 1.9　卖出 50ETF 认沽期权示例盈亏图

◇　橙色线为该期权头寸的到期盈亏曲线。

◇　蓝绿色线为该期权头寸建仓当日的实时盈亏曲线。

◇　实时盈亏曲线与到期盈亏曲线之间的差，即该期权头寸剩余时间价值。

表 1.2　期权的四个基本策略总结

期权交易方向	投资逻辑总结
买入认购期权	预计标的资产价格会上升，买入与该标的资产挂钩的认购期权，可以获得价格上涨带来的收益
卖出认购期权	预计标的资产价格维持现状或下跌，卖出与该标的资产挂钩的认购期权，获得权利金收入
买入认沽期权	预计标的资产价格会下跌，买入与该标的资产挂钩的认沽期权，获得价格下跌带来的收益
卖出认沽期权	预计标的资产价格维持现状或上升，卖出与该标的资产挂钩的认沽期权，获得权利金收入

1.2　期权的定价基础

1.2.1　B-S 期权定价模型的背景

如前所述，期权的权利金由标的资产价格、标的资产波动率、合约到期期限、行权价、无风险利率、股息等因素综合决定。但是这些因素对期权价格的影响过程需要更明晰的量化呈现，即定价的具体逻辑。Black-Scholes 期权定价模型（简称 B-S 期权定价模型）是全球金融市场最被广泛认可的一种定价逻辑。

B-S 期权定价模型最早是由费舍尔·布莱克（Fisher Black）和迈伦·斯科尔斯（Myron Scholes）两位经济学家在 1973 年发表的一篇论文中提出的。为纪念他们的功绩，该定价模型以他们的名字命名。B-S 期权定价模型的诞生，奠定了现代期权定价的理论基础。该模型是基于无风险套利机会的假设，同时回避关于个人风险偏好和由市场均衡价格结构的限定性假设所发展的期权定价均衡模型。虽然 B-S 期权定价模型存在一些瑕疵，但其在全球期权、互换等衍生品市场 40 余年的发展过程中，已然得到了最广泛的检验和认同。

1.2.2　B-S 期权定价模型的理论假设条件

B-S 期权定价模型的理论假设条件列举如下。

➤ 期权标的资产价格的运动过程符合对数正态分布模式。

➤ 在期权有效期内，无风险利率和期权标的资产的波动率恒定。

➤ 市场不存在税收和交易成本，所有标的资产都是高度可分的，即市场无摩擦。

➤ 期权标的资产在期权有效期内无红利及其他所得（该假设在后来的模型优化中被放弃）。

➤ 市场允许使用全部所得进行卖空标的资产衍生品的操作。

➤ 期权在到期前不可提前实施行权结算，即属于欧式期权。

➤ 市场中不存在无风险套利机会。

➤ 期权标的资产的交易是连续的。

➤ 投资者能够以无风险利率进行资金拆入/拆出。

1.2.3 B-S 期权定价模型的理论推导

在上述理论假设条件的前提下，对 B-S 期权定价模型的理论推导做简单描述。

➢ 衍生品与标的资产价格不确定性的来源相同。

➢ 通过构造期权标的资产与其衍生品的组合来消除这种不确定性。

在 B-S 期权定价模型假设下，期权标的资产的随机过程如下：

$$dS = \mu S dt + \sigma S dz$$

其中，S 表示标的资产价格，μ 表示标的资产的漂移率，σ 表示标的资产的波动率，z 表示均值为 0，t 是标准布朗运动下的方差。

假设 f 是基于 S 的某个衍生资产的价格，根据著名的伊藤公式（Ito Formula）有

$$df = \left(\frac{\partial f}{\partial S} \mu S + \frac{\partial f}{\partial t} + \frac{1}{2} \sigma^2 S^2 \frac{\partial^2 f}{\partial S^2} \right) dt + \frac{\partial f}{\partial S} \sigma S dz$$

如果构造一个投资组合，卖空一份衍生证券，同时买入 $\frac{\partial f}{\partial S}$ 份股票，那么整个组合的价值（用 Π 表示）公式如下：

$$\Pi = -f + \frac{\partial f}{\partial S} S$$

于是投资组合的价值公式变为

$$d\Pi = -df + \frac{\partial f}{\partial S} dS = -\left(\frac{\partial f}{\partial t} + \frac{1}{2} \sigma^2 S^2 \frac{\partial^2 f}{\partial S^2} \right) dt$$

由于投资组合 Π 的价值变动仅与时间 dt 有关，因此该组合成功消除了 dz 带来的不确定性。根据无套利定价原理，该投资组合的收益率应等于无风险利率 r，公式如下：

$$d\Pi = r\Pi dt - \left(\frac{\partial f}{\partial t} + \frac{1}{2} \sigma^2 S^2 \frac{\partial^2 f}{\partial S^2} \right) dt = r\left(-f + \frac{\partial f}{\partial S} S \right) dt$$

最终得到以下微分方程：

$$\frac{\partial f}{\partial t}+\frac{\partial f}{\partial S}rS+\frac{1}{2}\sigma^2S^2\frac{\partial^2 f}{\partial S^2}=rf$$

从公式可知，任意依赖于标的资产 S 的衍生品价格 f 都满足以上微分方程。欧式认购期权的边界条件为

$$C(0,T)=0$$

$$C(S,T)=\text{Max}(S-K,0)$$

其中，C 表示欧式认购期权价格，K 为行权价，T 为期权到期剩余时间。在以上边界条件下解这个微分方程，就得到了 B-S 欧式认购期权的定价模型公式：

$$C=SN(d1)-Ke^{-rT}N(d2)$$

其中，

$$d1=\frac{\ln\left(\frac{S}{K}\right)+\left(r+\frac{\sigma^2}{2}\right)T}{\sigma\sqrt{T}}$$

$$d2=\frac{\ln\left(\frac{S}{K}\right)+\left(r-\frac{\sigma^2}{2}\right)T}{\sigma\sqrt{T}}=d1-\sigma\sqrt{T}$$

σ 为标的资产价格的年化波动率，即年化收益率的标准差；$N(x)$ 为标准正态分布变量的累积概率分布函数，且根据标准正态分布函数特性，有 $N(-x)=1-N(x)$。

根据欧式认购期权和认沽期权之间 $C-P=S-Ke^{-rT}$ 的平价关系，在上述公式基础上，可以很容易得到欧式认沽期权的定价公式：

$$P=C+Ke^{-rT}-S=Ke^{-rT}N(-d2)-SN(-d1)$$

其中，P 表示欧式认沽期权的价格。

1.2.4　B-S 期权定价模型的延伸

1. 标的资产支付股息的情况

B-S 期权定价模型只解决了不分红股票的期权定价问题，另一位金融数学巨匠莫顿（Merton）拓展了 B-S 模型，使其可以运用于支付红利的期权。

存在已知的不连续红利：假设某标的资产在期权有效期内某时间 t（除息日）支付已知红利 $D(t)$，只需要先将该红利现值从股票现价 S 中除去，再将调整后的股票价值 S 代入 B-S 期权定价模型中即可：$S' = (S - D(t))\mathrm{e}^{-rt}$。如果在有效期内存在其他红利所得，可按照该方法一一减去。从而将 B-S 期权定价模型变形得到新公式：

$$C = \left[S - D(t)\right]\mathrm{e}^{-rt}N(d1) - K\mathrm{e}^{-rT}N(d2)$$

$$P = K\mathrm{e}^{-rT}N(-d2) - \left[S - D(t)\right]\mathrm{e}^{-rt}N(-d1)$$

存在已知的连续红利：当标的资产收益率为按连续复利计算的固定收益率 q 时，只要将 $S\mathrm{e}^{-qT}$ 代替上述公式中的 $\left[S - D(t)\right]\mathrm{e}^{-rt}$，就可以求出支付连续复利收益率资产的欧式认购和认沽期权的价格，公式如下：

$$C = S\mathrm{e}^{-qT}N(d1) - K\mathrm{e}^{-rT}N(d2)$$

$$P = K\mathrm{e}^{-rT}N(-d2) - S\mathrm{e}^{-qT}N(-d1)$$

2. B-S期权定价模型的弊端

尽管 B-S 期权定价模型的影响力巨大，但也应当知晓该模型存在的一些弊端。

B-S 期权定价模型的弊端源于其基础的假设与实际金融市场的状态不符，具体有如下几点：

➤ B-S 期权定价模型假设期权标的资产价格运动过程符合对数正态分布模式，但实践中的金融资产价格运动过程往往是尖峰厚尾的类正态分布模式。

➤ B-S 期权定价模型假设在期权有效期内无风险利率和期权标的资产的波动率变量恒定，但实践中两者皆不恒定，特别是标的资产波动率的时变性更强。

> ➤ B-S 期权定价模型假设市场不存在税收和交易成本，所有标的资产都是高度可分的，即市场无摩擦，但实践中不可能存在市场无摩擦的情况，交易费用、流动性冲击皆是现实问题。

> ➤ B-S 期权定价模型假设市场允许使用全部所得进行卖空标的资产衍生品的操作，但在实践中存在较多问题，特别是国内金融市场做空机制相对做多机制依然缺失较多。

在笔者的实践中，上述弊端造成了 B-S 期权定价模型在虚值期权定价、高波动时期期权定价、远期期权定价方面有一定误差。在本书进阶篇会结合实践针对这部分内容展开讨论，这里仅简单概述。

3. 美式期权的定价

在标的资产无分红的情况下，美式认购期权价格与欧式认购期权价格相等，因此前文认购期权定价公式同样适用于美式认购期权的价格定价。由于美式认沽期权与认购期权之间不存在严密的平价关系，因此目前还未找到一个精确的解析公式来对美式认沽期权进行定价，主流的方法是用二叉树模型、BAW 模型、蒙特卡洛模拟等得出美式期权的数值解。

第2章

期权风险管理基础

2.1 期权的风险管理参数

2.1.1 Greeks 的背景和意义

如第 1 章所述，认购期权和认沽期权权利金的主要影响因素是标的资产价格、行权价、合约到期期限、标的资产波动率和市场无风险利率等，期权价值与各因素变动关系如表 2.1 所示。

表 2.1 期权价值与各因素变动关系

市场状况改变	认购期权价值	认沽期权价值
标的资产上涨	上升	下降
标的资产下跌	下降	上升
行权价上升	下降	上升
行权价下降	上升	下降
合约到期期限延长	上升	上升
合约到期期限缩短	下降	下降
标的资产波动率上升	上升	上升
标的资产波动率下降	下降	下降
市场无风险利率上升	上升	下降
市场无风险利率下降	下降	上升

表 2.1 的内容展示了权利金主要影响因素的定性影响，但是从定量的角度该如何量化权利金对上述因素的敏感度？如果没有定量，则实践中便无法有效运用。所以进行期权交易的前提，就是了解本节所要介绍的期权风险管理参数，即希腊字母（Greeks）。

希腊字母是期权头寸风险管理的重要参数，每个希腊字母都可以用来度量某一因素（如标的资产价格、标的资产的波动率等）发生变化而其他因素不变时权利金的变化情况，也称为权利金相对于该因素的敏感度。期权投资者通过希腊字母值，可以了解当市场因素发生变化时，期权价格的变化方向和程度。当某参数的值发生变化时，投资者可以通过对应的希腊字母来确定用于对冲的期权或者现货合约数量，从而静态或动态地管理整体期权策略组合的风险，以实现理想的风险暴露，降低甚至消除未来的不确定性。

值得一提的是，虽然在 B-S 期权定价模型中无风险利率是一个非常重要的输入参数，但在实际运用中，由于其变化往往受到各国央行的管控，变动相对缓慢，因此期权交易员一般较少考虑无风险利率的风险暴露情况。

如果将期权权利金看作上述多个影响因素的多元函数，即 期权价格 = $f(S, K, r, \sigma, T)$，那么希腊字母实际上就是这个函数对于各个自变量的偏导数。常见的希腊字母有 Delta、Gamma、Vega、Theta、Rho，下面一一进行讲解。

2.1.2　Delta

1. Delta的定义和算法

Delta 指期权权利金对标的资产价格的一阶偏导数，即期权权利金随标的资产价格变化的敏感度。简单来说，如果标的资产价格变动为 ΔS，而由此带来的期权价格变动为 ΔV 的话，则此时 Delta 可以定义为 $\Delta V / \Delta S$。比如，Delta 为 0.5，意味着标的资产价格变动 1 元，期权权利金就变动 0.5 元。严格地讲，Delta 的数学定义为期权价格对标的资产价格的一阶偏导数，即 $\Delta = \partial V / \partial S$，这里 V 为期权权利金，S 为标的资产价格。

根据 B-S 期权定价模型，结合 Delta 的基本定义公式 $\Delta = \partial V / \partial S$，可以得出认购期权的 Delta 计算公式为

$$\Delta = N(d1) = N\left(\frac{\ln\left(\frac{S}{K}\right) + \left(r + \frac{\sigma^2}{2}\right)T}{\sigma\sqrt{T}}\right)$$

认沽期权的 Delta 计算公式为

$$\Delta = -N\left(-d1\right) = -N\left(-\frac{\ln\left(\dfrac{S}{K}\right) + \left(r + \dfrac{\sigma^2}{2}\right)T}{\sigma\sqrt{T}}\right)$$

其中，Δ 表示期权的 Delta，其他各字母及函数含义与第 1 章中的相同。

通过对计算公式的理解，并与第 1 章中期权盈亏图相结合，可以发现 Delta 具有以下几个特点：

➤ Delta 实际上是期权盈亏图中期权权利金实时盈亏曲线的切线斜率。

➤ 认购期权的 Delta 在 0 至 1 之间，认沽期权的 Delta 在-1 至 0 之间。

图 2.1 与图 2.2 分别描述了认购期权和认沽期权的 Delta 随标的资产价格的变化情况。

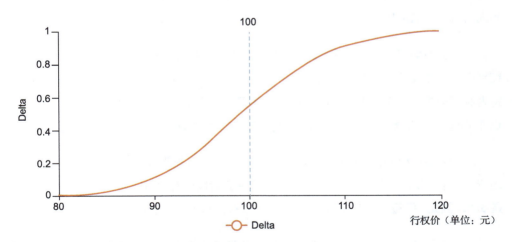

图 2.1 认购期权 Delta 随标的资产价格的变化

❖ 竖轴对应 Delta。
❖ 横轴对应行权价，100 代表行权价为标的资产价格乘以 100%，其他同理。

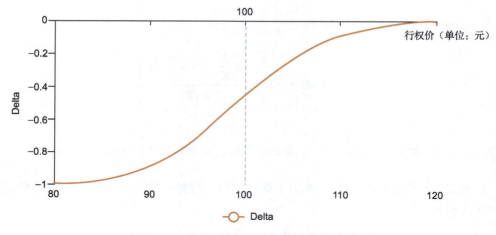

图 2.2　认沽期权 Delta 随标的资产价格的变化

❖　竖轴对应 Delta。
❖　横轴对应行权价，100 代表行权价为标的资产价格乘以 100%，其他同理。

2. Delta的常识规律

　　基于以上 Delta 计算公式，结合图 2.1 与图 2.2 展示的规律，可以发现对 Delta 还有另外一种更直观的理解方式，即可以把某只期权合约的 Delta 绝对值理解成该期权在到期日成为实值期权的概率。

　　一只实值期权在到期日保持为实值期权的概率，要比同一只标的资产的虚值期权，在到期日变成实值期权的概率大得多。同理，拥有内在价值越高的期权在到期日还保持为实值期权的概率越大。所以，在实值期权、平值期权和虚值期权三者中，虚值期权的 Delta 绝对值最小，这也反映了在三者之中，虚值期权变为实值期权的概率最小。

　　对于平值期权而言，行权价等于标的资产价格，在不考虑其他因素的情况下，标的资产价格上涨和下跌的概率都是 50%，即平值期权在到期日成为实值期权的可能性是 50%。因此，平值认购期权的 Delta 在 0.5 左右，平值认沽期权的 Delta 在-0.5 左右。

　　对于实值认购期权来说，行权价距离标的资产价格越远，标的资产价格跌穿行权价的概率越小，也意味着到期时该合约维持实值的概率越大，所以实值认购期权的 Delta 随着实值程度的加大会无限接近 1，即维持实值期权的概率是 100%。对于虚值认购期权来说，行权价距离标的资产价格越远，标的资产价格突破行权价的概率越小，也意味着到期时该合约能变成实值的概率越小，所以虚值认购期权的 Delta 随着虚值程度的加大会无限接近 0，即变为实值期权的概率为 0。

综上所述，期权的 Delta 可以理解为权利金相对于标的资产价格的敏感度，Delta 的绝对值也可以理解为到期时，期权成为实值期权的概率。

3. 其他因素对Delta的影响

除了标的资产价格对 Delta 有影响，剩余到期时间、波动率等因素对 Delta 的影响也不容小觑。按照上文的思路，将 Delta 的绝对值解释为期权到期时变成实值期权的概率，可以有助于投资者理解期权到期剩余时间与 Delta 的关系，具体如下：

> ➢ 随着期权合约到期日的临近，实值期权的实值事实上更难改变，Delta 绝对值相应将愈加趋近于 1。

> ➢ 不管距离到期日的时间长短如何，平值期权的 Delta 绝对值都始终接近 0.5，因为无论何时，标的资产价格上涨和下跌的概率大概都是相等的，所有平值期权都只有约 50%的概率成为实值期权。

> ➢ 随着到期日的临近，虚值期权的 Delta 绝对值将趋近于 0，因为随着剩余时间的减少，虚值期权变成实值期权的机会越来越少。

波动率的大小对期权 Delta 的影响也不容小觑，同样将 Delta 的绝对值解释为在不同波动率的情况下期权到期时变成实值期权的概率，可以有助于投资者理解波动率与 Delta 的关系，具体如下：

> ➢ 波动率越小，标的资产价格出现大幅波动的可能性越小，到期时期权变为实值期权的事实越难改变，Delta 绝对值相应将愈加趋近于 1。同理，期权变为虚值期权的事实越难改变，Delta 绝对值相应愈加趋近于 0。

> ➢ 不管波动率大小如何，平值期权的 Delta 绝对值都始终接近 0.5，因为无论何时，标的资产价格上涨和下跌的概率大概都是相等的，所有平值期权到期时都只有约 50%的概率成为实值期权。

➢ 随着波动率的增大，标的资产价格出现大幅波动的概率增加，波动范围也有所增大，实值期权到期时依然是实值期权的事实更容易被改变，Delta 绝对值更难趋近于 1，即更小。同理，虚值期权到期时依然是虚值期权的事实越容易改变，Delta 绝对值更难趋近于 0，即更大。

其实 Delta 对剩余到期时间和波动率的敏感度有高阶的希腊字母量化，分别是 Charm 和 Vanna。不过，因为希腊字母越高阶越不稳定，需要交易者对细节越敏感，对期权实践的优化效果也未必很好，所以笔者认为绝大部分投资者无须用高阶希腊字母过度量化，而只需要知晓其对期权的影响方向和大致程度即可。所以本书不会对这类高阶希腊字母的算法做讲解，而会在"进阶篇"分享适合大多数人的高阶希腊字母的影响估计和度量方法。

4. 实践中Delta的分布

在实际的期权市场中，期权合约除具有不同行权价外，还有不同月份的区别。为了让读者对实践中 Delta 在各月份、各行权价合约中的现实情况有进一步的了解，这里将上证 50ETF 期权 2019 年 1 月 4 日（当日标的资产收盘价为 2.310 元），当月、下月、下季、隔季主要合约的 Delta 分布做示例展示，具体如图 2.3 与图 2.4 所示。

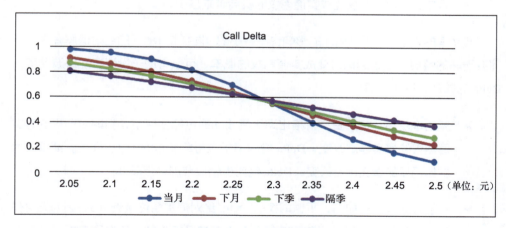

图 2.3　2019 年 1 月 4 日上证 50ETF 期权认购期权 Delta 分布

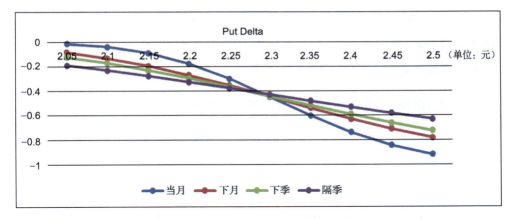

图 2.4　2019 年 1 月 4 日上证 50ETF 期权认沽期权 Delta 分布

从图 2.3 和图 2.4 可以发现，在实际的期权市场中，Delta 分布符合前文所述的规律，即

> ➢ 实值期权的 Delta 绝对值大于虚值期权的。

> ➢ 在实值期权部位，远月期权的 Delta 绝对值小于近月的；在虚值期权部位，远月期权的 Delta 绝对值大于近月的。

> ➢ 各期限期权，平值期权的 Delta 绝对值均在 0.5 附近。

2.1.3　Gamma

1. Gamma的定义和算法

Gamma 是指期权 Delta 的变化与标的资产价格变化的比值，即敏感度，它等于期权价格对标的资产价格的二阶偏导数，也等于 Delta 对标的资产价格的一阶偏导数。从几何意义上看，它反映了期权价格与标的资产价格关系曲线的凸度。用数学公式表示如下：

$$\Gamma = \frac{\partial^2 V}{\partial S^2} = \frac{\partial \Delta}{\partial S}$$

Gamma 衡量了期权的 Delta 随标的资产价格变化的敏感度，当 Gamma 绝对值比较小时，Delta 变化缓慢，这时为了保证 Delta 中性所做的交易调整不需要太频繁。但当

Gamma 绝对值很大时，Delta 对标的资产价格变化的敏感度很高，此时为了保证 Delta 中性就可能需要频繁调整。所以一般的 Delta 中性组合都尽可能避免 Gamma 绝对值过大，特别是期权卖方策略，本书后面会详述。

根据 B-S 期权定价模型，计算无股息的欧式认购期权和认沽期权的 Gamma，公式如下：

$$\Gamma = \frac{N'(d1)}{S\sigma\sqrt{T}} = \frac{N'\left(\dfrac{\ln\left(\dfrac{S}{K}\right) + \left(r + \dfrac{\sigma^2}{2}\right)T}{\sigma\sqrt{T}}\right)}{S\sigma\sqrt{T}}$$

其中，$N'(x)$ 为正态分布密度函数，Γ 表示期权的 Gamma。由上面的公式可见，期权买方的 Gamma 总为正，卖方的 Gamma 总为负。

图 2.5 描述了认购期权与认沽期权的 Gamma 随标的资产价格的变化情况。

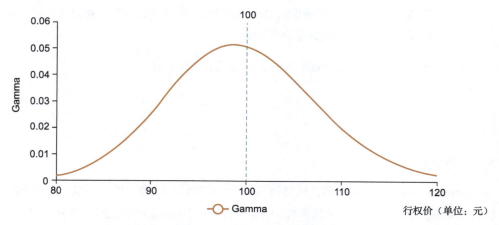

图 2.5　认购期权与认沽期权的 Gamma 随标的资产价格的变化

❖　竖轴对应 Gamma。

❖　横轴对应行权价，100 代表行权价为标的资产价格乘以 100%，其他同理。

可以看出，标的资产价格在行权价附近，即平值期权区域，Gamma 位于最高区间，相应地表明 Delta 的变化速度最快；当标的资产价格远离行权价时，Gamma 接近于 0，意味着 Delta 的变化非常平缓。

2. Gamma的常识规律

从数学意义解释，Gamma 是前述 Delta 曲线的切线斜率变化，观察 Delta 曲线可以看出在平值附近 Delta 的变化率是最大的，所以在这个区域 Gamma 也是最大的。越往实值或虚值的两侧走，Delta 的变化率逐步减小，直至极限实值和虚值区域，Delta 逼近理论边界。

常识上，可以沿用前文关于 Delta 的概率解释。随着期权到期日的临近，当期权行权价等于标的资产价格时，标的资产价格很小的涨跌幅度可能都会让该期权 Delta 在 0 和 1 之间跳跃。Gamma 作为 Delta 变化率的量化指标，期权越临近到期日、越靠近平值，Gamma 显然应该越大。同理，当行权价距离标的资产价格越远时，随着期权到期日临近，标的资产价格很大的涨跌幅度可能都不能改变该期权 Delta 为 0 或 1 的现状，Gamma 也相应越小。

3. 其他因素对Gamma的影响

与 Delta 一样，Gamma 同样需要关注期权到期剩余时间的影响，依然需要参考 Delta 绝对值的概率解释，具体影响如下：

> 对于平值期权附近的期权，期权的剩余时间越长，Delta 值的变化越平缓，Gamma 越小。相反，期权的剩余时间越短，Delta 绝对值的变化越剧烈，Gamma 越大。

> 对于距离行权价较远的深度实值期权和虚值期权，Gamma 总体都非常小，期权到期剩余时间越长，Gamma 越大，但变动非常平缓，而且随着到期剩余时间的增加，Gamma 的增加愈加平缓。

除了和到期剩余时间的关系，结合 Delta 变化曲线思考，Gamma 和波动率的关系如下：

> 波动率越大，意味着标的资产价格的波动越大，标的资产价格从平值附近向两端偏离的范围越大，即 Delta 曲线会越扁平，进而带来平值、浅虚值、浅实值部位期权 Delta 变化率变小（Gamma 变小），深虚值、深实值部位期权 Delta 变化率变大（Gamma 变大）的影响。

➤ 波动率越小，意味着标的资产价格的波动越小，标的资产价格从平值附近向两端偏离的范围越小，即 Delta 曲线会更陡峭，进而带来平值、浅虚值、浅实值部位期权 Delta 变化率变大（Gamma 变大），深虚值、深实值部位期权 Delta 变化率变小（Gamma 变小）的影响。

这里列举的常识或者规律同样有高阶希腊字母可以量化跟踪。比如，Color 代表时间变化对 Gamma 的影响；Zomma 代表波动率变化对 Gamma 的影响，Speed 代表标的资产价格变化对 Gamma 的影响。在实践中，专业曲面套利类期权交易者也会跟踪此类高阶希腊字母。高阶希腊字母具有不稳性，对于大部分交易者而言，只需要知晓高阶希腊字母对期权的影响方向和大致程度就行，本书"进阶篇"会结合实践分享一些经验。

4. 实践中Gamma的分布

为了对现实情况有进一步了解，下面介绍华夏上证 50ETF 期权 2019 年 1 月 4 日（当日标的资产收盘价为 2.310 元），当月、下月、下季、隔季主要合约的 Gamma 分布情况，具体如图 2.6 与图 2.7 所示。

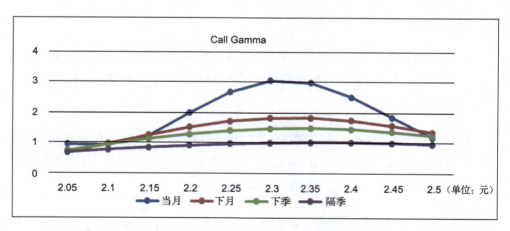

图 2.6　2019 年 1 月 4 日上证 50ETF 期权认购期权 Gamma 分布

在实际的期权市场中，Gamma 分布规律如下：

➤ 平值期权附近 Gamma 最大。

➤ 近月期权不同行权价的 Gamma 差异比远月期权的大。

> 同行权价期权，近月平值期权及浅实值/虚值期权的 Gamma 远大于下月、下
> 季及隔季，深度实值/虚值期权的 Gamma 部位则相反。

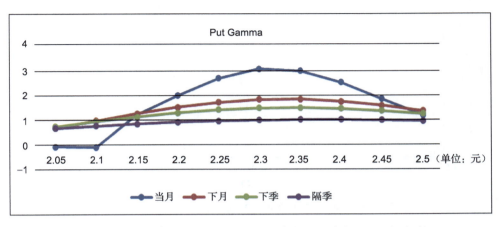

图 2.7　2019 年 1 月 4 日上证 50ETF 期权认沽期权 Gamma 分布

2.1.4　Vega

1. Vega 的定义和算法

　　Vega 是期权价格对标的资产价格波动率的敏感度，也就是期权价格对标的资产价格波动率的一阶偏导数，其数学表达式为

$$Vega = \frac{\partial V}{\partial \sigma}$$

　　根据 B-S 期权定价模型，可以得出相同标的资产、相同行权价、相同到期日的认购与认沽期权的 Vega 是相等的，具体公式如下：

$$Vega = S\sqrt{T}N'(d1) = S\sqrt{T}N'\left(\frac{\ln\left(\dfrac{S}{K}\right)+\left(r+\dfrac{\sigma^2}{2}\right)T}{\sigma\sqrt{T}}\right)$$

　　其中，$N'(x)$ 为正态分布密度函数，其他各字母及函数含义与第 1 章 B-S 期权定价模型的公式相同。

图 2.8 描述了认购期权与认沽期权的 Vega 随标的资产价格的变化情况。

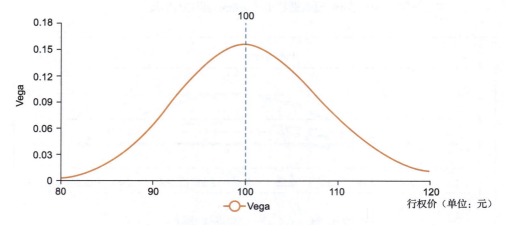

图 2.8　认购期权与认沽期权 Vega 随标的资产价格的变化

❖　竖轴对应 Vega。

❖　横轴对应行权价，100 代表行权价为标的资产价格乘以 100%，其他同理。

由图 2.8 可发现，期权的 Vega 与标的资产价格变化的关系和 Gamma 类似，当标的资产价格等于期权行权价时，期权的 Vega 处于最大区间，即期权价格对标的资产价格波动率的敏感性最高；当标的资产价格偏离行权价越远时，Vega 越小，期权价格对标的资产价格波动率的敏感性越低。

2. Vega 的其他影响因素与常识规律

到期剩余时间与波动率对 Vega 的影响同样不容小觑。

量化 Vega 与到期剩余时间关系的希腊字母是 Veta。常识上，Vega 与期权到期剩余时间呈正相关关系，因为剩余到期时间越长，标的资产价格波动率均值越大，所以 Vega 会越大。但也存在一些特殊情况，比如当某个标的资产存在特定周期性大事件，而且该大事件大概率会引起标的资产价格的大幅波动时，很可能存在该事件时间段期权合约 Vega 相对异常的情况。

量化 Vega 与标的资产价格关系的希腊字母是 Vanna，不同行权价期权合约的 Vanna 变动特征不同。通常来说，高行权价的期权，标的资产价格的上行会使得 Vega 增大，对应 Vanna 为正；低行权价的期权，标的资产价格上行会使得 Vega 变小，对应 Vanna 为负。

量化 Vega 与波动率关系的希腊字母是 Vomma，投资者可以重点记住正相关关系，即波动率越大，Vega 越大，要注意的一点是虚值部位的 Vega 变化幅度相对更大。

3. 实践中的Vega分布

上证 50ETF 期权 2019 年 1 月 4 日（当日标的资产收盘价为 2.310 元），当月、下月、下季、隔季主要合约的 Vega 分布如图 2.9 与图 2.10 所示。

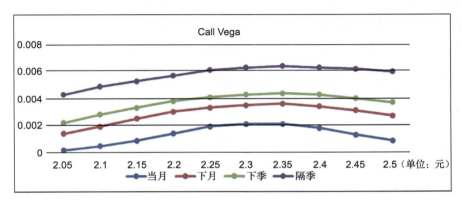

图 2.9 2019 年 1 月 4 日上证 50ETF 期权认购期权 Vega 分布

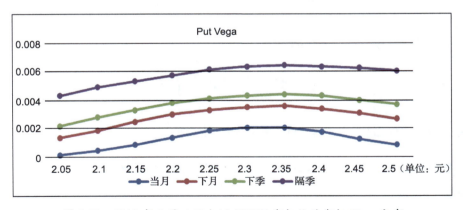

图 2.10 2019 年 1 月 4 日上证 50ETF 期权认沽期权 Vega 分布

在实际的期权市场中，Vega 分布规律如下：

➤ 近月期权不同行权价的 Vega 差异比远月期权的大。

➤ 同行权价期权，实值、平值、虚值期权皆呈现近月 Vega 小于远月的情况。

2.1.5　Theta

1. Theta的定义和算法

　　无论是认购期权还是认沽期权，若其他因素不变，期权到期剩余时间越长，其价值越大。这一点十分容易理解，因为时限越长，那些虚值期权在到期日越有可能变为实值期权。而随着时间的缩短，虚值期权变为实值期权的机会越来越小，时间价值越来越小，进而使得期权价值减小。期权价格随着到期剩余时间改变的变化率就是 Theta。

　　Theta 为期权价格变化与时间变化的比率，等于期权价格对时间的一阶偏导数，即期权价格对时间的敏感度，其数学表达公式如下：

$$\theta = \frac{\partial V}{\partial t}$$

　　根据 B-S 期权定价模型，对于一个无股息的欧式认购期权，计算 Theta 的公式为

$$\theta = -\frac{SN'(d1)\sigma}{2\sqrt{T}} - rKe^{-rT}N(d2)$$

　　对于认沽期权，Theta 的公式为

$$\theta = -\frac{SN'(d1)\sigma}{2\sqrt{T}} + rKe^{-rT}N(-d2)$$

其中，$N'(x)$ 为正态分布密度函数，θ 表示期权的 Theta。

　　显然，因为 $N(d2)+N(-d2)=1$，所以认购期权的 Theta 比认沽期权的 Theta 总是小 rKe^{-rT}。

　　在其他条件都不变的情况下，当越来越临近到期日时，期权的时间价值越来越小，因此期权的 Theta 几乎总是负的，它表示期权的价值随着时间推移而逐渐衰减的程度。

　　图 2.11 和图 2.12 是认购期权和认沽期权的 Theta 随标的资产价格的变化情况。

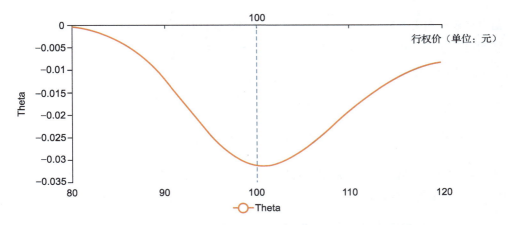

图 2.11　认购期权 Theta 随标的资产价格的变化

❖　竖轴对应 Theta。

❖　横轴对应行权价，100 代表行权价为标的资产价格乘以 100%，其他同理。

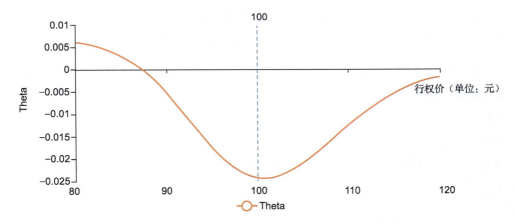

图 2.12　认沽期权 Theta 随标的资产价格的变化

❖　竖轴对应 Theta。

❖　横轴对应行权价，100 代表行权价为标的资产价格乘以 100%，其他同理。

　　从图 2.11 和图 2.12 中可以看出，标的资产价格距离期权行权价越远，Theta 越接近 0，即期权价值随时间损耗越少。而当标的资产价格越接近期权行权价时，Theta 的绝对值越大（即负的程度越大），期权价值随时间的损耗越多。

　　值得注意的是，图 2.12 所示的情况，处于深度实值状态的无股息资产欧式认沽期权的 Theta 为正。其原因是，对于无股息资产来说，深度实值欧式认沽期权的买方虽然持有的只是一张期权，但实质上相当于其已经持有对应数量的标的资产，并随时准备以行权价向义务方出售该资产。所以，此时期权买方相当于没有花费资金占用成本就拥有了该标的资产价格下行的收益机会，若继续持有期权则可能会损失该优势，进而形成 Theta 为正的现象。

2. Theta的其他影响因素与常识规律

对期权 Theta 与剩余到期时间之间的关系总结如下：

➢ 平值、实值和虚值期权的到期剩余时间越长，它们的 Theta 越接近 0，即期权价值随时间损耗越慢。

➢ 实值和虚值期权越接近到期日，它们的时间价值越小，Theta 越接近 0；而平值期权的 Theta 则因为期权时间价值未归 0，越接近到期日损耗越快，所以 Theta 会越大。

期权 Theta 与波动率之间的关系则相对容易理解，因为波动率越大，期权价格越高，所以期权价格中所包含的时间价值越大，Theta 当然也越大。

值得特别说明的一点是基差对 Theta 的影响也很大，特别是国内资本市场相较于国际资本市场来说，做空机制相对不成熟，使得包括期货、期权在内的衍生品基差经常存在。当基差过度偏离时，会大幅影响期权合约的时间价值，即影响 Theta 的正负。比如，在期权合成基差大幅升水时，认沽期权的 Theta 可能为负；在期权合成基差大幅贴水时，认购期权的 Theta 可能为负。对于基差波动带来的期权交易影响和机遇，本书"进阶篇"会有专门的章节介绍，此处不做详细展开。

3. 实践中Theta的分布

上证 50ETF 期权 2019 年 1 月 4 日（当日标的收盘价为 2.310 元），当月、下月、下季、隔季主要合约的 Theta 分布如图 2.13 与图 2.14 所示。

在实际的期权市场中，Theta 分布规律如下：

➢ 近月期权不同行权价的 Theta 差异比远月期权不同行权价的 Theta 差异大。

➢ 同行权价近月期权的 Theta 绝对值大于远月期权的 Theta 绝对值，但在深度实值/虚值部位相反。

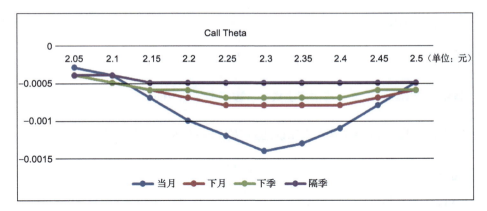

图 2.13　2019 年 1 月 4 日上证 50ETF 期权认购期权 Theta 分布

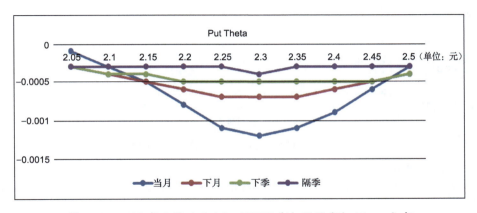

图 2.14　2019 年 1 月 4 日上证 50ETF 期权认沽期权 Theta 分布

2.1.6　Rho

1. Rho的定义和算法

Rho 为期权价格变化与无风险利率变化的比率，是期权价格对无风险利率的一阶偏导数，即期权价格对无风险利率变化的敏感度，其数学表达式如下：

$$\rho = \frac{\partial V}{\partial r}$$

根据 B-S 期权定价模型，计算认购期权的 Rho，公式如下：

$$\rho = KTe^{-rT}N(d2)$$

对于认沽期权，Rho 公式为

$$\rho = -KTe^{-rT}N(-d2)$$

其中，$N'(x)$ 为正态分布密度函数，ρ 表示期权的 Rho。

图 2.15 和图 2.16 是认购期权和认沽期权的 Rho 随标的资产价格的变化情况。

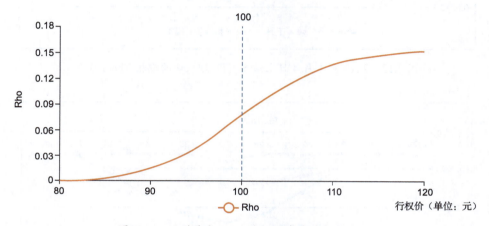

图 2.15　认购期权 Rho 随标的资产价格的变化

❖　竖轴对应 Rho。

❖　横轴对应行权价，100 代表行权价为标的资产价格乘以 100%，其他同理。

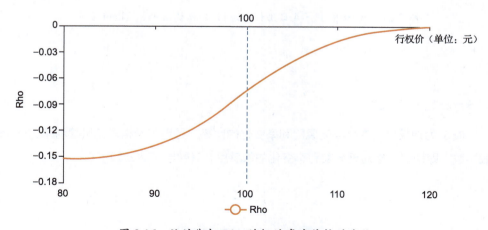

图 2.16　认沽期权 Rho 随标的资产价格的变化

❖　竖轴对应 Rho。

❖　横轴对应行权价，100 代表行权价为标的资产价格乘以 100%，其他同理。

由图 2.15 和图 2.16 可以看出，Rho 与标的资产价格呈现单调递增关系，即标的资产价格越高，Rho 越大。对于认购期权，Rho 越大意味着随着无风险利率升高，期权价值也随之增大；而对于认沽期权，Rho 越大意味着随着无风险利率升高，期权价值随之减小。

2.1.7 Greeks 现金化

1. Greeks现金化的意义

所谓 Greeks 现金化是指将 Delta、Gamma、Vega、Theta 这类 Greeks 对期权组合的影响直观展示为风险敞口。比如，某期权组合 Delta 为 0.5，这个数字仅代表标的资产价格变动对期权组合的影响系数为 0.5，但持有期权组合的投资者无法直观地知晓该组合有多少标的资产，需要通过将 Delta 现金化来解决这个问题。

目前，国内证券和期货交易所已经有大量的期权品种上市，期权投资者在交易时往往是多品种共持的。在这种情况下，不同期权品种存在标的资产价格、期权合约单位等多方面差异，这使得投资者更难通过 Greeks 本身知晓账户整体风险敞口情况。比如，上海证券交易所上证 50ETF 期权的合约规格为 10 000 股/张，而中国金融期货交易所的上证 50 指数期权合约规格为 100 元/点，虽然二者跟踪的标的资产可以近似为一个，但是两个期权品种的 Delta、Gamma、Vega、Theta 等 Greeks 却无法被等量看待。所以，在多品种期权风险敞口的加总上，需要将各期权品种的 Greeks 现金化后方能进行。

2. Delta Cash

Delta Cash 对应标的资产多空敞口，其正为多头敞口，其负为空头敞口。公式为

$$Delta\ Cash=Delta \times 标的资产价格 \times 期权合约单位$$

示例：假设某交易日终投资者持有的上证 50ETF 期权组合的 Delta 为 0.6，当日上证 50ETF 期权收盘价为 2.80 元，期权合约单位为 10 000 股/张，那么 Delta Cash 为多少？当标的资产价格上涨 1%时，Delta 带来的理论损益是多少？

解答 1：Delta Cash=0.6×2.8×10 000=16 800.0（元），即投资者相当于持有 16 800 元上证 50ETF 多头。

解答 2：理论损益=Delta Cash×标的资产价格涨跌幅=16 800×1%=168（元）。

3. Gamma Cash

Gamma Cash 对应标准单位的标的资产价格变动后 Delta Cash 的变化量。当 Gamma Cash 为正时，标的资产价格上涨，Delta Cash 上升，多头敞口增大；当 Gamma Cash 为负时，标的资产价格上涨，Delta Cash 下降，空头敞口增大。标准单位一般取1%，即标的资产价格变动 1%。

公式如下：

Gamma Cash(1%)=1%×Gamma×标的资产价格×标的资产价格×期权合约单位

公式中的"1%×Gamma×标的资产价格"部分，其实就是通过 Gamma 求 1%标的资产变动对应的 Delta 变动量，然后将这个 Delta 变动量乘以标的资产价格与期权合约单位，即为对应增量的 Delta Cash。

示例：假设上述投资者持有的上证 50ETF 期权组合 Gamma 为 3.23，那么 Gamma Cash(1%)为多少？当标的资产价格上涨 1%时，Gamma 带来的理论损益是多少？

解答 1：Gamma Cash(1%)=1%×3.23×2.8×2.8×10 000=2532.32（元），即上证 50ETF 每变动 1%，持有期权组合 Delta Cash 多头敞口会增加或减少 2532.32 元。

解答 2：理论损益= Gamma Cash(1%)×标的资产价格涨跌幅×0.5=2532.3×1%×0.5=12.66（元）。

这里的"Gamma Cash(1%)×标的资产价格涨跌幅×0.5"之所以包含乘以 0.5 这一项，是因为 Delta 在标的资产价格变化的影响下并不是一步到位的，而是按照 Gamma 这个"速度"渐进变化至目标值的。如果 Delta 变化速度是匀速的，那么在这 1%的价格变化过程中，加权的 Delta 变化恰好等于目标值的 0.5。即便 Delta 不是匀速变化，基于微积分的原则，无限细分后每一段可以被看作近似匀速，0.5 亦逼近真实值。

4. Vega Cash

因为 Vega 代表期权价格对波动率的敏感度，所以 Vega Cash 所对应的敞口不是标的资产价格，而是波动率，即一个基本单位的波动率对应的损益。当 Vega Cash 为正时，波动率上升可以获得正收益；当 Vega Cash 为负时，波动率下降才能获得正收益。

公式如下：

$$Vega\ Cash = 1\% \times Vega\ 值 \times 期权合约单位$$

示例：假如上述投资者持有的上证 50ETF 期权组合 Vega 为 0.76，那么 Vega Cash 是多少？当隐含波动率上涨 1 个百分点时，Vega 带来的理论损益是多少？

解答 1：Vega Cash=1‰×0.76×10 000=76.0（元），即期权波动率每变动 1 个百分点，持有期权组合 Vega Cash 波动率敞口损益为 76 元。

解答 2：理论损益= Vega Cash×波动率涨跌幅=76×1=76（元）。

5. Theta Cash

因为 Theta 代表期权价格对时间的敏感度，所以 Theta Cash 所对应的敞口代表时间的敞口，即一个基本单位的时间变动对应的损益。当 Theta Cash 为正时，时间消耗可以获得正收益；当 Theta Cash 为负时，时间消耗将会带来亏损。

公式如下：

$$Theta\ Cash = \frac{Theta}{365} \times 期权合约单位$$

如果投资者在期权定价公式中取 T 为交易日，那么上述公式中的"365"应改为 252（每个自然年度的工作日数量）。

示例：假如上述投资者持有的上证 50ETF 期权组合 Theta 为-0.56，那么 Theta Cash 是多少？当时间消耗为 10 天时，Theta 带来的理论损益是多少？

解答 1：Theta Cash=(-0.56÷365)×10 000=-15.34（元），即时间每往后推迟 1 天，期权组合损失 15.34 元。

解答 2：理论损益=Theta Cash×时间消耗=-15.34×10=-153.4（元）。

因为 Rho 的影响确实较小，所以这里就不再介绍 Rho Cash 的公式了。

6. 泰勒展开式

显然，将 Delta、Gamma、Vega、Theta 这几个重要的 Greeks 现金化后，投资者很容易通过实际的敞口大小估计出标的资产价格、波动率、时间几个因素的变化，以及期权组合的理论损益状况。事实上，读者应当知悉，这个过程也是期权交易的绩效归因分析的关键。

将前述几个 Greeks 的理论损益公式加总，即可得出绩效归因分析的关键公式——泰勒展开式：

$$\Delta V = \Delta \Delta S + 0.5 \Gamma \Delta S^2 + \text{Vega} \Delta \sigma + \theta \Delta T$$

其中，ΔV 对应总损益，$\Delta \Delta S$ 对应"Delta Cash×标的资产价格涨跌幅"，$0.5\Gamma\Delta S^2$ 对应"Gamma Cash(1%)×标的资产价格涨跌幅×0.5"，$\text{Vega}\Delta\sigma$ 对应"Vega Cash×波动率涨跌幅"，$\theta\Delta T$ 对应"Theta Cash×时间消耗"。

2.2　期权风险管理工具

2.2.1　期权组合 Greeks 测评工具

1. 期权组合Greeks测评工具的意义

近 30 年来，我国国力增长迅猛，全球有目共睹。这样的成绩，从宏观来说，是沿着改革开放这条经济发展的道路方向发展而取得的；从微观来说，则是在政府牵头下不断开发大量优质的产业项目取得的。

这个过程中，每一个成功的项目必然都需要经过项目立项、理论论证、实践推动、总结改善等过程。事实上，全球的投资者，特别是成熟、专业的投资者在执行每笔投资前都会做与实体项目经营类似的过程。而这个过程基本都会包括三个问题：这笔投资可能赚多少？这笔投资可能亏多少？这笔投资会持续多长时间？

通过对上述三个问题的思考，投资者能够得到关于该笔将要执行的投资的可能期望。同理，投资者在投资任何一笔期权之前，都需要对该笔投资进行上述三个问题的思考。不过与货币、债券、股票、期货不同，期权投资的期望受到的是多因素复合影响，而且这些复合因素的影响是非线性的。期权价格是有关标的资产价格、行权价、无风险利率、剩余到期时间、波动率的非线性函数，公式为

$$期权价格 = f(S, K, r, \sigma, T)$$

所以，所有的期权投资者都需要在开始投资期权之前，拥有一个可以解决上述三个问题的工具。这个工具需要具有测试任意期权投资组合的盈亏和 Greeks 变化的能力。

2. 国内的期权组合 Greeks 测评工具

目前，国内已经有多个专业级软件可以为期权投资者提供基于未来情景模拟的期权组合 Greeks 测评工具，包括 Wind、Qwin、无限易、咏春大师及部分头部券商内部定制的软件等。但在笔者看来，这些软件提供的组合测评工具在功能上依然有所欠缺，特别是在高阶希腊字母影响上缺失严重，同时个性化也稍显不足。所以，笔者和团队基于 Excel-VBA 开发了一套期权组合 Greeks 压力测评工具，如图 2.17 所示。

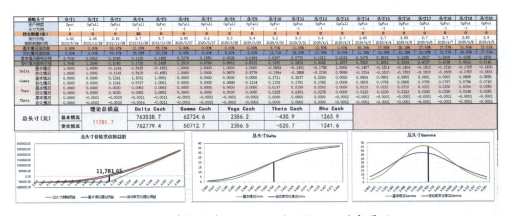

图 2.17 期权组合 Greeks 压力测评工具局部界面

该期权组合 Greeks 压力测评工具实现的主要功能如下：

➤ 实现任意指定标的资产期权基于 B-S 期权定价模型计算期权价格与相关 Greeks。

➤ 实现任意指定标的资产期权、多期权组合持仓到期/实时盈亏曲线、Greeks 计算和监控，并形成图表输出。

> 实现任意指定标的资产期权、多期权组合在任意情景的组合理论盈亏、到期/实时盈亏曲线、Greeks，并形成因素变化前后对比图表输出。

有专业基础的读者可以参照这个工具自主设计，对 Excel-VBA 相关代码有兴趣的读者可参考本书附录部分的内容。对于专业能力稍欠缺的投资者来说，使用各类软件自带的组合测评工具也可以实现大部分要求。本书重点讲解的是这类工具的使用方法和理念，而非工具本身。图 2.18 展示的是 Wind 金融终端内嵌的期权组合 Greeks 压力测评工具界面。

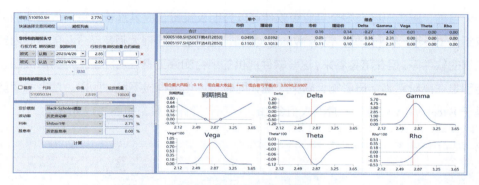

图 2.18　Wind 金融终端内嵌的期权组合 Greeks 压力测评工具界面

2.2.2　期权组合 Greeks 压力测评工具实用案例

2023 年 3 月 2 日，某上证 50ETF 期权投资者判断上证 50 指数将上行，所以基于当时上证 50ETF 期权市场的状态，以及其自身的资产情况，在当日收盘前建立如下组合（当日上证 50ETF 收盘价为 2.776 元）：

> 以 0.0699 元/张，买入 100 张 2023 年 4 月 26 日到期、行权价为 2.80 元的认购期权。

> 以 0.0555 元/张，卖出 100 张 2023 年 4 月 26 日到期、行权价为 2.75 元的认沽期权。

> 以 0.0341 元/张，卖出 150 张 2023 年 4 月 26 日到期、行权价为 2.90 元的认购期权。

通过对该组合当日主要参数的输入，可以得到该组合的到期/实时盈亏图和 Greeks
变化图，如图 2.19 与图 2.20 所示。

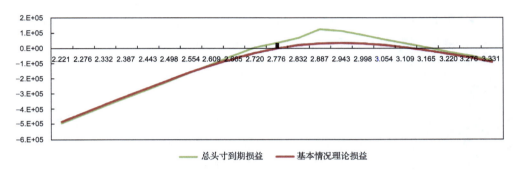

图 2.19　组合到期/实时盈亏图

❖　总头寸到期损益是指当期权合约到期时期权组合的盈亏曲线（后文同理）。

❖　基本情况理论损益是指在监视当日期权组合的实时盈亏曲线（后文同理）。

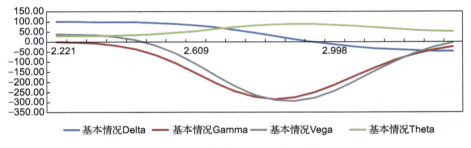

图 2.20　组合 Greeks 变化图

❖　因 Rho 影响较小，组合 Greeks 变化图忽略 Rho（后文同理）。

❖　组合 Greeks 变化图只展示基本情况，即建仓时刻的静态状态。

从图 2.19 中可以看出，当其他条件不变时，该组合在上证 50ETF 价格上涨时有正
收益，但收益随着价格上涨幅度的加大而减少甚至变负；在上证 50ETF 价格下跌时有
负收益，且价格跌得越低，负收益越大。

从图 2.20 中可以进一步看出，当其他条件不变时，组合在上证 50ETF 价格低于
2.95 元附近时，Delta 为正，且价格越低 Delta 绝对值越大，这解释了为何在盈亏图中
当 50ETF 价格大跌时组合会大幅亏损。Gamma 大部分区域为负，对应 Theta 大部分时
候为正，这说明时间的流逝对组合是正向的。Vega 基本恒定在负值区域，这显示出该
组合拥有对隐含波动率的做空敞口，如果波动率上升，则对组合产生负收益。

在得到组合的基本参数特性后，可以发现该组合的几大风险点，并在期权组合 Greeks 压力测评工具中输入相关风险参数，测试出理论组合亏损如下：

➤ 其他条件不变，50ETF 价格下跌至 2.50 元，组合的子头寸价格、子头寸 Greeks 变化、整体盈亏如图 2.21 所示，其中整体盈亏为-206 783.8 元。

图 2.21   标的资产价格变化情况监视图表

➤ 其他条件不变，50ETF 期权隐含波动率整体上行 5 个百分点，组合的子头寸价格、子头寸 Greeks 变化、整体盈亏如图 2.22 所示，其中整体盈亏为-28 366.4 元。

图 2.22   隐含波动率变化情况监视图表

➤ 遭遇两方面不利，即 50ETF 价格下跌至 2.50 元，50ETF 期权隐含波动率整体上行 5 个百分点，组合的子头寸价格、子头寸 Greeks 变化、整体盈亏如图 2.23 所示，其中整体盈亏为-214 496.0 元。

图 2.24 所示为标的资产价格、隐含波动率不利变化情况组合到期/实时盈亏图，从图中可见，在价格与波动率出现此情形变化后，虽然组合到期盈亏曲线无变化，但实时盈亏曲线从蓝色曲线明显下移至红色曲线，这意味着组合绩效整体下行。

策略头寸	头寸1	头寸2	头寸3	头寸4	头寸5	头寸6	头寸7	头寸8	头寸9	头寸10	头寸11	头寸12	头寸13	头寸14	头寸15	头寸16	头寸17	头寸18	头寸19	头寸20
期权代码	10001196.SH	10001187.SH	10001188.SH	10001189.SH	10001195.SH															
资产种类	OpCall	OpCall	OpCall	OpPut	Spot	Spot	Spot	Spot	Spot	Spot	Spot	Spot	Spot	Spot	Spot	Spot	Spot	Spot	Spot	Spot
头寸方向	1	1	1	1	-1	-1	-1	-1	-1	-1	-1	-1	-1	-1	-1	-1	-1	-1	-1	-1
持仓数量(张)	0	100	0	150	100	0	0	0	0	0	0	0	0	0	0	0	0	0	0	0
分红含权?(1=有,0=无)	0	0	0	0	0	0	0	0	0	0	0	0	0	0	0	0	0	0	0	0
执行价格	2.75	3.8	3.85	2.9	2.75	0														
期权到期时间	2023-04-26	2023-04-26	2023-04-26	2023-04-26	1900/1/0	1900/1/0	1900/1/0	1900/1/0	1900/1/0	1900/1/0	1900/1/0	1900/1/0	1900/1/0	1900/1/0	1900/1/0	1900/1/0	1900/1/0	1900/1/0	1900/1/0	1900/1/0
基本情况波动率	17.89%	17.74%	17.75%	17.75%	0.00%	0.00%	0.00%	0.00%	0.00%	0.00%	0.00%	0.00%	0.00%	0.00%	0.00%	0.00%	0.00%	0.00%	0.00%	0.00%
变化情况波动率	22.89%	22.74%	22.75%	22.75%	21.91%	0.00%	0.00%	0.00%	0.00%	0.00%	0.00%	0.00%	0.00%	0.00%	0.00%	0.00%	0.00%	0.00%	0.00%	0.00%
基本情况期权价格	0.0959	0.0099	0.0096	0.0341	0.0555	0														
变化情况期权价格	0.0169	0.0120	0.0079	0.0051	0.2557	2.5000	2.5000	2.5000	2.5000	2.5000	2.5000	2.5000	2.5000	2.5000	2.5000	2.5000	2.5000	2.5000	2.5000	2.5000
Delta 基本情况	0.5988	0.4857	0.3849	0.2931	-0.4077	1.0000	1.0000	1.0000	1.0000	1.0000	1.0000	1.0000	1.0000	1.0000	1.0000	1.0000	1.0000	1.0000	1.0000	1.0000
Delta 变化情况	0.1520	0.1157	0.0612	0.0557	-0.8493	1.0000	1.0000	1.0000	1.0000	1.0000	1.0000	1.0000	1.0000	1.0000	1.0000	1.0000	1.0000	1.0000	1.0000	1.0000
Gamma 基本情况	1.2087	1.0852	1.9985	1.7961	2.1300	0.0000	0.0000	0.0000	0.0000	0.0000	0.0000	0.0000	0.0000	0.0000	0.0000	0.0000	0.0000	0.0000	0.0000	0.0000
Gamma 变化情况	1.1047	0.8801	0.6811	0.5083	1.0996	0.0000	0.0000	0.0000	0.0000	0.0000	0.0000	0.0000	0.0000	0.0000	0.0000	0.0000	0.0000	0.0000	0.0000	0.0000
Vega 基本情况	0.0042	0.0042	0.0041	0.0037	0.0042	0.0000	0.0000	0.0000	0.0000	0.0000	0.0000	0.0000	0.0000	0.0000	0.0000	0.0000	0.0000	0.0000	0.0000	0.0000
Vega 变化情况	0.0024	0.0019	0.0015	0.0011	0.0023	0.0000	0.0000	0.0000	0.0000	0.0000	0.0000	0.0000	0.0000	0.0000	0.0000	0.0000	0.0000	0.0000	0.0000	0.0000
Theta 基本情况	-0.0008	-0.0008	-0.0007	-0.0007	-0.0006	0.0000	0.0000	0.0000	0.0000	0.0000	0.0000	0.0000	0.0000	0.0000	0.0000	0.0000	0.0000	0.0000	0.0000	0.0000
Theta 变化情况	-0.0005	-0.0004	-0.0003	-0.0002	-0.0005	0.0000	0.0000	0.0000	0.0000	0.0000	0.0000	0.0000	0.0000	0.0000	0.0000	0.0000	0.0000	0.0000	0.0000	0.0000

总头寸(元)		理论总损益量	Delta Cash	Gamma Cash	Vega Cash	Theta Cash	Rho Cash
	基本情况	-214496.0	1259398.0	-211074.9	-5447.9	760.0	1953.1
	变化情况		2203739.6	-61180.3	-2013.0	231.4	3699.3

图 2.23　标的资产价格、隐含波动率不利变化情况监视图表

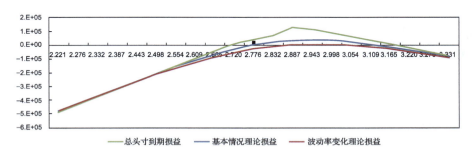

图 2.24　标的资产价格、隐含波动率不利变化情况组合到期/实时盈亏图

　　通过例子不难发现，期权组合 Greeks 压力测评工具对期权投资者来说非常重要，投资者需要正视、重视该工具的作用。

　　在实践中，因为期权卖方头寸保证金是有可能由于行情波动而大幅增加的，若资金准备不足则存在被经纪商强制平仓的可能性，所以期权投资者还需要期权卖方头寸保证金压力测试工具来配合实战。笔者也基于 Excel VBA 制作了期权卖方保证金压力测试工具，但是出于以下几个原因本书不做展开叙述。

➢ 经纪商一般为期权账户设置 80%的资金风险率预警，当维持保证金比例超过预警线时，经纪商会通知投资者补足资金或者处理头寸，在达到强制平仓线之前给投资者预留了较为充分的时间。

➢ 国内已经有交易所为期权合约设置了组合保证金机制，即在非组合保证金情况下的资金风险率超预警线可以通过部分期权头寸转组合保证金的形式降低。

➢ 保证金压力测试工具就是先将交易所维持保证金的公式提前写入相关软件，类似上述期权组合 Greeks 压力测评工具，然后基于假设风险事件做保证金风险率预算的工具，制作难度相对不高，逻辑等同于期权组合 Greeks 压力测评工具。

第 3 章

期权基础策略

3.1 期权保险策略

3.1.1 期权简单保险策略

1. 期权简单保险策略的构建

作为"金融衍生品皇冠上的明珠",期权诞生的核心初衷就是为实业部门、金融部门提供比期货更全面、多样、灵活的风险管理工具。期权也因为其独特的非线性特征,很好地胜任了这一任务。基于期权衍生出的如掉期、互换等场内外交易工具,目前已经成为全球风险管理市场上的主流工具,占据风险管理工具交易份额的绝大部分。

本章就从期权简单保险策略开始。期权简单保险策略,顾名思义,就是最容易想到、也最容易构建的期权保险策略。如本书第 1 章所讲述的,买入认购期权和买入认沽期权均可以花费有限的资金获得无限的权利。"期权买方亏损有限,盈利无限"这句意味着期权权利方从简单意义上来说,类似于花费一定资金买入了一份保险。所以,所谓期权简单保险策略,就是基于投资者对自身持有标的资产的担忧,针对性地买入对应认购/认沽期权以对标的资产进行保护的策略,其基本构建方法如下。

(1) 买入认沽期权简单保险

持有一定数量的标的资产多头,若担心标的资产价格下跌,则买入与持有的标的资产多头数量相等、名义市值相同的认沽期权。

(2) 买入认购期权简单保险

持有一定数量的标的资产空头,若担心标的资产价格大涨,则买入与持有的标的资产空头数量相等、名义市值相同的认购期权。

2. 期权简单保险策略示例

2023 年 3 月 3 日，上证 50ETF 收盘价为 2.779 元，2023 年 4 月 26 日到期的行权价为 2.75 元的 50ETF 认沽期权收盘价为 0.0552 元，投资者因中长期看好大盘权重股的行情，所以坚定持有 100 万股上证 50ETF，但考虑到短期市场环境的不确定，有些害怕上证 50ETF 出现意外大跌。于是该投资者决定买入 100 张 2023 年 4 月 26 日到期的行权价为 2.75 元的 50ETF 认沽期权头寸做简单保险。构建组合后的总盈亏图、基本情况监视图表、Greeks 变化图分别如图 3.1、图 3.2 和图 3.3 所示。

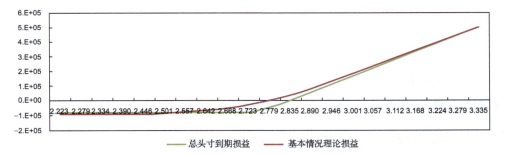

图 3.1　认沽期权保险示例组合总盈亏图

由图 3.1 可知，投资者的这个组合基本等效于买入认购期权，具备“风险有限，盈利无限”的特征，理论上最大亏损为 55 200 元，最大盈利无限。

策略头寸	头寸1	头寸2	头寸3	头寸4	头寸5	头寸6	头寸7	头寸8	头寸9	头寸10
期权代码	510050.SH	10005195.SH								
资产种类	Spot	OpPut	Spot	Spot	Spot	Spot	Spot	Spot	Spot	Spot
头寸方向	1	1	1	−1	−1	−1	−1	−1	−1	−1
持仓数量(张)	100	100	0	0	0	0	0	0	0	0
分红合约？(1=Y,0=N)	0	0	0	0	0	0	0	0	0	0
执行价格	2.779	2.75	0	0	0	0	0	0	0	0
期权到期时间	1900/1/0	2023-04-26	1900/1/0	1900/1/0	1900/1/0	1900/1/0	1900/1/0	1900/1/0	1900/1/0	1900/1/0
基本情况波动率	0.00%	17.27%	0.00%	0.00%	0.00%	0.00%	0.00%	0.00%	0.00%	0.00%
变化情况波动率	0.00%	17.27%	0.00%	0.00%	0.00%	0.00%	0.00%	0.00%	0.00%	0.00%
基本情况期权价格	2.779	0.0552	0	0	0	0	0	0	0	0
变化情况期权价格	2.7790	0.0552	2.7790	2.7790	2.7790	2.7790	2.7790	2.7790	2.7790	2.7790
Delta 基本情况	1.0000	−0.4025	1.0000	1.0000	1.0000	1.0000	1.0000	1.0000	1.0000	1.0000
Delta 变化情况	1.0000	−0.4025	1.0000	1.0000	1.0000	1.0000	1.0000	1.0000	1.0000	1.0000
Gamma 基本情况	0.0000	2.0962	0.0000	0.0000	0.0000	0.0000	0.0000	0.0000	0.0000	0.0000
Gamma 变化情况	0.0000	2.0962	0.0000	0.0000	0.0000	0.0000	0.0000	0.0000	0.0000	0.0000
Vega 基本情况	0.0000	0.0041	0.0000	0.0000	0.0000	0.0000	0.0000	0.0000	0.0000	0.0000
Vega 变化情况	0.0000	0.0041	0.0000	0.0000	0.0000	0.0000	0.0000	0.0000	0.0000	0.0000
Theta 基本情况	0.0000	−0.0006	0.0000	0.0000	0.0000	0.0000	0.0000	0.0000	0.0000	0.0000
Theta 变化情况	0.0000	−0.0006	0.0000	0.0000	0.0000	0.0000	0.0000	0.0000	0.0000	0.0000

策略头寸	头寸11	头寸12	头寸13	头寸14	头寸15	头寸16	头寸17	头寸18	头寸19	头寸20
期权代码										
资产种类	Spot	Spot	Spot	Spot	Spot	Spot	Spot	Spot	Spot	Spot
头寸方向	1	−1	1	−1	1	1	1	−1	−1	1
持仓数量(张)	0	0	0	0	0	0	0	0	0	0
分红合约？(1=Y,0=N)	0	0	0	0	0	0	0	0	0	0
执行价格	0	0	0	0	0	0	0	0	0	0
期权到期时间	1900/1/0	1900/1/0	1900/1/0	1900/1/0	1900/1/0	1900/1/0	1900/1/0	1900/1/0	1900/1/0	1900/1/0
基本情况波动率	0.00%	0.00%	0.00%	0.00%	0.00%	0.00%	0.00%	0.00%	0.00%	0.00%
变化情况波动率	0.00%	0.00%	0.00%	0.00%	0.00%	0.00%	0.00%	0.00%	0.00%	0.00%
基本情况期权价格	0	0	0	0	0	0	0	0	0	0
变化情况期权价格	2.7790	2.7790	2.7790	2.7790	2.7790	2.7790	2.7790	2.7790	2.7790	2.7790
Delta 基本情况	1.0000	1.0000	1.0000	1.0000	1.0000	1.0000	1.0000	1.0000	1.0000	1.0000
Delta 变化情况	1.0000	1.0000	1.0000	1.0000	1.0000	1.0000	1.0000	1.0000	1.0000	1.0000
Gamma 基本情况	0.0000	0.0000	0.0000	0.0000	0.0000	0.0000	0.0000	0.0000	0.0000	0.0000
Gamma 变化情况	0.0000	0.0000	0.0000	0.0000	0.0000	0.0000	0.0000	0.0000	0.0000	0.0000
Vega 基本情况	0.0000	0.0000	0.0000	0.0000	0.0000	0.0000	0.0000	0.0000	0.0000	0.0000
Vega 变化情况	0.0000	0.0000	0.0000	0.0000	0.0000	0.0000	0.0000	0.0000	0.0000	0.0000
Theta 基本情况	0.0000	0.0000	0.0000	0.0000	0.0000	0.0000	0.0000	0.0000	0.0000	0.0000
Theta 变化情况	0.0000	0.0000	0.0000	0.0000	0.0000	0.0000	0.0000	0.0000	0.0000	0.0000

总头寸(元)		理论总损益	Delta Cash	Gamma Cash	Vega Cash	Theta Cash	Rho Cash
	基本情况	1.5	1660369.6	161883.5	4136.4	−581.1	−1736.6
	变化情况		1660369.6	161883.5	4136.4	−581.1	−1736.6

图 3.2　认沽期权保险示例组合基本情况监视图表

由图 3.2 可知，认沽期权保险示例组合当前 Delta Cash 为 1 660 369.6 元，即静态多头敞口。Gamma Cash 为 161 883.5 元，即 50ETF 价格上涨 1%会增加对应多头敞口，下跌则减少对应敞口。Vega Cash 为 4136.4 元，即期权隐含波动率上行 1 个百分点会有对应盈利，反之有对应亏损。Theta Cash 为-581.1 元，即时间每消耗 1 天会有对应损失。

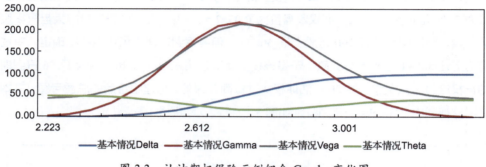

图 3.3　认沽期权保险示例组合 Greeks 变化图

进一步观察图 3.3，Delta 随着上证 50ETF 价格上涨而变大，Gamma 和 Vega 当前在最高位附近，但在标的资产价格波动后会降低，Theta 和 Gamma 基本反向变化。

值得强调的是，权益多头加买入认沽期权的组合类比买入同行权价的认购期权，此处的类比不完全等价。可类比是因为 $S = C - P + K$ 这个期权平价等式（S 指标的资产价格，C 指认购期权价格，P 指认沽期权价格，K 指行权价），即理论上期权合成期权标的资产价格应等于标的资产价格。

在实践中以上类比不完全等价，因为市场上衍生品和现货之间总存在基差差异，甚至在一些特殊时刻的基差巨大。比如 2015 年，股指期货的大幅贴水传递至上证 50ETF 期权市场，形成长时间 $S > C - P + K$ 的异常现象。期权市场认购期权较理论价格低、认沽期权较理论价格高的现象直至 2016 年才逐步修复。

3. 期权简单保险策略的效率分析与优化思考

如前所述，期权简单保险策略的构建方法异常简单，投资者只需要针对其持有头寸的风险敞口对应购买与持有头寸名义市值等量的认购或认沽期权即可。如此简单的期权保险策略是否长期有效？在做逻辑梳理之前，不妨基于目前国内上市最久的上证 50ETF 期权的历史数据做一些测评。

期权简单保险策略基于上证 50ETF 期权，2015 年 2 月 9 日至 2022 年 12 月 31 日实盘交易数据的不择时效率分析规则及参数如下：

➢ 长期持有 10 000 股上证 50ETF。

➢ 当月期权到期日买入 1 张最新的当月平值认沽期权，默认为行权价离上证 50ETF 当日价格最近的合约，持有该期权直至合约到期日买入新的当月平值认沽期权。

➢ 默认策略无市场冲击成本，交易费设置为 3 元/张。

期权简单保险策略组合与上证 50ETF 的绩效走势对比图如图 3.4 所示。

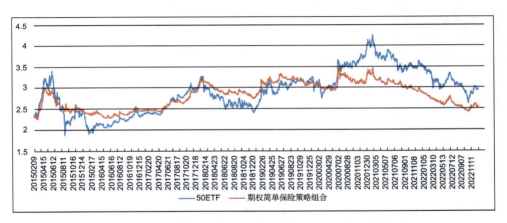

图 3.4　期权简单保险策略组合与上证 50ETF 的绩效走势对比图

❖　蓝色线为上证 50ETF 的绩效走势。

❖　橙色线为平值合约期权简单保险策略走势。

从图 3.4 中很容易发现，期权简单保险策略自 2015 年 2 月 9 日华夏上证 50ETF 期权上市以来，实际表现非常一般，该期权组合策略的收益最后甚至低于简单持有上证 50ETF 的收益。其实自该期权品种上市交易以来，上证 50ETF 已经经历了 2015—2016 年、2017—2018 年、2019—2022 年三轮较大的牛熊行情切换。虽然期权简单保险策略在熊市中有一定的表现，但是并未能够积累最终的超额收益，这说明期权的保险策略不能只是简单地运用。

那是否因为选择平值期权所以表现不佳？为了回答这个问题，在策略其他条件不变的情况下，选择虚值程度为 6% 的认沽期权与实值程度为 6% 的认沽期权作为对比参照，结果如图 3.5 所示。

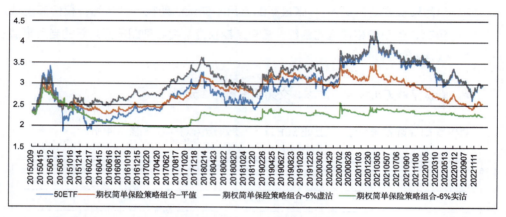

图 3.5   简单保险策略的不同认沽组合与上证 50ETF 绩效走势对比图

❖　蓝色线为上证 50ETF 绩效走势。

❖　橙色线为平值合约期权简单保险策略走势。

❖　绿色线为实值 6% 合约期权简单保险策略走势。

❖　灰色线为虚值 6% 合约期权简单保险策略走势。

由图 3.5 可见，在不增加任何标的资产价格涨跌幅度或者期权隐含波动率高低择时的条件下，没有任何一组简单保险策略获得超额收益。买入虚值程度为 6% 的认沽期权作为简单保险策略的组合在三组保险策略中表现最佳，但测试时段的累计绩效也只做到持平于标的资产。

以上测试的三种不同头寸期权简单保险策略效果均不好，主要原因可能在于以下两点。

原因 1：样本量不足导致测试规则默认调仓日正好让保险策略买在标的资产价格的相对低点的次数偏多，进而使得收益不佳。

原因 2：样本量不足导致测试规则默认调仓日正好让保险策略买在了期权隐含波动率的相对高位（上证 50ETF 期权当月隐含波动率走势如图 3.6 所示），即期权价格相对较高的次数偏多，进而使得收益不佳。

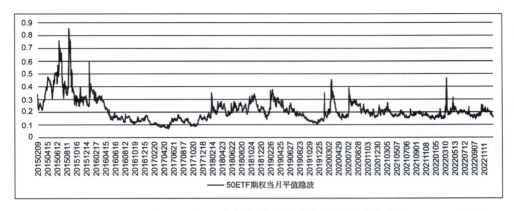

图 3.6　上证 50ETF 期权当月平值期权隐含波动率走势

原因 1 是对标的资产价格的择时，原因 2 是对期权隐含波动率的择时。虽然笔者个人对择时的长期期望持谨慎态度，特别是中短期价格运动近似无序意味着频繁择时的胜算更小，但是前述测评结果还是给期权保险运用者增加了难度，即只有对保险策略的运用进行择时才可能有超额收益。

由于必须择时使用保险策略，但频繁择时逻辑上又不能拥有稳定的胜算，所以需要在某些有市场底层逻辑支持的方向进行适当的优化，比如在运用期权简单保险策略时，针对标的资产价格与期权隐含波动率需要注意以下两点。

> 任何标的资产的价格波动都有逻辑支持下的周期规律，比如股票指数在被高估时比被低估时有更大概率下跌，又或者存在某个季节性规律带来的大波动高概率区，在逻辑上存在大波动可能的区域运用期权简单保险策略。

> 市场的情绪必然是周期往复的，即波动必然会在过分平静后躁动、过分躁动后平静，期权隐含波动率如图 3.6 所示，具有明显的均值回复效应，尽量规避在高波动率区运用期权简单保险策略。

在常识经验上还有以下几个运用保险的建议。

> 投资者要在大部分人感受不到风险时运用保险，在大部分人感受到风险时可能反而是保险策略的落袋时刻。

> 除非风险事件发生概率极高，否则建议不要购买剩余到期日过近的期权，因为 Theta 损耗非常快，买短期期权的本质是赌短期择时的准确率，这在逻辑上不会屡获收益。

> 当对择时能力不够自信，但又有保险欲望时，尽量选择使用虚值期权构建保险策略，毕竟在发生风险时虚值期权的保护能力不差，在不发生风险时损失也最小。

关于期权保险策略在实践中基于底层逻辑约束进一步地整体优化，会在后文进行更详细的探讨，此处暂不展开。

3.1.2　期权黑天鹅保险策略

1. 期权简单黑天鹅保险策略的构建

通过第 3.1.1 节的阐述，大家基本了解到，期权简单保险策略虽然给投资者提供了类似于商业保险"风险有限，盈利无限"的全新避险方式，但基于上证 50ETF 期权的实践效果，并未体现出期权的真正魅力。

事实上，期权工具运用于风险管理最核心的创新和优势是可以对尾部风险进行交易，即为黑天鹅风险对冲提供可能。对黑天鹅风险事件的认识，相信读者朋友们近几年的感受会比几年前更深刻。

在第 1 章介绍 B-S 期权定价模型时有关于正态分布的条件假说，理论上只要是可以用价格标记的事物，其价格长期运行的波动性规律必然符合正态分布假说，即价格出现在均值附近的概率远远大于远离均值区域的概率。但从风险管理的角度来说，虽然价格出现在远离均值的概率极小甚至无限接近 0，但是并不是不会出现。而且正因概率极低，一旦事情发生造成的影响就是无法预料和控制的，所以最需要管理的风险恰恰是这些出现概率极低的尾部风险，即黑天鹅风险。

真实的金融资产价格规律其实并不能完全等同于理论的正态分布假说。相较而言，在真实的金融资产价格分布中，价格出现在远离均值区域的概率较标准正态分布大很多（如图 3.7 所示）。所以在投资实践过程中，对金融资产头寸尾部风险的管控需要远超理论。

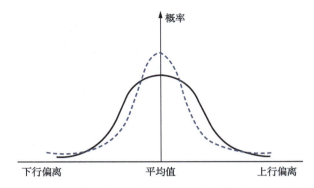

图 3.7　标准正态分布曲线 vs 金融资产价格实际分布曲线图

✧　实线为标准正态分布曲线；蓝色虚线为金融资产价格的真实分布曲线。

期权简单黑天鹅保险策略就是为投资者提供的对金融资产头寸进行尾部风险管理的具体策略，其具体的构建方法如下。

（1）下跌的尾部风险管理组合

方法 1：持有一定数量的标的资产多头，买入超越名义市值数量的深度虚值认沽期权。

方法 2：持有一定数量的标的资产多头，卖出一定数量的平值或浅度虚值认沽期权，同时利用卖出认沽期权收取的费用购买数倍于卖出数量的深度虚值认沽期权。

（2）上涨的尾部风险管理组合

方法 1：持有一定数量的标的资产空头，买入超越名义市值数量的深度虚值认购期权。

方法 2：持有一定数量的标的资产空头，卖出一定数量的平值或浅度虚值认购期权，同时利用卖出认购期权收取的费用购买数倍于卖出认购期权数量的深度虚值认购期权。

2. 期权简单黑天鹅保险策略示例

（1）期权黑天鹅保险头寸示例 1

2023 年 3 月 3 日，上证 50ETF 收盘价为 2.779 元，2023 年 4 月 26 日到期的行权

价为 2.60 元的 50ETF 认沽期权收盘价为 0.0155 元，投资者因中长期看好大盘权重股的行情，所以坚定持有 100 万股 50ETF，但考虑到短期市场环境的不确定性，有些害怕上证 50ETF 出现意外大跌。于是该投资者决定买入 200 张 2023 年 4 月 26 日到期的行权价为 2.60 元的 50ETF 认沽期权头寸做简单黑天鹅保险。构建组合后的总盈亏图、基本情况监视图表、Greeks 变化图分别如图 3.8、图 3.9 和图 3.10 所示。

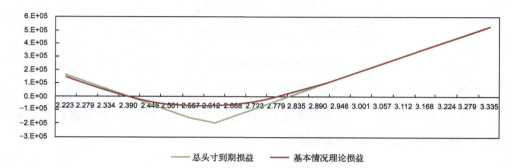

图 3.8　简单黑天鹅保险示例 1 组合总盈亏图

由图 3.8 可知，投资者的这个组合保持了标的资产价格上涨时的盈利能力，同时如果标的资产价格大幅度下跌，则组合因为买入超名义市值数量的认沽期权同样可能获得大幅盈利，同时总体仍具备“风险有限，盈利无限”的特征。

策略头寸		头寸1	头寸2	头寸3	头寸4	头寸5	头寸6	头寸7	头寸8	头寸9	头寸10
期权代码		510050.SH	10005192.SH								
资产种类		Spot	OpPut	Spot	Spot	Spot	Spot	Spot	Spot	Spot	Spot
头寸方向		1	1	1	−1	−1	−1	−1	−1	−1	−1
持仓数量(张)		100	200	0	0	0	0	0	0	0	0
分红合约？(1=Y,0=N)		0	0	0	0	0	0	0	0	0	0
执行价格		2.779	2.6	0	0	0	0	0	0	0	0
期权到期时间		1900/1/0	2023-04-26	1900/1/0	1900/1/0	1900/1/0	1900/1/0	1900/1/0	1900/1/0	1900/1/0	1900/1/0
基本情况波动率		0.00%	18.19%	0.00%	0.00%	0.00%	0.00%	0.00%	0.00%	0.00%	0.00%
变化情况波动率		0.00%	18.19%	0.00%	0.00%	0.00%	0.00%	0.00%	0.00%	0.00%	0.00%
基本情况期权价格		2.779	0.0155	0	0	0	0	0	0	0	0
变化情况期权价格		2.7790	0.0155	2.7790	2.7790	2.7790	2.7790	2.7790	2.7790	2.7790	2.7790
Delta	基本情况	1.0000	−0.1493	1.0000	1.0000	1.0000	1.0000	1.0000	1.0000	1.0000	1.0000
	变化情况	1.0000	−0.1493	1.0000	1.0000	1.0000	1.0000	1.0000	1.0000	1.0000	1.0000
Gamma	基本情况	0.0000	1.1954	0.0000	0.0000	0.0000	0.0000	0.0000	0.0000	0.0000	0.0000
	变化情况	0.0000	1.1954	0.0000	0.0000	0.0000	0.0000	0.0000	0.0000	0.0000	0.0000
Vega	基本情况	0.0000	0.0025	0.0000	0.0000	0.0000	0.0000	0.0000	0.0000	0.0000	0.0000
	变化情况	0.0000	0.0025	0.0000	0.0000	0.0000	0.0000	0.0000	0.0000	0.0000	0.0000
Theta	基本情况	0.0000	−0.0004	0.0000	0.0000	0.0000	0.0000	0.0000	0.0000	0.0000	0.0000
	变化情况	0.0000	−0.0004	0.0000	0.0000	0.0000	0.0000	0.0000	0.0000	0.0000	0.0000

策略头寸		头寸11	头寸12	头寸13	头寸14	头寸15	头寸16	头寸17	头寸18	头寸19	头寸20
期权代码											
资产种类		Spot	Spot	Spot	Spot	Spot	Spot	Spot	Spot	Spot	Spot
头寸方向		1	−1	1	−1	1	1	1	−1	−1	1
持仓数量(张)		0	0	0	0	0	0	0	0	0	0
分红合约？(1=Y,0=N)		0	0	0	0	0	0	0	0	0	0
执行价格		0	0	0	0	0	0	0	0	0	0
期权到期时间		1900/1/0	1900/1/0	1900/1/0	1900/1/0	1900/1/0	1900/1/0	1900/1/0	1900/1/0	1900/1/0	1900/1/0
基本情况波动率		0.00%	0.00%	0.00%	0.00%	0.00%	0.00%	0.00%	0.00%	0.00%	0.00%
变化情况波动率		0.00%	0.00%	0.00%	0.00%	0.00%	0.00%	0.00%	0.00%	0.00%	0.00%
基本情况期权价格		0	0	0	0	0	0	0	0	0	0
变化情况期权价格		2.7790	2.7790	2.7790	2.7790	2.7790	2.7790	2.7790	2.7790	2.7790	2.7790
Delta	基本情况	1.0000	1.0000	1.0000	1.0000	1.0000	1.0000	1.0000	1.0000	1.0000	1.0000
	变化情况	1.0000	1.0000	1.0000	1.0000	1.0000	1.0000	1.0000	1.0000	1.0000	1.0000
Gamma	基本情况	0.0000	0.0000	0.0000	0.0000	0.0000	0.0000	0.0000	0.0000	0.0000	0.0000
	变化情况	0.0000	0.0000	0.0000	0.0000	0.0000	0.0000	0.0000	0.0000	0.0000	0.0000
Vega	基本情况	0.0000	0.0000	0.0000	0.0000	0.0000	0.0000	0.0000	0.0000	0.0000	0.0000
	变化情况	0.0000	0.0000	0.0000	0.0000	0.0000	0.0000	0.0000	0.0000	0.0000	0.0000
Theta	基本情况	0.0000	0.0000	0.0000	0.0000	0.0000	0.0000	0.0000	0.0000	0.0000	0.0000
	变化情况	0.0000	0.0000	0.0000	0.0000	0.0000	0.0000	0.0000	0.0000	0.0000	0.0000

总头寸(元)		理论总损益	Delta Cash	Gamma Cash	Vega Cash	Theta Cash	Rho Cash
	基本情况	0.5	1949236.7	184639.5	4968.8	−777.9	−1273.5
	变化情况		1949236.7	184639.5	4968.8	−777.9	−1273.5

图 3.9　简单黑天鹅保险示例 1 组合基本情况监视图表

由图 3.9 可知，组合当前 Delta Cash 为 1 949 236.7 元，Gamma Cash 为 184 639.5 元，Vega Cash 为 4968.8 元，Theta Cash 为−777.9 元。同时拥有标的资产多头敞口（上涨有利）、波动率多头敞口（波动率上涨有利）、时间空头敞口（时间不利）。

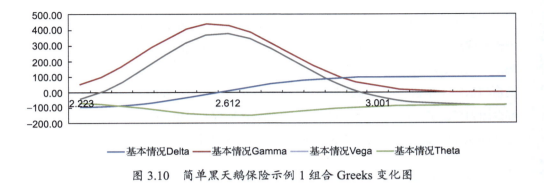

图 3.10 简单黑天鹅保险示例 1 组合 Greeks 变化图

进一步观察图 3.10 所示的期权组合 Greeks 动态状况。Delta 和上证 50ETF 正相关，若上证 50ETF 大跌则 Delta 为负，若上证 50ETF 大涨则 Delta 为正。Gamma 和 Vega 会在价格上行中减小，在价格下跌中先增大后减小，Theta 基本和二者反向变动。

（2）期权黑天鹅保险头寸示例 2

2023 年 3 月 3 日，上证 50ETF 收盘价为 2.779 元，2023 年 4 月 26 日到期的行权价为 2.6 元的 50ETF 认沽期权收盘价为 0.0155 元，行权价为 2.8 元的 50ETF 认沽期权收盘价为 0.0785 元。投资者因中长期看好大盘权重股的行情坚定持有 100 万股 50ETF，但考虑到短期市场环境的不确定性，害怕 50ETF 出现意外大跌。于是该投资者决定卖出 50 张 2023 年 4 月 26 日到期的行权价为 2.80 元的 50ETF 认沽期权，同时买入 300 张 2023 年 4 月 26 日到期的行权价为 2.60 元的 50ETF 认沽期权做简单黑天鹅保险。构建组合后的总盈亏图、基本情况监视图表、Greeks 变化图分别如图 3.11、图 3.12 和图 3.13 所示。

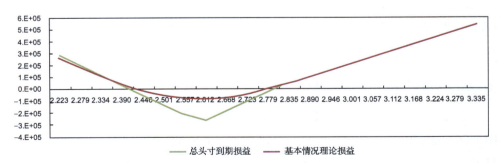

图 3.11 简单黑天鹅保险示例 2 组合总盈亏图

由图 3.11 可知，简单黑天鹅保险示例 2 组合与示例 1 组合的总盈亏图相似。简单黑天鹅保险示例 2 组合保持了标的资产价格上涨时的盈利能力，如果标的资产价格大幅度下跌，则其因为买入超名义市值数量的认沽期权同样可能获得大幅盈利。示例 2 组合与示例 1 组合的不同点在于，当认沽期权合约到期时，50ETF 的价格是 2.60 元，那么因为卖出了一定量的行权价为 2.80 元的认沽期权需要承担损失，而买入的行权价为 2.60 元的虚值认沽期权未能实现收益，所以示例 2 组合的损失会大于示例 1 组合。

投资者在运用这个方法构建组合预防大波动时，要多考虑下跌的幅度，如果拿捏不准，则建议采纳示例 1，或者延长期权合约到期时间。当然，这个示例组合总体仍具备“风险有限，盈利无限”的特征。

由图 3.12 可知，示例 2 组合中当前 Delta Cash 为 2 243 151.4 元，Gamma Cash 为 192 703.8 元，Vega Cash 为 5321.7 元，Theta Cash 为-880.6 元。同时拥有标的资产多头敞口（上涨有利）、波动率多头敞口（波动率上涨有利）、时间空头敞口（时间不利）。

策略头寸	头寸1	头寸2	头寸3	头寸4	头寸5	头寸6	头寸7	头寸8	头寸9	头寸10	头寸11	头寸12	头寸13	头寸14	头寸15	头寸16	头寸17	头寸18	头寸19	头寸20
期权代码	510050.SH	10005192.SH	10005196.SH																	
资产种类	Spot	OpPut	OpPut	Spot	Spot	Spot	Spot	Spot	Spot	Spot	Spot	Spot	Spot	Spot	Spot	Spot	Spot	Spot	Spot	Spot
头寸方向	1	1	-1	-1	-1	-1	-1	-1	-1	-1	1	-1	1	-1	1	1	1	-1	-1	1
持仓数量(张)	100	300	50	0	0	0	0	0	0	0	0	0	0	0	0	0	0	0	0	0
分红合约？(1=Y,0=N)	0	0	0	0	0	0	0	0	0	0	0	0	0	0	0	0	0	0	0	0
执行价格	2.779	2.6	2.8	0	0	0	0	0	0	0	0	0	0	0	0	0	0	0	0	0
期权到期时间	1900/1/0	2023-04-26	2023-04-26	1900/1/0	1900/1/0	1900/1/0	1900/1/0	1900/1/0	1900/1/0	1900/1/0	1900/1/0	1900/1/0	1900/1/0	1900/1/0	1900/1/0	1900/1/0	1900/1/0	1900/1/0	1900/1/0	1900/1/0
基本情况波动率	0.00%	18.19%	17.10%	0.00%	0.00%	0.00%	0.00%	0.00%	0.00%	0.00%	0.00%	0.00%	0.00%	0.00%	0.00%	0.00%	0.00%	0.00%	0.00%	0.00%
变化情况波动率	0.00%	18.19%	17.10%	0.00%	0.00%	0.00%	0.00%	0.00%	0.00%	0.00%	0.00%	0.00%	0.00%	0.00%	0.00%	0.00%	0.00%	0.00%	0.00%	0.00%
基本情况期权价格	2.779	0.0155	0.0785	0	0	0	0	0	0	0	0	0	0	0	0	0	0	0	0	0
变化情况期权价格	2.7790	0.0155	0.0785	2.7790	2.7790	2.7790	2.7790	2.7790	2.7790	2.7790	2.7790	2.7790	2.7790	2.7790	2.7790	2.7790	2.7790	2.7790	2.7790	2.7790
Delta 基本情况	1.0000	-0.1493	-0.5101	1.0000	1.0000	1.0000	1.0000	1.0000	1.0000	1.0000	1.0000	1.0000	1.0000	1.0000	1.0000	1.0000	1.0000	1.0000	1.0000	1.0000
Delta 变化情况	1.0000	-0.1493	-0.5101	1.0000	1.0000	1.0000	1.0000	1.0000	1.0000	1.0000	1.0000	1.0000	1.0000	1.0000	1.0000	1.0000	1.0000	1.0000	1.0000	1.0000
Gamma 基本情况	0.0000	1.1954	2.1820	0.0000	0.0000	0.0000	0.0000	0.0000	0.0000	0.0000	0.0000	0.0000	0.0000	0.0000	0.0000	0.0000	0.0000	0.0000	0.0000	0.0000
Gamma 变化情况	0.0000	1.1954	2.1820	0.0000	0.0000	0.0000	0.0000	0.0000	0.0000	0.0000	0.0000	0.0000	0.0000	0.0000	0.0000	0.0000	0.0000	0.0000	0.0000	0.0000
Vega 基本情况	0.0000	0.0025	0.0043	0.0000	0.0000	0.0000	0.0000	0.0000	0.0000	0.0000	0.0000	0.0000	0.0000	0.0000	0.0000	0.0000	0.0000	0.0000	0.0000	0.0000
Vega 变化情况	0.0000	0.0025	0.0043	0.0000	0.0000	0.0000	0.0000	0.0000	0.0000	0.0000	0.0000	0.0000	0.0000	0.0000	0.0000	0.0000	0.0000	0.0000	0.0000	0.0000
Theta 基本情况	0.0000	-0.0004	-0.0006	0.0000	0.0000	0.0000	0.0000	0.0000	0.0000	0.0000	0.0000	0.0000	0.0000	0.0000	0.0000	0.0000	0.0000	0.0000	0.0000	0.0000
Theta 变化情况	0.0000	-0.0004	-0.0006	0.0000	0.0000	0.0000	0.0000	0.0000	0.0000	0.0000	0.0000	0.0000	0.0000	0.0000	0.0000	0.0000	0.0000	0.0000	0.0000	0.0000

总头寸(元)		理论总损益	Delta Cash	Gamma Cash	Vega Cash	Theta Cash	Rho Cash
	基本情况	1.2	2243151.4	192703.8	5321.7	-880.6	-803.5
	变化情况		2243151.4	192703.8	5321.7	-880.6	-803.5

图 3.12　简单黑天鹅保险示例 2 组合基本情况监视图表

进一步观察图 3.13 中期权组合 Greeks 动态状况。Delta 和上证 50ETF 正相关。Gamma 和 Vega 会在价格上行中减小，在价格下跌中先增大后减小，Theta 基本呈现和二者的反向变动。

3. 期权简单黑天鹅保险策略的优化思考

如果从 Greeks 的角度看简单黑天鹅保险组合，则无论是示例 1 还是示例 2 构建的组合，Gamma 和 Vega 在价格下跌中大幅走高都是黑天鹅保险策略能力的关键。Gamma 是 Delta 向有利方向变化的加速度，Vega 是期权定价中情绪溢价的核心影响项，意料之外的黑天鹅风险带来的大波动可以放大这两个 Greeks 对整体组合的支持。

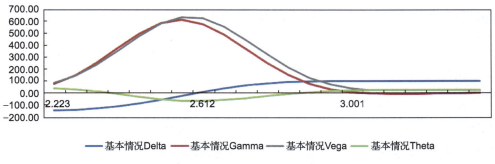

图 3.13　简单黑天鹅保险示例 2 组合 Greeks 变化图

虽然本节的简单黑天鹅保险策略具备反脆弱性，但是在不择时运用的情况下效果并不好，所以在实践中需要在标的资产的择时、期权隐含波动率的择时方面做优化。

3.2　期权备兑策略

3.2.1　期权备兑认购策略简介

1. 期权备兑认购策略的构建

所谓期权备兑认购策略，是指投资者在持有某标的资产多头的基础上，基于对该标的资产价格波动的预估，匹配期权卖出认购合约，期望以此增加持有期收益的策略。为了获得期权备兑认购策略提供的收益补充，投资者承担了标的资产价格上行方向波动超预期时，初始可以拿到的收益被对冲的风险。所以在实践过程中，期权备兑认购策略的关键在于，投资者要提前预估标的资产价格在未来指定时间段上行方向波动的范围，并以此决策卖出期权合约的行权价。

期权备兑认购策略的具体构建方法：基于持有标的资产多头的数量，卖出与持有标的资产数量相等的认购期权（一般为虚值期权），期权的虚值程度取决于投资者对期权到期前标的资产价格上行方向的波动预估。

虽然这里只说了持有标的资产为多头时的期权备兑认购策略，但如果某投资者长期或者阶段性持有某标的资产空头，则采用期权备兑认沽策略也是同理的，构建方法：基于持有标的资产空头的数量，卖出与持有标的资产数量相等的认沽期权（一般为虚值期权），期权的虚值程度取决于投资者对期权到期前标的资产价格下行方向的波动预估。

2. 期权备兑认购策略示例

2023 年 3 月 3 日，上证 50ETF 收盘价为 2.779 元，2023 年 4 月 26 日到期的行权价为 3.0 元的 50ETF 认购期权收盘价为 0.0147 元。投资者因中长期看好大盘权重股的行情，所以坚定持有 100 万股 50ETF，又认为短期标的资产价格涨幅不小，但未来 2 个月行情难以涨超 3.0 元。同时，如果出现意外的大涨，也接受在 3.0 元这个价格清仓多头。于是该投资者为了增加持有期收益，决定备兑卖出 100 张 2023 年 4 月 26 日到期的行权价为 3.0 元的 50ETF 认购期权。构建组合后的总盈亏图、基本情况监视图表、Greeks 变化图分别如图 3.14、图 3.15 和图 3.16 所示。

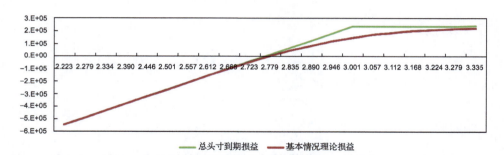

图 3.14　期权备兑认购策略示例组合总盈亏图

由图 3.14 可知，从到期损益看，卖出认购期权行权价对应的 3.0 元以下区域，组合的收益等同于持有多头的收益。但是在 50ETF 价格超过 3.0 元后，基础多头资产的收益与备兑卖出认购期权的损失相互抵消。如果不考虑期权基差，那么基于期权平价原理，该组合的价值等价于卖出行权价为 3.0 元的实值认沽期权。

策略头寸	头寸1	头寸2	头寸3	头寸4	头寸5	头寸6	头寸7	头寸8	头寸9	头寸10	头寸11	头寸12	头寸13	头寸14	头寸15	头寸16	头寸17	头寸18	头寸19	头寸20
期权代码	510050.SH	10005192.SH	10005196.SH	10004894.SH	10005191.SH	10004917.SH														
资产种类	Spot	OpPut	OpPut	OpPut	OpCall	OpCall	Spot	Spot	Spot	Spot	Spot	Spot	Spot	Spot	Spot	Spot	Spot	Spot	Spot	Spot
头寸方向	1	−1	−1	1	−1	1	−1	−1	−1	−1	1	−1	1	−1	1	1	1	−1	−1	1
持仓数量(张)	100	0	0	0	100	1	0	0	0	0	0	0	0	0	0	0	0	0	0	0
分红合约?(1=Y,0=N)	0	0	0	0	0	0	0	0	0	0	0	0	0	0	0	0	0	0	0	0
执行价格	2.779	2.6	2.8	2.8	3	2.85	0	0	0	0	0	0	0	0	0	0	0	0	0	0
期权到期时间	1900/1/0	2023-04-26	2023-04-26	2023-03-22	2023-04-26	2023-03-22	1900/1/0	1900/1/0	1900/1/0	1900/1/0	1900/1/0	1900/1/0	1900/1/0	1900/1/0	1900/1/0	1900/1/0	1900/1/0	1900/1/0	1900/1/0	1900/1/0
基本情况波动率	0.00%	18.19%	17.10%	16.65%	17.86%	17.94%	0.00%	0.00%	0.00%	0.00%	0.00%	0.00%	0.00%	0.00%	0.00%	0.00%	0.00%	0.00%	0.00%	0.00%
变化情况波动率	0.00%	18.19%	17.10%	16.65%	17.86%	17.94%	0.00%	0.00%	0.00%	0.00%	0.00%	0.00%	0.00%	0.00%	0.00%	0.00%	0.00%	0.00%	0.00%	0.00%
基本情况期权价格	2.779	0.0155	0.0785	0.0515	0.0147	0.0199	0	0	0	0	0	0	0	0	0	0	0	0	0	0
变化情况期权价格	2.7790	0.0155	0.0785	0.0515	0.0147	0.0199	2.7790	2.7790	2.7790	2.7790	2.7790	2.7790	2.7790	2.7790	2.7790	2.7790	2.7790	2.7790	2.7790	2.7790
Delta 基本情况	1.0000	−0.1493	−0.5101	−0.5576	0.1526	0.2863	1.0000	1.0000	1.0000	1.0000	1.0000	1.0000	1.0000	1.0000	1.0000	1.0000	1.0000	1.0000	1.0000	1.0000
Delta 变化情况	1.0000	−0.1493	−0.5101	−0.5576	0.1526	0.2863	1.0000	1.0000	1.0000	1.0000	1.0000	1.0000	1.0000	1.0000	1.0000	1.0000	1.0000	1.0000	1.0000	1.0000
Gamma 基本情况	0.0000	1.1954	2.1820	3.7387	1.2349	2.9917	0.0000	0.0000	0.0000	0.0000	0.0000	0.0000	0.0000	0.0000	0.0000	0.0000	0.0000	0.0000	0.0000	0.0000
Gamma 变化情况	0.0000	1.1954	2.1820	3.7387	1.2349	2.9917	0.0000	0.0000	0.0000	0.0000	0.0000	0.0000	0.0000	0.0000	0.0000	0.0000	0.0000	0.0000	0.0000	0.0000
Vega 基本情况	0.0000	0.0025	0.0043	0.0025	0.0025	0.0022	0.0000	0.0000	0.0000	0.0000	0.0000	0.0000	0.0000	0.0000	0.0000	0.0000	0.0000	0.0000	0.0000	0.0000
Vega 变化情况	0.0000	0.0025	0.0043	0.0025	0.0025	0.0022	0.0000	0.0000	0.0000	0.0000	0.0000	0.0000	0.0000	0.0000	0.0000	0.0000	0.0000	0.0000	0.0000	0.0000
Theta 基本情况	0.0000	−0.0004	−0.0006	−0.0010	−0.0004	−0.0011	0.0000	0.0000	0.0000	0.0000	0.0000	0.0000	0.0000	0.0000	0.0000	0.0000	0.0000	0.0000	0.0000	0.0000
Theta 变化情况	0.0000	−0.0004	−0.0006	−0.0010	−0.0004	−0.0011	0.0000	0.0000	0.0000	0.0000	0.0000	0.0000	0.0000	0.0000	0.0000	0.0000	0.0000	0.0000	0.0000	0.0000

总头寸(元)		理论总损益	Delta Cash	Gamma Cash	Vega Cash	Theta Cash	Rho Cash
	基本情况	0.9	2362941.3	−93061.2	−2499.1	434.3	−601.5
	变化情况		2362941.3	−93061.2	−2499.1	434.3	−601.5

图 3.15　期权备兑认购策略示例组合基本情况监视图表

由图 3.15 可知，期权组合当前的 Delta Cash 为 2 362 941.3 元，Gamma Cash 为 -93 061.2 元，Vega Cash 为-2499.1 元，Theta Cash 为 434.3 元。组合拥有标的资产多头敞口（上涨有利）、波动率空头敞口（波动率上涨不利）、时间多头敞口（时间有利）。

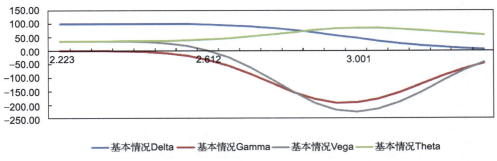

图 3.16　期权备兑认购策略示例组合 Greeks 变化图

进一步观察图 3.16 中期权组合 Greeks 的动态状况。Delta 为正，但和上证 50ETF 呈负相关，上证 50ETF 越上涨，多头敞口越小。Gamma 和 Vega 敞口均为负，且会在标的资产价格上行中逐步扩大，并在 3.0 元附近达到极值，Theta 基本和二者反向变动。

如上，期权备兑认购策略本质上是出售了上行方向的尾部波动风险，即承担了负 Gamma 与负 Vega 上行方向敞口反向扩大的风险，从而获得收益。

2. 期权备兑认购策略行权价选择

简单线性考虑期权备兑认购策略，就是博弈标的资产行情涨幅不会超过备兑认购合约的行权价，所以投资者选择哪个行权价进行备兑卖出非常重要，这里提供几个思路供读者参考。

（1）基于标的资产价格波动的历史分布概率

基于标的资产价格波动的历史分布概率，可以大致推算出未来对应时段内，标的资产价格波动的分布概率。图 3.17 所示为上证 50ETF 近 10 年月度（22 个交易日）涨跌幅的统计概率分布，图左侧的"接收"对应涨跌幅，"频率"代表出现次数，"累积"代表累积概率。

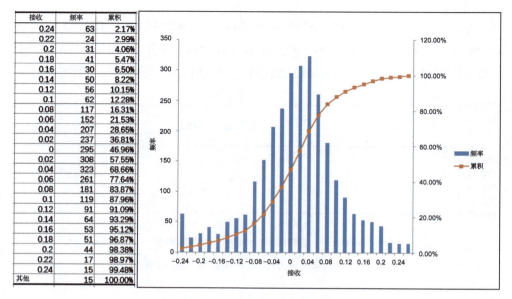

接收	频率	累积
0.24	63	2.17%
0.22	24	2.99%
0.2	31	4.06%
0.18	41	5.47%
0.16	30	6.50%
0.14	50	8.22%
0.12	56	10.15%
0.1	62	12.28%
0.08	117	16.31%
0.06	152	21.53%
0.04	207	28.65%
0.02	237	36.81%
0	295	46.96%
0.02	308	57.55%
0.04	323	68.66%
0.06	261	77.64%
0.08	181	83.87%
0.1	119	87.96%
0.12	91	91.09%
0.14	64	93.29%
0.16	53	95.12%
0.18	51	96.87%
0.2	44	98.38%
0.22	17	98.97%
0.24	15	99.48%
其他	15	100.00%

图 3.17　上证 50ETF 近 10 年月度涨跌幅的统计概率分布图

如果投资者在选择期权备兑认购策略的合约时，给自己定了一个希望有 85%胜算率的目标，则可以从上述统计概率分布图中对应至 0.08～0.1，即 8%～10%的月度涨幅在过去 10 年历史中出现的概率只有约 15%，这进一步意味着可以选择虚值程度在 8%～10%的认购期权做备兑认购策略。

其实还有很多见仁见智的方法可以对该统计做进一步的升级，比如将区间涨跌幅与区间起点价格所处的历史分布位置相联系，考虑标的资产价格同等定价水平下未来波动的范围；将区间涨跌幅与区间起点时间所处的标的资产价格行情特征相联系，考虑标的资产价格相似行情背景下未来波动的范围等。

（2）基于期权合约 Delta 反映的标的资产价格波动概率

在第 2.1 节中有详细介绍 Delta 的定义和算法，并重点提示了期权合约 Delta 可以代表该合约在期权到期日变成实值的概率。相较于基于标的资产历史价格波动做分布统计，Delta 反映的标的资产价格波动概率更契合当前市场参与者的共识观点。

如果投资者希望保障备兑认购合约长期的到期胜率在 15%以上，那么直接选择 Delta 绝对值在 0.15 以下的虚值期权合约做备兑选择就是一个更尊重市场共识的方法。

（3）基于标的资产价格走势的技术分析方法

虽然笔者对短期由技术分析得出胜率的做法不是很认可，但也无法证伪标的资产价格走势不会受到技术指标的影响，所以这里也只做提示，不做深入讨论。只要通过你所认可的技术分析方法能找到对应周期的关键价格，就可以考虑将该方法作为选择备兑认购合约的方法。

对于技术分析，笔者想补充的一点是，应该重视行为金融学的重要性，更多地从博弈的角度运用和思考某种技术分析方法论。

3.2.2　期权备兑认购策略的效率分析与优化

如上文所述，期权备兑认购策略的原理很简单，适合大部分投资者在阶段性持有某项资产的同时做收益增收考量。但也因为该策略的参与门槛不高，所以需要更细致地理解与分析期权备兑认购策略的优势与劣势，以规避某些显而易见的问题。

参照期权简单保险策略的效率分析思路，这里同样基于上证 50ETF 期权历史数据，在长期不做任何择时的情况下，对简单期权备兑认购策略的绩效做测评。测评周期为 2015 年 2 月 9 日至 2022 年 12 月 31 日，简单期权备兑认购策略规则如下：

➢ 长期持有 10 000 股华夏上证 50ETF。

➢ 先卖出 1 张虚值程度为 6%（最接近 6%）的认购期权，持有该期权直至合约到期日，然后进行平仓，同时在新的当月合约中寻找虚值程度为 6%（或者最接近 6%）的认购期权，并将其卖出。

➢ 默认策略无市场冲击成本，期权合约交易费用为 3 元/张。

将得到的简单期权备兑认购策略与直接持有上证 50ETF 的收益结果进行对比，如图 3.18 所示。

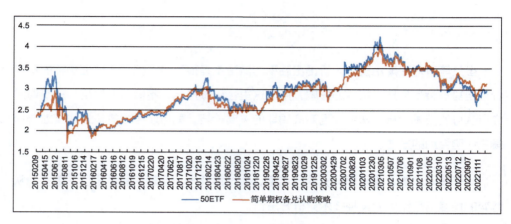

图 3.18 简单期权备兑认购策略与直接持有上证 50ETF 的收益结果对比

❖ 蓝色线为上证 50ETF 走势。

❖ 橙色线为简单期权备兑认购策略走势。

简单期权备兑认购策略选择卖出虚值程度为 6% 的认购期权，一方面源于个人经验，另一方面源于对标的资产价格历史波动规律的认识。从第 3.2.1 节中关于上证 50ETF 近 10 年月度波动范围分布规律看，一个月之内涨幅超过 6% 的概率是低于 25% 的，这意味着长期而言，虚值程度为 6% 的认购期权被向上击穿行权价的概率低于 25%。

从图 3.18 中可见，在测试区间内，简单期权备兑认购策略总体并没有获得明显的超额收益。近 8 年时间（2015 年 2 月 9 日至 2022 年 12 月 31 日）简单期权备兑认购策略相对简单地持有上证 50ETF，仅获得了 0.1715 元的相对收益，与 2015 年 2 月 9 日上证 50ETF 为 2.331 元的初始价格相比，超额收益率仅有约 7.35%。

为了解原因，这里进一步审视简单期权备兑认购策略的超额收益曲线走势，如图如 3.19 所示。

从图 3.19 中可以发现，期权备兑认购策略在标的资产价格下行时期超额收益明显，在标的资产价格慢涨时期超额收益也相对稳定，但是在标的资产价格快速上涨时期负收益非常显著。

从结果来说，几次标的资产价格快涨时期，简单期权备兑认购策略的显著负收益，导致了整体策略在过往这几轮牛熊周期之下没有明显的增强。

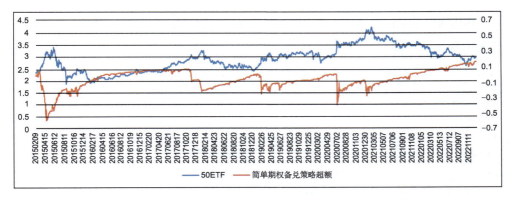

图 3.19 简单期权备兑认购策略超额收益与上证 50ETF 绩效走势对比

◇ 蓝色线为上证 50ETF 走势，坐标轴靠左。

◇ 橙色线为简单期权备兑认购策略超额收益走势，坐标轴靠右。

在实际的期权备兑认购策略运用中，可以考虑增加趋势过滤的条件来规避标的资产价格大涨时负收益的影响。比如，设置一个观察阈值，当标的资产价格超过这个标准后，将备兑认购期权合约做一定的调整。这里分享一个优化期权备兑认购策略的方法。

测试的周期同上，测试规则如下：

➤ 长期持有 10 000 股上证 50ETF。

➤ 卖出 1 张虚值程度为 6%（或最接近 6%）的认购期权，在头寸建好后，如果上证 50ETF 价格不超过合约行权价，则持有该期权直至合约到期日，再进行平仓，同时在新的当月合约中，基于当日上证 50ETF 价格，匹配虚值程度为 6%（或者最接近 6%）的认购期权，并将其卖出。

➤ 如果上证 50ETF 价格超过合约行权价，则按照当日收盘价平仓原合约，并按上证 50ETF 当日收盘价重新匹配当月虚值程度为 6%（或者最接近 6%）的认购期权，并将其卖出，持有该期权直至合约到期日，再进行平仓，同时在新的当月合约中，基于当日上证 50ETF 价格，匹配虚值程度为 6%（或者最接近 6%）的认购期权，并将其卖出。

➤ 默认策略无市场冲击成本，期权合约交易费用为 3 元/张。

优化期权备兑认购策略、简单期权备兑认购策略与上证 50ETF 绩效走势对比如图 3.20 所示。

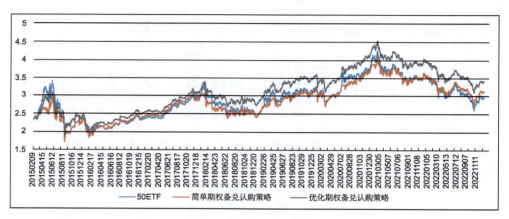

图 3.20   优化与简单期权备兑认购策略 vs 上证 50ETF 绩效走势对比

❖   蓝色线为上证 50ETF 绩效走势，坐标轴靠左。
❖   橙色线为简单期权备兑认购策略走势。
❖   灰色线为优化期权备兑认购策略走势。

显而易见，经过优化后，期权备兑认购策略组合的绩效明显提升，相比简单持有上证 50ETF 获得了 0.4519 元的相对收益，按照 2015 年 2 月 9 日 50ETF2.331 元的初始价格，超额收益率约为 19%。

优化期权备兑认购策略之所以能够较原策略大幅提升绩效，最主要的原因是，对持有标的资产价格的波动进行识别，同时配合卖出认购期权的调仓降低了简单备兑认购策略在标的资产价格上涨时期的负收益。

这个优化方式相当于在期权备兑认购策略的基础上，内嵌了一个趋势跟踪策略。逻辑根源是对期权备兑认购策略匹配了一个择时的波动多头策略，对冲了该策略上行方向的负 Gamma 尾部波动风险。

从 Greeks 的角度来看，示例的优化策略利用对 Gamma 敞口的控制防范了极端，是值得推崇的期权备兑认购策略优化方向。但从图 3.16 所展示的期权备兑认购策略 Greeks 特征来看，上行方向还有负 Vega 这个尾部风险，因此还可以考虑另外一个策略优化方向。

Vega 敞口即波动率敞口，为了防范极端的负 Vega 敞口损失，可以尽量规避在期权隐含波动率偏低的区域执行备兑认购策略。因为较低的期权隐含波动率意味着期权备兑认购策略不仅不能获得太多的权利金增益，反而承担了更大的波动率风险。所以，在期权隐含波动率较低时，减少对期权备兑认购策略的运用，较高时增加对期权备兑认购策略的运用，可以显著提高策略的超额收益能力。

事实上，相较于标的资产的价格择时，期权波动率均值回复效应会更明显。投资者更容易对当前期权波动率在历史上的分布状态有清晰的了解，最终配合期权备兑认购策略在波动率维度的优化。

3.2.3 期权实值认沽代持多头策略

期权实值认沽代持多头策略就是利用期权实值认沽代替持有标的资产多头的策略，在不考虑期权合成基差的情况下，该策略等价于同行权价的期权备兑认购策略。这里参照期权备兑认购策略的优化规则，对应设计了期权实值认沽代持多头策略，基于上证 50ETF 期权历史数据的测评规则如下：

➢ 卖出 1 张实值程度为 6%（或最接近 6%）的认沽期权，在头寸建好后，如果上证 50ETF 价格不超过合约行权价，则先持有该期权直至合约到期日，再进行平仓，同时在新的当月合约中，基于当日上证 50ETF 价格，匹配实值程度为 6%（或最接近 6%）的认沽期权，并将其卖出。

➢ 如果上证 50ETF 价格超过合约行权价，则按照当日收盘价平仓原合约，按上证 50ETF 当日收盘价重新匹配当月实值程度为 6%（或最接近 6%）的认沽期权，并将其卖出，且先持有该期权直至合约到期日，再进行平仓，同时在新的当月合约中，基于当日上证 50ETF 价格，匹配实值程度为 6%（或最接近 6%）的认沽期权，并将其卖出。

➢ 默认策略无市场冲击成本，期权合约交易费用为 3 元/张。

期权实值认沽代持多头策略与优化期权备兑认购策略的收益结果对比如图 3.21 所示。

从图 3.21 中可以看出，在数据测评时段，两个策略的最终收益相差无几。但是2015 年至 2017 年年底，期权实值认沽代持多头策略的收益明显超过优化期权备兑认购策略的收益，在随后的几年时间里后者的收益慢慢追上了前者的收益。

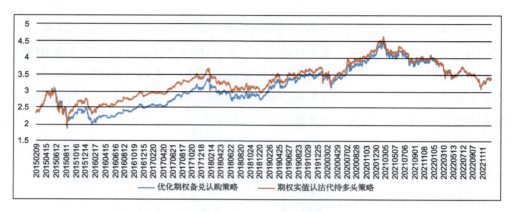

图 3.21　期权实值认沽代持多头 vs 优化期权备兑认购策略收益结果对比

❖　蓝色线为优化期权备兑认购策略走势。
❖　橙色线为期权实值认沽代持多头策略走势。

究其原因是上证 50ETF 期权合成基差在 2015 年之后的较长时间里保持了期权负基差状态，这导致相同行权价的认沽期权比认购期权拥有更多的时间价值，进而形成图 3.21 所示的效果。而从 2017 年年底开始，期权负基差逐步回到以正基差为主，认购期权相对认沽期权拥有了更多的时间价值，进而促成优化期权备兑认购策略的绩效追赶。在测评周期内，上证 50ETF 期权合成基差的走势如图 3.22 所示。

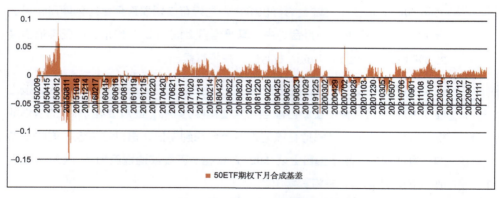

图 3.22　上证 50ETF 期权合成基差的走势

显而易见，在是选择期权实值认沽代持多头策略还是优化期权备兑认购策略的问题上，核心的考虑是期权合成基差。当期权合成基差为负时，期权实值认沽代持多头策略更优；当期权合成基差为正时，优化期权备兑认购策略更优。

综上所述，期权备兑策略应得到投资者的高度重视和运用，但是在运用的时候，要想提高策略绩效需要重点考虑对大波动的过滤，即价格择时，以及对低期权隐含波动率的过滤，即波动率择时。期权备兑策略的适用面很宽，所有可明确持有周期的资产，只要有对应的期权工具，都可以运用。目前，国内主流的策略都可以配合期权备兑策略进行优化。

3.3　趋势背景下的期权策略

3.3.1　波动率偏低时的趋势策略

1. 期权策略的风险敞口

在没有期权这个投资工具之前，投资者只能采取持有标的资产多头/空头的方式执行标的资产的趋势追踪策略。在与标的资产挂钩的期权出现后，由于期权特有的非线性收益特征，投资者可以用于追踪趋势策略的执行方法大幅增加。大量增加的期权趋势策略执行方法给专业投资者带来的便利更多，普通投资者在实践过程中可能会因为对期权风险敞口特性了解不足而导致亏损。

相信不少期权投资者在刚开始交易期权时，都会遭遇"看对方向不赚钱"的情况，这类情况本质上是对期权策略的风险敞口认识不深，认为期权策略只有标的资产价格维度的敞口。

在前文所有的期权策略示例中，笔者都展示了关于期权策略组合希腊字母的图表，并解释了组合所包含的标的资产价格敞口、波动率敞口、时间敞口，目的就是让所有读者在未来的期权投资中认识到，期权策略的风险敞口不止标的资产价格这一个维度，还有波动率、时间等维度。"看对方向不赚钱"的现象就是期权策略组合在标的资产价格敞口上获得了正向收益，但是在波动率或时间敞口上的亏损对冲了整体收益。

在这里特别强调，针对期权策略决策流程中的敞口方向决策部分，投资者除了要对标的资产价格运行有一个预期，还要对波动率有进一步的预估。有关期权波动率的预测方法，本书的"进阶篇"会有详细叙述，这里先不展开，只是提示大家，在决策好标的资产价格是否有趋势机会的同时，对波动率的预估也不能忽略。最起码要知晓当前的波动率在历史上是被低估了还是被高估了。如图 3.23 所示为上证 50ETF 期权当月平值期权隐含波动率走势。

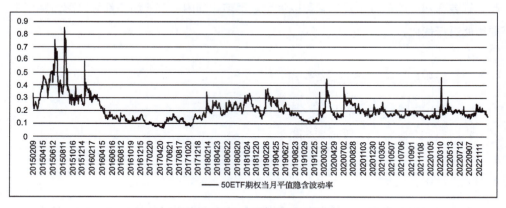

图 3.23   上证 50ETF 期权当月平值期权隐含波动率走势

2. 期权策略的Greeks目标原则

无论是用简单的还是复杂的期权策略组合布局趋势追踪策略，策略执行的第一步都是确定标的资产价格、波动率的敞口方向及状态，即希腊字母的敞口原则。本节讨论的是期权隐含波动率偏低或者预期隐含波动率易涨难跌时的趋势策略对应的各 Greeks Cash 的目标原则。

（1）Delta Cash

当标的资产价格趋势向上时，敞口留正；当标的资产价格趋势向下时，敞口留负。

（2）Gamma Cash

当标的资产价格趋势运行速度预期不快时，敞口偏负，且至少非正；当标的资产价格趋势运行速度预期很快时，敞口尽量偏正。

（3）Vega Cash

若认为隐含波动率偏低或者预期隐含波动率易涨难跌，则敞口留正，且至少非负。

（4）Theta Cash

和 Gamma Cash 反向对应，当标的资产价格趋势运行速度预期不快时，敞口偏正，且至少非负；当标的资产趋势运行速度预期很快时，敞口可允许偏负。

对于绝大多数投资者来说，重点把握以上四点即可应对多种情况。如果能进一步控制 Delta Cash、Gamma Cash、Vega Cash、Theta Cash 的动态变化，就已经包括绝大部分的高阶字母变化了，所以更高阶的 Vanna、Vomma、Veta 等希腊字母敞口这里暂不讨论。

3. 期权策略

（1）策略 1：买入期权策略

1）构建方法

➢ 当标的资产价格趋势向上时，买入一定数量的认购期权。

➢ 当标的资产价格趋势向下时，买入一定数量的认沽期权。

2）策略示例

2023 年 3 月 7 日盘中，上证 50ETF 收盘价为 2.748 元，2023 年 4 月 26 日到期的行权价为 2.80 元的认购期权收盘价为 0.0515 元，投资者预期上证 50ETF 有很大可能重启新一轮上涨行情，同时认为上证 50ETF 期权隐含波动率偏低，有走高的可能。基于不少于 100 万元初始多头敞口的要求，决定买入 100 张 2023 年 4 月 26 日到期的行权价为 2.80 元的认购期权头寸，以获取上证 50ETF 价格上涨的收益。构建组合后的总盈亏图、基本情况监视图表、Greeks 变化图分别如图 3.24、图 3.25 和图 3.26 所示。

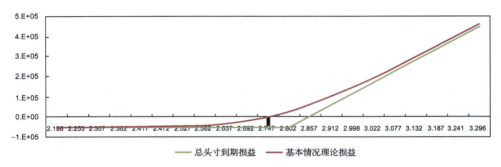

图 3.24　买入平值认购策略示例组合总盈亏图

由图 3.24 可知，买入平值认购策略有"亏损有限，盈利无限"的特点。若行情判断失败，那么极限亏损即全部初始权利金；若行情判断正确，那么利润将随着标的资产价格的上行而无限增加。

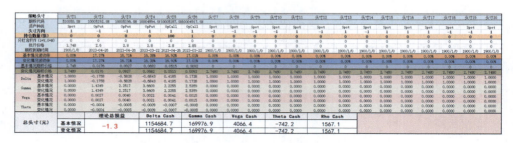

图 3.25　买入平值认购策略示例组合基本情况监视图表

由图 3.25 可知，买入平值认购策略示例组合当前 Delta Cash 为 1 154 684.7 元，符合初始多头敞口不少于 100 万元的要求。Gamma Cash 为 169 976.9 元，Vega Cash 为 4066.4 元，Theta Cash 为 -742.2 元。该组合拥有标的资产多头敞口（上涨有利）、波动多头敞口（波动有利）、波动率多头敞口（波动率上涨有利）、时间空头敞口（时间不利）。

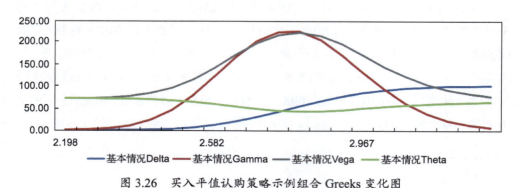

图 3.26　买入平值认购策略示例组合 Greeks 变化图

进一步观察图 3.26 中期权组合 Greeks 动态状况。Delta 为正，其和标的资产价格正相关，标的资产价格越涨，多头敞口越大。Gamma 和 Vega 敞口都为正，且会在标的资产价格上行中逐步减小，当前即在极值区间，Theta 敞口的变化基本和 Gamma 反向。

3）策略小结

策略的 Delta、Vega 敞口符合波动率偏低的趋势策略要求，Gamma 为正、Theta 为负，意味着在趋势连续运行的过程中策略 Delta 敞口会顺势不断放大。从 Gamma 绝对值在当前价格区域最大（即加速度最大）的状态来看，如果投资者对本轮趋势行情的信心很足，则可以进一步优化 Gamma 敞口，进而加速 Delta 敞口扩大的加速度。

如果投资者预估趋势非常强劲，则在博弈趋势时应当选择真实杠杆率最大的虚值期权作为首选。近月期权一般是虚值为 5%左右的虚值期权的真实杠杆率最大，远月则往往是更远的深度虚值期权。期权的真实杠杆率公式为

$$真实杠杆率 = Delta\frac{标的资产价格}{期权价格}$$

根据示例条件，如果投资者选择按照基本相等的初始 Delta Cash 购买 200 张 2023 年 4 月 26 日到期的行权价为 2.90 元的认购期权，则可以使得组合 Greeks 变化整体向上涨方向移动，如图 3.27 所示。

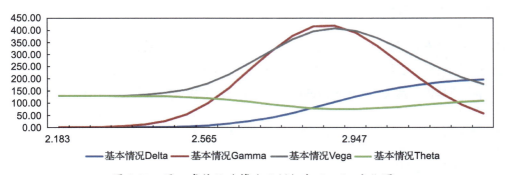

图 3.27 买入虚值认购策略示例组合 Greeks 变化图

将图 3.27 与图 3.26 相对比，买入虚值认购策略的 Gamma 和 Vega 敞口都明显放大，同时绝对值最大的区域从 2.8 元上行至 2.9 元。这意味着如果上证 50ETF 很快从当前价格向 2.90 元运行，则 Delta 敞口的扩大会不断加速，同时价格波动加速很有可能伴随着期权隐含波动率的走高，Vega 敞口也可能会获得利润的加速，进而让策略获得更大的杠杆。

细心的读者可以发现，虽然该策略与前文中黑天鹅期权保险策略的目的不同，但

与黑天鹅期权保险策略示例 1 的构建方法基本相似，两者皆利用虚值期权的杠杆效应捕捉标的资产大趋势、大波动带来的收益。

反过来，如果投资者将合约配置在实值方向，则在保持相等 Delta 敞口的情况下，Gamma 和 Vega 敞口初始大小及跟随趋势放大杠杆的效应会明显减弱。所以，用偏实值期权执行策略，其杠杆效应较平值和虚值期权的小，适合在弱趋势运行的行情预期下运用。

买入期权策略基础特点及实务要点如下：

➢ 亏损有限，盈利无限。

➢ 当标的资产价格顺趋势方向持续运行时，对策略组合有利的风险敞口的扩大能力强，其中虚值方向的买入期权策略能力最强。

➢ 买入期权策略单位 Delta 敞口对应的 Gamma、Vega 等敞口较大，存在较大的敞口间盈利叠加或者盈利抵消的可能（比如 Delta 敞口盈利、Vega 敞口亏损），当选择虚值期权时更甚。

➢ 当看好趋势延续时，可追求真实杠杆率最大的虚值合约，近月一般是浅虚值合约，远月则是深虚值合约。事实上，所有的期权交易软件在 T 型报价页面都提供了真实杠杆率参数的选择，基本都能直接在指标表头的选择处直接显示。

（2）策略 2：时间价值支出型牛/熊价差策略

1）构建方法

➢ 当标的资产价格趋势向上时，买入低行权价认购/认沽期权，卖出高行权价认购/认沽期权，保障买入期权付出的时间价值高于卖出期权收取的时间价值。

➢ 当标的资产价格趋势向下时，买入高行权价认购/认沽期权，卖出低行权价认购/认沽期权，保障买入期权付出的时间价值高于卖出期权收取的时间价值。

对于时间价值的计算，读者可以参见本书第 1 章内容，公式为时间价值=期权的价值-内在价值。比如，当上证 50ETF 价格为 3.00 元时，价格为 0.26 元的行权价为

2.80 元的认购期权，其时间价值为 0.26-(3.0-2.8)=0.06 元。

2）策略示例

2023 年 3 月 8 日盘中，上证 50ETF 收盘价为 2.697 元，2023 年 4 月 26 日到期的行权价为 2.70 元的认购期权收盘价为 0.0747 元、行权价为 2.90 元的认购期权收盘价为 0.0139 元，投资者预期上证 50ETF 有很大可能重启新一轮上涨行情，但是上涨速度也不会太快，同时认为 50ETF 期权隐含波动率偏低。基于至少 100 万元初始多头敞口的要求，投资者决定买入 100 张 2023 年 4 月 26 日到期的行权价为 2.70 元的认购期权，卖出 100 张行权价为 2.90 元的认购期权，构建时间价值支出型牛市价差策略，以获取上证 50ETF 价格上涨的收益。构建组合后总盈亏图、基本情况监视图表、Greeks 变化图分别如图 3.28、图 3.29 和图 3.30 所示。

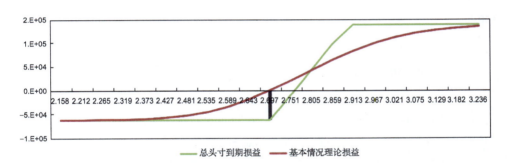

图 3.28　时间价值支出型牛市价差策略示例组合总盈亏图

由图 3.28 可知，从到期损益看，本策略有"亏损有限，盈利有限"的特点。若行情判断错误，则损失有下限，损失跌破 2.70 元就不再继续增加；若行情判断正确，则收益也有上限，收益上涨超过 2.90 元就不再继续提高。

图 3.29　时间价值支出型牛市价差策略示例组合基本情况监视图表

　　由图 3.29 可知，认购牛市价格策略示例组合当前 Delta Cash 为 1 004 042.0 元，符合要求。Gamma Cash 为 63 724.6 元，Vega Cash 为 1584.4 元，Theta Cash 为−363.9 元。该组合拥有标的资产价格多头敞口（上涨有利）、波动多头敞口（波动有利）、波动率多头敞口（波动率上涨有利）、时间空头敞口（时间不利）。

　　对比策略 1 的买入期权策略示例可以发现，在同等的初始 Delta Cash 敞口下，本策略的 Gamma、Vega、Theta 敞口均明显缩小。

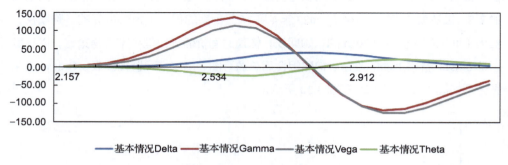

图 3.30　时间价值支出型牛市价差策略示例组合 Greeks 变化图

　　进一步观察图 3.30 中期权策略组合 Greeks 动态状况。Delta 为正，其随着标的资产价格的上涨先小幅走高，后逐步走低。Gamma 和 Vega 敞口当前为微正，下行方向正值先扩大后缩小，上行方向正值逐步转负，绝对值同样先增大后减小。Theta 敞口的变化基本和 Gamma 反向。

3）策略小结

时间价值支出型牛/熊价差策略的基础特点与实务要点如下：

➢ 亏损有限，盈利也有限。

➢ 本策略在标的资产价格顺趋势方向持续运行时，在有利方向风险敞口的加速度有限，即杠杆能力低。

➢ 本策略单位 Delta 敞口对应的 Gamma、Vega 等敞口相对较小，最终收益和标的资产价格走势的相关性更高，不容易发生"看对方向不赚钱"的现象。

➢ 如第 1 章所述，平值附近期权合约的时间价值最大，往实值或虚值两侧时间价值逐渐减小，所以在执行本策略时一般选择买平值附近的合约、卖虚值区域的合约，以保障在时间价值上呈支出状态，进而达到波动率敞口偏多的初始诉求。

➢ 因为在不同的档位有期权买方，也有期权卖方，所以在实际风险敞口上除上述的 Delta、Gamma、Vega、Theta 等传统希腊字母外，还有不同行权价期权之间的波动率差，即 Skew（偏度）敞口。有关 Skew 的进一步内容会在进阶篇中详细说明，因为其影响不是很大，这里只需要先知晓。当虚值期权合约的波动率比平值期权合约的高很多时，本策略还有额外获得"利润"的可能性，反之则可能有额外遭受"损失"的可能性。

（3）策略 3：反比率价差策略

1）构建方法

➢ 当标的资产价格趋势向上时，卖出少量低行权价认购期权，买入大量高行权价认购期权。

➢ 当标的资产价格趋势向下时，卖出少量高行权价认沽期权，买入大量低行权价认沽期权。

2）策略示例

2023 年 3 月 8 日，上证 50ETF 收盘价为 2.697 元，2023 年 4 月 26 日到期的行权价为 2.70 元的认购期权收盘价为 0.0728 元、行权价为 2.80 元的认购期权收盘价为 0.0334 元，投资者预期上证 50ETF 有很大可能重启新一轮上涨行情，同时认为期权隐含波动率偏低。基于至少 100 万元初始多头敞口的要求，投资者决定卖出 135 张 2023 年 4 月 26 日到期的行权价为 2.70 元的认购期权，买入 350 张行权价为 2.80 元的认购期权，构建反比率价差策略认购组合，以获取上证 50ETF 价格上涨的收益。构建组合后总盈亏图、基本情况监视图表、Greeks 变化图分别如图 3.31、图 3.32 和图 3.33 所示。

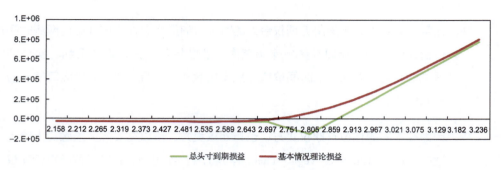

图 3.31 反比率价差策略示例组合总盈亏图

由图 3.31 可知，从到期损益看，本策略有“亏损有限，盈利无限”的特点。值得关注的是行情判断错误的损失有下限，但是最大的损失出现在上证 50ETF 价格为 2.80 元时，因为此刻买入的虚值认购期权尚不值钱，但卖出的平值认购期权却要承担义务方损失。而从实时损益曲线来看，本策略组合明显呈现出上行盈利加速，下行亏损减速的特征。到期损益曲线和实时损益曲线的差异意味着，当投资者在使用本策略进行趋势追踪时，应当保障期权合约距离到期日足够远，这样曲线会更接近实时损益曲线。

策略头寸	头寸1	头寸2	头寸3	头寸4	头寸5	头寸6	头寸7	头寸8	头寸9	头寸10	头寸11	头寸12	头寸13	头寸14	头寸15	头寸16	头寸17	头寸18	头寸19	头寸20
期权代码	510050.SH	10005192.SH	10005196.SH	10005185.SH	10005187.SH	10005188.SH	10005189.SH													
资产种类	Spot	OpPut	OpPut	OpCall	OpCall	OpCall	OpCall	Spot	Spot	Spot	Spot	Spot	Spot	Spot	Spot	Spot	Spot	Spot	Spot	Spot
头寸方向	1	−1	−1	−1	1	1	−1	−1	−1	−1	1	−1	1	−1	1	1	1	−1	−1	1
持仓数量(张)	0	0	0	135	350	0	0	0	0	0	0	0	0	0	0	0	0	0	0	0
分红合约? (1=Y,0=N)	0	0	0	0	0	0	0	0	0	0	0	0	0	0	0	0	0	0	0	0
执行价格	2.697	2.6	2.8	2.7	2.8	2.85	2.9	0	0	0	0	0	0	0	0	0	0	0	0	0
期权到期时间	1900/1/0	2023-04-26	2023-04-26	2023-04-26	2023-04-26	2023-04-26	2023-04-26	1900/1/0	1900/1/0	1900/1/0	1900/1/0	1900/1/0	1900/1/0	1900/1/0	1900/1/0	1900/1/0	1900/1/0	1900/1/0	1900/1/0	1900/1/0
基本情况波动率	0.00%	18.00%	17.45%	17.71%	17.59%	17.49%	18.02%	0.00%	0.00%	0.00%	0.00%	0.00%	0.00%	0.00%	0.00%	0.00%	0.00%	0.00%	0.00%	0.00%
变化情况波动率	0.00%	18.00%	17.45%	17.71%	17.59%	17.49%	18.02%	18.02%	0.00%	0.00%	0.00%	0.00%	0.00%	0.00%	0.00%	0.00%	0.00%	0.00%	0.00%	0.00%
基本情况期权价格	2.697	0.0291	0.1265	0.0728	0.0334	0.021	0.014	0	0	0	0	0	0	0	0	0	0	0	0	0
变化情况期权价格	2.6970	0.0291	0.1265	0.0728	0.0334	0.0210	0.0140	2.6970	2.6970	2.6970	2.6970	2.6970	2.6970	2.6970	2.6970	2.6970	2.6970	2.6970	2.6970	2.6970
Delta 基本情况	1.0000	−0.2613	−0.6921	0.5267	0.3096	0.2187	0.1550	1.0000	1.0000	1.0000	1.0000	1.0000	1.0000	1.0000	1.0000	1.0000	1.0000	1.0000	1.0000	1.0000
Delta 变化情况	1.0000	−0.2613	−0.6921	0.5267	0.3096	0.2187	0.1550	1.0000	1.0000	1.0000	1.0000	1.0000	1.0000	1.0000	1.0000	1.0000	1.0000	1.0000	1.0000	1.0000
Gamma 基本情况	0.0000	1.8284	2.0403	2.2742	2.0279	1.7072	1.3381	0.0000	0.0000	0.0000	0.0000	0.0000	0.0000	0.0000	0.0000	0.0000	0.0000	0.0000	0.0000	0.0000
Gamma 变化情况	0.0000	1.8284	2.0403	2.2742	2.0279	1.7072	1.3381	0.0000	0.0000	0.0000	0.0000	0.0000	0.0000	0.0000	0.0000	0.0000	0.0000	0.0000	0.0000	0.0000
Vega 基本情况	0.0000	0.0032	0.0035	0.0039	0.0035	0.0029	0.0024	0.0000	0.0000	0.0000	0.0000	0.0000	0.0000	0.0000	0.0000	0.0000	0.0000	0.0000	0.0000	0.0000
Vega 变化情况	0.0000	0.0032	0.0035	0.0039	0.0035	0.0029	0.0024	0.0000	0.0000	0.0000	0.0000	0.0000	0.0000	0.0000	0.0000	0.0000	0.0000	0.0000	0.0000	0.0000
Theta 基本情况	0.0000	−0.0005	−0.0005	−0.0008	−0.0007	−0.0006	−0.0005	0.0000	0.0000	0.0000	0.0000	0.0000	0.0000	0.0000	0.0000	0.0000	0.0000	0.0000	0.0000	0.0000
Theta 变化情况	0.0000	−0.0005	−0.0005	−0.0008	−0.0007	−0.0006	−0.0005	0.0000	0.0000	0.0000	0.0000	0.0000	0.0000	0.0000	0.0000	0.0000	0.0000	0.0000	0.0000	0.0000

总头寸(元)		理论总损益	Delta Cash	Gamma Cash	Vega Cash	Theta Cash	Rho Cash
	基本情况	−2.3	1004348.5	292944.6	6884.1	−1297.1	1323.3
	变化情况		1004348.5	292944.6	6884.1	−1297.1	1323.3

图 3.32 反比率价差策略示例组合基本情况监视图表

由图 3.32 可知，本策略组合当前 Delta Cash 为 1 004 348.5 元，Gamma Cash 为 292 944.6 元，Vega Cash 为 6884.1 元，Theta Cash 为−1297.1 元。本策略组合拥有标的资产价格多头敞口（上涨有利）、波动多头敞口（波动有利）、波动率多头敞口（波动率上涨有利）、时间空头敞口（时间不利）。

对比策略 1 的买入期权策略，在同等 Delta Cash 初始规模下，反比率价差策略组合的 Gamma、Vega、Theta 等敞口会更大。

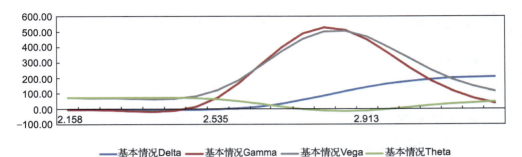

图 3.33　反比率价差策略示例组合 Greeks 变化图

进一步观察图 3.33 中期权策略组合 Greeks 动态状况。Delta 为正，随着标的资产价格的上涨单调走高。Gamma 和 Vega 敞口当前为正，下行方向缩小，上行方向先扩大后缩小，极值出现在比当前更高的价格区域。Theta 敞口的变化基本和 Gamma 反向。

3）策略小结

从图 3.31、图 3.32 和图 3.33 中可以明显发现，本策略拥有很高的顺趋势方向进攻能力，如果趋势的运行加速，那么策略的杠杆扩大能力类似于本节策略 1 中买入真实杠杆率最大的虚值期权策略。

将角度从博弈趋势切换为意外风险防护，反比率价差策略就是典型的黑天鹅保险策略之一。

反比率价差策略的基础特点与实务要点如下：

➤ 亏损有限，盈利无限。

➤ 当标的资产价格顺趋势方向持续运行时，反比率价差策略对组合有利的风险敞口的扩大能力强，即杠杆能力高。

➤ 本策略单位 Delta 敞口对应的 Vega 敞口较大，存在较大的敞口间盈利叠加或者盈利抵消的可能性。

➤ 本策略以买卖结合的方式构建的初衷是希望在趋势判断出现错误时，期权卖方收取的权利金可以补贴期权买方。但在有明确的初始 Delta Cash 诉求时，应允许一定的权利金净投入，否则难以实现 Vega Cash 为正的初始要求。

➢ 如果对趋势运行的时间没有很大的把握，则在执行策略时建议在远月构建，这样可以规避临到期损益曲线不利的情况。

➢ 本策略拥有更大的 Skew 敞口，因为买权分布在虚值方向，卖权分布在平值附近，所以当虚值期权波动率偏低时，本策略有获得额外"利润"的可能性，反之则会有遭遇"亏损"的可能性。

（4）策略 4：买远卖近对角价差策略

1）构建方法

➢ 当标的资产价格趋势向上时，买入远月低行权价认购期权，卖出近月高行权价认购期权。

➢ 当标的资产价格趋势向下时，买入远月高行权价认沽期权，卖出近月低行权价认沽期权。

2）策略示例

2023 年 3 月 9 日盘中，上证 50ETF 价格为 2.689 元，2023 年 4 月 26 日到期的行权价为 3.00 元的认购期权收盘价为 0.0046 元、2023 年 6 月 28 日到期的行权价为 2.70 元的认购期权收盘价为 0.1143 元，投资者预期上证 50ETF 有很大可能重启新一轮上涨行情，同时认为 50ETF 期权隐含波动率偏低。基于至少 100 万元初始多头敞口的要求，投资者决定卖出 80 张 2023 年 4 月 26 日到期的行权价为 3.00 元的认购期权，买入 80 张 2023 年 6 月 28 日到期的行权价为 2.70 元的认购期权，构建买远卖近对角价差策略捕捉上行收益。构建组合后的总盈亏图、基本情况监视图表、Greeks 变化图分别如图 3.34、图 3.35 和图 3.36 所示。

由图 3.34 可知，本策略曲线的整体状态类似于牛市价差策略，而且本策略有"亏损有限，盈利有限"的特点。本策略与牛市价差策略的差别在于跨月的期权组合方式不同，合约到期的不同步令到期损益曲线几乎无价值，这类跨月组合重点关注实时损益（即图中当日损益曲线）。本策略的上行方向盈利能力先加速，然后在价格临近 3 元时大幅减速；下行方向亏损的速度逐步减小，直至损失逼近买入期权的全部权利金。

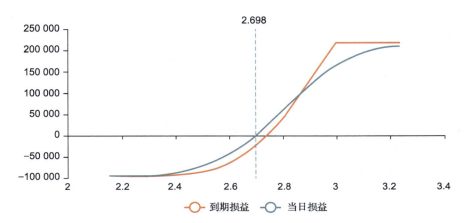

图 3.34　买远卖近对角差价策略示例组合总盈亏图

说明：因个性化期权 Greeks 监控工具未针对性优化涉及跨月的期权组合损益图，故后文涉及的跨月组合损益图统一切换为 Wind 图。

策略头寸	头寸1	头寸2	头寸3	头寸4	头寸5	头寸6	头寸7	头寸8	头寸9	头寸10
期权代码	510050.SH	10005192.SH	10005196.SH	10005185.SH	10005187.SH	10005188.SH	10005191.SH	10004901.SH	10005013.SH	
资产种类	Spot	OpPut	OpPut	OpCall	OpCall	OpCall	OpCall	OpCall	OpCall	Spot
头寸方向	1	-1	-1	1	1	1	-1	1	-1	1
持仓数量(张)	0	0	0	0	0	0	80	80	0	0
分红合约？(1=Y,0=N)	0	0	0	0	0	0	0	0	0	0
执行价格	2.684	2.6	2.8	2.7	2.8	2.85	3	2.7	3	0
期权到期时间	1900/1/0	2023-04-26	2023-04-26	2023-04-26	2023-04-26	2023-04-26	2023-04-26	2023-06-28	2023-06-28	1900/1/0
基本情况波动率	0.00%	17.67%	17.29%	17.62%	17.72%	17.80%	18.84%	18.46%	18.67%	0.00%
变化情况波动率	0.00%	17.67%	17.29%	17.62%	17.72%	17.80%	18.84%	18.84%	18.67%	0.00%
基本情况期权价格	2.684	0.031	0.1347	0.065	0.0293	0.0186	0.0047	0.1111	0.0239	0
变化情况期权价格	2.6840	0.0310	0.1347	0.0650	0.0293	0.0186	0.0047	0.1133	0.0239	2.6840
Delta 基本情况	1.0000	-0.2811	-0.7228	0.4962	0.2826	0.1986	0.0609	0.5268	0.1696	1.0000
Delta 变化情况	1.0000	-0.2811	-0.7228	0.4962	0.2826	0.1986	0.0609	0.5271	0.1696	1.0000
Gamma 基本情况	0.0000	1.9612	1.9908	2.3257	1.9606	1.6093	0.6576	1.4569	0.9144	0.0000
Gamma 变化情况	0.0000	1.9612	1.9908	2.3257	1.9606	1.6093	0.6576	1.4275	0.9144	0.0000
Vega 基本情况	0.0000	0.0033	0.0033	0.0039	0.0033	0.0027	0.0012	0.0059	0.0037	0.0000
Vega 变化情况	0.0000	0.0033	0.0033	0.0039	0.0033	0.0027	0.0012	0.0059	0.0037	0.0000
Theta 基本情况	0.0000	-0.0006	-0.0004	-0.0008	-0.0007	-0.0005	-0.0002	-0.0006	-0.0003	0.0000
Theta 变化情况	0.0000	-0.0006	-0.0004	-0.0008	-0.0007	-0.0005	-0.0002	-0.0006	-0.0003	0.0000

策略头寸	头寸11	头寸12	头寸13	头寸14	头寸15	头寸16	头寸17	头寸18	头寸19	头寸20
期权代码										
资产种类	Spot	Spot	Spot	Spot	Spot	Spot	Spot	Spot	Spot	Spot
头寸方向	1	1	1	1	1	1	1	-1	-1	1
持仓数量(张)	0	0	0	0	0	0	0	0	0	0
分红合约？(1=Y,0=N)	0	0	0	0	0	0	0	0	0	0
执行价格	0	0	0	0	0	0	0	0	0	0
期权到期时间	1900/1/0	1900/1/0	1900/1/0	1900/1/0	1900/1/0	1900/1/0	1900/1/0	1900/1/0	1900/1/0	1900/1/0
基本情况波动率	0.00%	0.00%	0.00%	0.00%	0.00%	0.00%	0.00%	0.00%	0.00%	0.00%
变化情况波动率	0.00%	0.00%	0.00%	0.00%	0.00%	0.00%	0.00%	0.00%	0.00%	0.00%
基本情况期权价格	0	0	0	0	0	0	0	0	0	0
变化情况期权价格	2.6840	2.6840	2.6840	2.6840	2.6840	2.6840	2.6840	2.6840	2.6840	2.6840
Delta 基本情况	1.0000	1.0000	1.0000	1.0000	1.0000	1.0000	1.0000	1.0000	1.0000	1.0000
Delta 变化情况	1.0000	1.0000	1.0000	1.0000	1.0000	1.0000	1.0000	1.0000	1.0000	1.0000
Gamma 基本情况	0.0000	0.0000	0.0000	0.0000	0.0000	0.0000	0.0000	0.0000	0.0000	0.0000
Gamma 变化情况	0.0000	0.0000	0.0000	0.0000	0.0000	0.0000	0.0000	0.0000	0.0000	0.0000
Vega 基本情况	0.0000	0.0000	0.0000	0.0000	0.0000	0.0000	0.0000	0.0000	0.0000	0.0000
Vega 变化情况	0.0000	0.0000	0.0000	0.0000	0.0000	0.0000	0.0000	0.0000	0.0000	0.0000
Theta 基本情况	0.0000	0.0000	0.0000	0.0000	0.0000	0.0000	0.0000	0.0000	0.0000	0.0000
Theta 变化情况	0.0000	0.0000	0.0000	0.0000	0.0000	0.0000	0.0000	0.0000	0.0000	0.0000

总头寸（元）		理论总损益	Delta Cash	Gamma Cash	Vega Cash	Theta Cash	Rho Cash
	基本情况	1786.5	1000288.1	46066.3	3774.4	-270.4	3002.4
	变化情况		1000901.3	44372.3	3774.2	-278.3	2998.9

图 3.35　买远卖近对角差价策略示例组合基本情况监视图表

说明：在跨月期权合约的 Geeks 敞口中，Delta Cash、Gamma Cash、Theta Cash、Rho Cash 都可以直接相加，但是理论上 Vega Cash 需要对因剩余到期时间不同带来的不同月份期权 Vega 对价格、时间变化不同步产生的影响做处理和预估。Vega Cash 仅是静态相加，经验上可以代表大概的风险敞口特征。

由图 3.35 可知，本策略组合当前 Delta Cash 为 1 000 288.1 元，Gamma Cash 为 46 066.3 元，Vega Cash 为 3774.4 元，Theta Cash 为-270.4 元。组合拥有标的资产价格多头敞口（上涨有利）、波动多头敞口（波动有利）、波动率多头敞口（波动率上涨有利）、时间空头敞口（时间不利）。

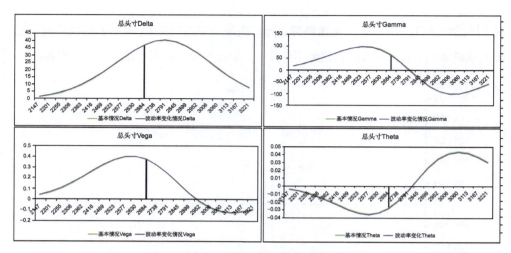

图 3.36　买远卖近对角价差策略示例组合 Greeks 变化图

❖　跨月期权合约的 Geeks 动态变化曲线组合往往较非跨月期权组合的更复杂，所以后文只要涉及跨月的期权组合，就会将 Delta、Gamma、Vega、Theta 的曲线变化分列，以让读者更了解实际情况。

对比策略 1 的买入期权策略，在同等 Delta Cash 初始规模下，本策略的 Gamma 敞口更小，对应的 Theta 消耗更低，同时 Vega 敞口的降低不明显，即用了更少的时间成本维持了波动率偏低时趋势策略最基础的 Delta 和 Vega 敞口。

对比策略 2 的时间价值支出型牛/熊价差策略，本策略在达到同等的 Delta 敞口和 Theta 消耗成本诉求时，拥有更大的 Vega 敞口，本策略组合对期权波动率的敏感度上升。

进一步观察图 3.36 中期权策略组合 Greeks 的动态状况。Delta 为正，随着标的资产价格的上涨先走高，随后走低，反映到损益图上就是上涨盈利速度变缓；随着标的资产价格的下跌逐步降低，反映到损益图上就是下行亏损速度变慢。Gamma 的变化速度和 Delta 的变化速度对应，上行方向先维持一段正值，随后转为负值；下行方向则正值先增大，后减小。Vega 当前距离最大值不远，上行方向敞口逐步走低，直至变为负值。Theta 的变化基本和 Gamma 反向。

3）策略小结

买远卖近对角价差策略的基础特点与实务要点如下：

➤　亏损有限，盈利有限。

➤ 当标的资产价格顺趋势方向持续运行时，本策略对组合有利的风险敞口的扩大能力有限，即杠杆能力一般。

➤ 本策略单位 Delta 敞口对应的 Vega 敞口比牛/熊差价策略的大，比反比率价差策略的小，存在较大的敞口间盈利叠加或者盈利抵消的可能性。

➤ 本策略利用买权在远月、卖权在近月，提高了单位 Theta 敞口对应 Vega 敞口的量，在策略组合中额外增加波动率多头配置时运用。

➤ 由于近月期权的 Gamma 远大于远月期权的 Gamma，基于要有初始 Delta 敞口以跟随趋势的原则，要注意控制近月卖权和远月买权的距离，过分接近会提高跨月组合导致的 Delta 敞口不足的风险。

➤ 在策略拥有很大的 Skew 敞口，买权分布在低行权价，卖权分布在高行权价，且当虚值期权波动率偏高时，本策略有获得额外"利润"的可能性，反之则有遭受"亏损"的可能性。

➤ 本策略还拥有很大的跨月 Skew 敞口，不同月份期权的波动率差异对组合的影响同样不小。因为买权在远月、卖权在近月，所以当远月波动率相对被低估时，构建本策略更占优势。

（5）策略 5：买远卖近反比率价差策略

1）构建方法

➤ 当标的资产价格趋势向上时，买入大量远月同行权价或更高行权价认购期权，卖出少量近月认购期权。

➤ 当标的资产价格趋势向下时，买入大量远月同行权价或更低行权价认沽期权，卖出少量近月认沽期权。

2）策略示例

2023 年 3 月 9 日盘中，上证 50ETF 价格为 2.683 元，2023 年 4 月 26 日到期的行权价为 2.70 元的认购期权收盘价为 0.0637 元、2023 年 6 月 28 日到期的行权价为 2.70

元的认购期权收盘价为 0.1105 元，投资者预期上证 50ETF 有很大可能重启新一轮上涨行情，同时认为 50ETF 期权隐含波动率偏低。基于至少 100 万元初始多头敞口的要求，投资者决定卖出 100 张 2023 年 4 月 26 日到期的行权价为 2.70 元的认购期权，买入 166 张 2023 年 6 月 28 日到期的行权价为 2.70 元的认购期权，构建买远卖近反比率价差策略以捕捉上行收益。构建组合后的总盈亏图、基本情况监视图表、Greeks 变化图分别如图 3.37、图 3.38 和图 3.39 所示。

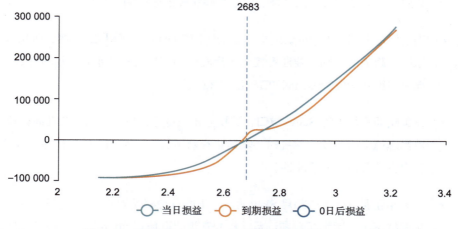

图 3.37　买远卖近反比率价差策略示例组合总盈亏图

由图 3.37 可知，本策略曲线的整体状态类似于买入认购期权，有“亏损有限，盈利无限”的特点。跨月组合重点关注实时曲线（即图中当日损益），若行情上行则有无限盈利，若行情下行则极限损失为买入期权的权利金。

策略头寸	头寸1	头寸2	头寸3	头寸4	头寸5	头寸6	头寸7	头寸8	头寸9	头寸10
期权代码	510050.SH	10005192.SH	10005196.SH	10005185.SH	10005184.SH	10005188.SH	10005191.SH	10004901.SH	10005013.SH	
资产种类	Spot	OpPut	OpPut	OpCall	OpCall	OpCall	OpCall	OpCall	OpCall	Spot
头寸方向	1	−1	−1	−1	1	1	−1	1	−1	1
持仓数量(张)	0	0	0	100	0	0	0	166	0	0
分红合约？(1=T,0=N)	0	0	0	0	0	0	0	0	0	0
执行价格	2.683	2.6	2.8	2.7	2.65	2.85	3	2.7	3	0
期权到期时间	1900/1/0	2023-04-26	2023-04-26	2023-04-26	2023-04-26	2023-04-26	2023-04-26	2023-06-28	2023-06-28	1900/1/0
基本情况波动率	0.00%	17.58%	17.53%	17.67%	17.67%	17.98%	19.39%	18.36%	18.74%	0.00%
变化情况波动率	0.00%	17.58%	17.53%	17.67%	17.67%	17.98%	19.39%	18.36%	18.74%	0.00%
基本情况期权价格	2.683	0.031	0.1362	0.0647	0.0909	0.0189	0.0053	0.11	0.024	0
变化情况期权价格	2.6830	0.0310	0.1362	0.0647	0.0909	0.0189	0.0053	0.1100	0.0240	2.6830
Delta 基本情况	1.0000	−0.2822	−0.7218	0.4939	0.6089	0.1996	0.0660	0.5253	0.1697	1.0000
Delta 变化情况	1.0000	−0.2822	−0.7218	0.4939	0.6089	0.1996	0.0660	0.5253	0.1697	1.0000
Gamma 基本情况	0.0000	1.9752	1.9680	2.3198	2.2339	1.5983	0.6799	1.4655	0.9116	0.0000
Gamma 变化情况	0.0000	1.9752	1.9680	2.3198	2.2339	1.5983	0.6799	1.4655	0.9116	0.0000
Vega 基本情况	0.0000	0.0033	0.0033	0.0039	0.0037	0.0027	0.0012	0.0059	0.0037	0.0000
Vega 变化情况	0.0000	0.0033	0.0033	0.0039	0.0037	0.0027	0.0012	0.0059	0.0037	0.0000
Theta 基本情况	0.0000	−0.0005	−0.0005	−0.0008	−0.0008	−0.0005	−0.0003	−0.0006	−0.0003	0.0000
Theta 变化情况	0.0000	−0.0005	−0.0005	−0.0008	−0.0008	−0.0005	−0.0003	−0.0006	−0.0003	0.0000

策略头寸	头寸11	头寸12	头寸13	头寸14	头寸15	头寸16	头寸17	头寸18	头寸19	头寸20
期权代码										
资产种类	Spot	Spot	Spot	Spot	Spot	Spot	Spot	Spot	Spot	Spot
头寸方向	1	1	1	1	1	1	1	−1	−1	1
持仓数量(张)	0	0	0	0	0	0	0	0	0	0
分红合约？(1=T,0=N)	0	0	0	0	0	0	0	0	0	0
执行价格	0	0	0	0	0	0	0	0	0	0
期权到期时间	1900/1/0	1900/1/0	1900/1/0	1900/1/0	1900/1/0	1900/1/0	1900/1/0	1900/1/0	1900/1/0	1900/1/0
基本情况波动率	0.00%	0.00%	0.00%	0.00%	0.00%	0.00%	0.00%	0.00%	0.00%	0.00%
变化情况波动率	0.00%	0.00%	0.00%	0.00%	0.00%	0.00%	0.00%	0.00%	0.00%	0.00%
基本情况期权价格	0	0	0	0	0	0	0	0	0	0
变化情况期权价格	2.6830	2.6830	2.6830	2.6830	2.6830	2.6830	2.6830	2.6830	2.6830	2.6830
Delta 基本情况	1.0000	1.0000	1.0000	1.0000	1.0000	1.0000	1.0000	1.0000	1.0000	1.0000
Delta 变化情况	1.0000	1.0000	1.0000	1.0000	1.0000	1.0000	1.0000	1.0000	1.0000	1.0000
Gamma 基本情况	0.0000	0.0000	0.0000	0.0000	0.0000	0.0000	0.0000	0.0000	0.0000	0.0000
Gamma 变化情况	0.0000	0.0000	0.0000	0.0000	0.0000	0.0000	0.0000	0.0000	0.0000	0.0000
Vega 基本情况	0.0000	0.0000	0.0000	0.0000	0.0000	0.0000	0.0000	0.0000	0.0000	0.0000
Vega 变化情况	0.0000	0.0000	0.0000	0.0000	0.0000	0.0000	0.0000	0.0000	0.0000	0.0000
Theta 基本情况	0.0000	0.0000	0.0000	0.0000	0.0000	0.0000	0.0000	0.0000	0.0000	0.0000
Theta 变化情况	0.0000	0.0000	0.0000	0.0000	0.0000	0.0000	0.0000	0.0000	0.0000	0.0000

总头寸(元)		理论总损益	Delta Cash	Gamma Cash	Vega Cash	Theta Cash	Rho Cash
	基本情况	4.3	1014128.2	8127.3	5897.6	−155.7	4901.2
	变化情况		1014128.2	8127.3	5897.6	−155.7	4901.2

图 3.38　买远卖近反比率价差策略示例组合基本情况监视图表

✧　Vega Cash 仅是静态相加，经验上可以代表大概的特征，跨月干扰后文再议。

由图 3.38 可知，本策略组合当前 Delta Cash 为 1 014 128.2 元，Gamma Cash 为 8127.3 元，Vega Cash 为 5897.6 元，Theta Cash 为-155.7 元。本策略组合拥有标的资产价格多头敞口（上涨有利）、波动多头敞口（波动有利）、波动率多头敞口（波动率上涨有利）、时间空头敞口（时间不利）。

对比前文所有的适合隐含波动率偏低时的趋势策略，本策略在保证 100 万元初始 Delta Cash，以及偏高的波动率多头 Vega 敞口的情况下，拥有最小的 Gamma 和 Theta 即时敞口，属于时间消耗可控的策略。

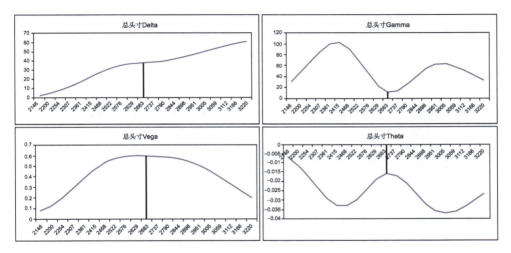

图 3.39　买远卖近反比率价差策略示例组合 Greeks 变化图

进一步观察图 3.39 中期权策略组合 Greeks 动态状况。Delta 为正，随着标的资产价格上涨速度的加快而逐步增加，标的资产价格下跌时反之。Gamma 的变化速度和 Delta 的变化速度对应。Vega 当前距离最大值不远，在标的资产价格较大的波动范围内变化不大，敞口很稳定，只有标的资产价格大幅波动后敞口才会缩小。Theta 的变化基本和 Gamma 反向，在当前标的资产价格附近绝对值较小。

3）策略小结

买远卖近反比率价差策略的基础特点与实务要点如下：

➢　亏损有限，盈利无限。

➢ 当标的资产价格顺趋势方向持续运行时，本策略对组合有利的风险敞口的扩大能力较强，即杠杆能力强。

➢ 本策略单位 Delta 敞口对应的 Vega 等敞口较大，存在较大的敞口间盈利叠加或者盈利抵消的可能性。

➢ 本策略利用买权在远月、卖权在近月，提高了单位 Theta 敞口对应 Vega 敞口的能力，适合以低时间成本提高策略组合对波动率的敏感度，在策略组合希望额外增加波动率多头配置时运用。

➢ 由于近月期权的 Gamma 绝对值远大于远月期权的，基于要有初始 Delta 敞口以跟随趋势的原则，要注意远月期权的买入量要大幅超越近月期权的买入量，以保障标的资产价格波动时 Delta 的维持能力。

➢ 当将具有不同行权价的期权合约进行组合时，策略拥有很大的 Skew 敞口，一般买权分布在偏高行权价，卖权分布在偏低行权价，所以当虚值期权波动率偏低时，本策略有获得额外"利润"的可能性，反之则有遭受"亏损"的可能性。

➢ 本策略还拥有很大的跨月 Skew 敞口，不同月份期权的波动率差异对组合的影响同样不小。因为买权在远月、卖权在近月，所以当远月波动率相对被低估时构建本策略更占优势。

4. 波动率偏低时的趋势策略总结

本节笔者通过买入期权策略、时间价值支出型牛/熊价差策略、反比率价差策略、买远卖近对角价差策略、买远卖近反比率价差策略这 5 种类型进行波动率偏低时的趋势博弈，在实践中这 5 种策略只是基础参考策略，投资者可以根据预期进一步调整与优化。

前文对每种策略示例都进行了很大篇幅的 Greeks 敞口和 Greeks 动态变化形态的讲解，这是因为笔者希望读者能够忘掉所谓的期权固定组合范式，完全从 Greeks 敞口及 Greeks 动态变化形态的角度，控制实际的期权策略组合，以符合自身的行情预期。即读者先从整体出发，了解自己需要什么敞口、想规避什么敞口，以及希望行情的变化带来什么样的损益，然后落地到对期权具体策略的选择和执行上。

在本节提到的适合波动率偏低时趋势博弈的 5 个代表性策略中，如果认为趋势的延续空间较大，那么使用买入期权策略、反比率价差策略及买远卖近反比率差价策略更合适。如果认为行情不会太好，则应选择时间价值支出型牛/熊价差策略和买远卖近对角价差策略。

上述是从标的资产预判角度进行的选择，再辅助波动率预判及行情时间区间进行预估。比如，当想要抓住更大隐含波动率的多头敞口，同时希望时间的消耗更慢时，买远卖近反比率价差策略应当是最佳的策略。

3.3.2　波动率偏高时的趋势策略

1. 期权策略的Greeks Cash目标原则

本节讨论期权隐含波动率偏高或者预期隐含波动率易跌难涨时的趋势跟踪策略所对应的各 Greeks Cash 目标原则。

（1）Delta Cash

当标的资产价格趋势向上时，敞口留正；当标的资产价格趋势向下时，敞口留负。

（2）Gamma Cash

当预期标的资产价格趋势运行速度不快时，敞口偏负，至少非正；当预期标的资产价格趋势运行速度很快时，顺趋势方向敞口尽量偏正，至少不能负很多。

（3）Vega Cash

若波动率偏高或者波动率易跌难涨，则敞口留负，至少非正。

（4）Theta Cash

Theta Cash 和 Gamma Cash 反向对应。

2. 期权策略

（1）策略 1：卖出期权策略

1）构建方法

➤ 当标的资产价格趋势向上时，卖出一定数量的认沽期权。

➤ 当标的资产价格趋势向下时，卖出一定数量的认购期权。

2）策略示例

2023 年 3 月 9 日，上证 50ETF 收盘价为 2.678 元，2023 年 4 月 26 日到期的行权价为 2.60 元的认沽期权收盘价为 0.0319 元，投资者预期上证 50ETF 有很大可能逐步止跌上涨，同时认为期权隐含波动率偏高，有走低的可能。基于 100 万元初始多头敞口的要求，投资者决定卖出 130 张 2023 年 4 月 26 日到期的行权价为 2.60 元的认沽期权卖方头寸，获取标的资产价格上行和期权波动率下降的收益。构建组合后的总盈亏图、基本情况监视图表、Greeks 变化图分别如图 3.40、图 3.41 和图 3.42 所示。

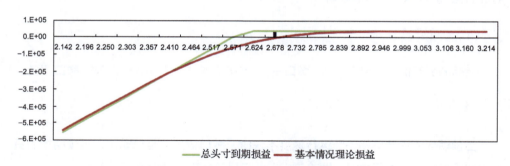

图 3.40　卖出期权策略示例组合总盈亏图

由图 3.40 可知，本策略有"亏损无限，盈利有限"的特点。当判断行情正确时最大盈利为收取的期权权利金，当判断行情错误时极限亏损可类比标的资产多头。如果投资者卖出期权的名义市值大幅超越实际资金量，那么判断行情错误时的极限损失就很有可能让账户承受不了，所以选择这类策略进行趋势博弈一般要保障名义市值不超过实际资金量。

策略头寸	头寸1	头寸2	头寸3	头寸4	头寸5	头寸6	头寸7	头寸8	头寸9	头寸10	头寸11	头寸12	头寸13	头寸14	头寸15	头寸16	头寸17	头寸18	头寸19	头寸20
期权代码	510050.SH	10005192.SH	10005196.SH	10005185.SH	10005184.SH	10005186.SH	10005191.SH	10005013.SH												
资产种类	Spot	OpPut	OpPut	OpCall	OpCall	OpCall	OpCall	OpCall	Spot	Spot	Spot	Spot	Spot	Spot	Spot	Spot	Spot	Spot	Spot	Spot
头寸方向	-1	-1	-1	-1	-1	-1	-1	-1	1	1	1	1	1	1	1	1	1	1	1	1
持仓数量(张)	0	130	0	0	0	0	0	0	0	0	0	0	0	0	0	0	0	0	0	0
分红言行字(1=T,0=H)	0	0	0	0	0	0	0	0	0	0	0	0	0	0	0	0	0	0	0	0
执行价格	2.678	2.6	2.8	2.7	2.65	2.95	3	2.7	3											
期初到期时间	1900/1/0	2023-04-26	2023-04-26	2023-04-26	2023-04-26	2023-04-26	2023-06-28	1900/1/0	1900/1/0	1900/1/0	1900/1/0	1900/1/0	1900/1/0	1900/1/0	1900/1/0	1900/1/0	1900/1/0	1900/1/0	1900/1/0	1900/1/0
基本情况初始价	0.0%	17.425	17.015	17.978	17.888	18.058	18.058	18.55%	18.75%	0.0%	0.0%	0.0%	0.0%	0.0%	0.0%	0.0%	0.0%	0.0%	0.0%	0.0%
变化情况初始价	2.678	17.425	17.015	17.978	17.888	18.058	18.058	18.75%	18.75%											
基本情况初始价格	0.0%	0.0319	0.1302	0.0634	0.0896	0.0181	0.005	0.1085	0.0232	0.0%	0.0%	0.0%	0.0%	0.0%	0.0%	0.0%	0.0%	0.0%	0.0%	0.0%
变化情况初始价格	2.6790	0.0319	0.1302	0.0634	0.0895	0.0181	0.0056	0.1085	0.0232	2.6780	2.6780	2.6780	2.6780	2.6780	2.6780	2.6780	2.6780	2.6780	2.6780	2.6780
Delta 基本情况	1.0000	-0.2906	-0.7383	0.4830	0.5969	0.1927	0.0628	0.5181	0.1654	1.0000	1.0000	1.0000	1.0000	1.0000	1.0000	1.0000	1.0000	1.0000	1.0000	1.0000
Delta 变化情况	1.0000	-0.2906	-0.7383	0.4830	0.5969	0.1927	0.0628	0.5181	0.1654	1.0000	1.0000	1.0000	1.0000	1.0000	1.0000	1.0000	1.0000	1.0000	1.0000	1.0000
Gamma 基本情况	0.0000	2.0253	1.9701	2.2841	2.2322	1.5615	0.6551	1.4548	0.8976	0.0000	0.0000	0.0000	0.0000	0.0000	0.0000	0.0000	0.0000	0.0000	0.0000	0.0000
Gamma 变化情况	0.0000	2.0253	1.9701	2.2841	2.2322	1.5615	0.6551	1.4548	0.8976	0.0000	0.0000	0.0000	0.0000	0.0000	0.0000	0.0000	0.0000	0.0000	0.0000	0.0000
Vega 基本情况	0.0000	0.0033	0.0032	0.0039	0.0038	0.0027	0.0012	0.0059	0.0037	0.0000	0.0000	0.0000	0.0000	0.0000	0.0000	0.0000	0.0000	0.0000	0.0000	0.0000
Vega 变化情况	0.0000	0.0033	0.0032	0.0039	0.0038	0.0027	0.0012	0.0059	0.0037	0.0000	0.0000	0.0000	0.0000	0.0000	0.0000	0.0000	0.0000	0.0000	0.0000	0.0000
Theta 基本情况	0.0000	-0.0005	-0.0004	-0.0008	-0.0004	-0.0003	-0.0001	-0.0004	-0.0003	0.0000	0.0000	0.0000	0.0000	0.0000	0.0000	0.0000	0.0000	0.0000	0.0000	0.0000
Theta 变化情况	0.0000	-0.0005	-0.0004	-0.0008	-0.0004	-0.0003	-0.0001	-0.0004	-0.0003	0.0000	0.0000	0.0000	0.0000	0.0000	0.0000	0.0000	0.0000	0.0000	0.0000	0.0000

总头寸(元)	理论总量量	Delta Cash	Gamma Cash	Vega Cash	Theta Cash	Rho Cash
基本情况	-0.2	1011848.4	-188825.8	-4326.0	712.9	1385.2
变化情况		1011848.4	-188825.8	-4326.0	712.9	1385.2

图 3.41　卖出期权策略示例组合基本情况监视图表

由图 3.41 可知，本策略组合当前 Delta Cash 为 1 011 848.4 元，Gamma Cash 为 –188 825.8 元，Vega Cash 为 –4326.0 元，Theta Cash 为 712.9 元。本策略组合拥有标的资产多头敞口（上涨有利）、波动空头敞口（波动不利）、波动率空头敞口（波动率上涨不利）、时间多头敞口（时间有利）。

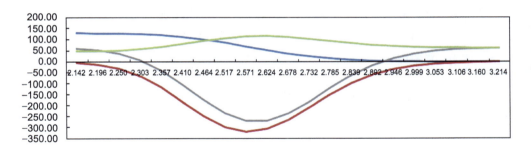

图 3.42　卖出期权策略示例组合 Greeks 变化图

进一步观察图 3.42 中期权策略组合 Greeks 动态状况。Delta 为正，随着标的资产价格的上涨逐步走低至 0，当标的资产价格下跌时反之。Gamma 的变化速度和 Delta 的变化速度对应，符号为负对应 Delta 和标的资产负相关，在行权价附近的绝对值最大，往两端走逐步变低。同样，Vega 为负对应策略组合价值和波动率负相关，波动率下跌有利，同样在 2.60 元的行权价附近敞口最大，往两端走越来越小。Theta 的变化基本和 Gamma 反向。

3）策略小结

卖出期权策略的基础特点及实务要点如下：

➤ 亏损无限，盈利有限。

➤ 当标的资产价格顺趋势方向持续运行时，策略组合的盈利扩张能力有限；当标的资产价格逆趋势方向运行时，策略组合的亏损速度很快。

➤ 因为本策略有无限亏损的可能，所以运用时建议不超过账户实际资金量，进行卖出期权名义市值的约束。

➤ 如果确定了可以卖出的期权数量，投资者就可以通过卖出更实值合约的方式，博弈更高价值的趋势以延续收益。

➤ 本策略单位 Delta 敞口对应的 Vega 敞口较大，存在较大的敞口间盈利叠加或者盈利抵消的可能性，在选择卖出虚值期权时更甚。

➤ 本策略一般用于波动率偏高，同时标的资产价格趋势运行的预期不是很快的情况。Theta 敞口为正（即时间消耗有收益）意味着，波动率不高，只要预期波动率难以上涨，标的资产价格趋势运行预期就不会很快。

（2）策略 2：时间价值收入型牛/熊价差策略

1）构建方法

➤ 当标的资产价格趋势向上时，买入低行权价认购/认沽期权，卖出高行权价认购/认沽期权，保障买入期权付出的时间价值低于卖出期权收取的时间价值。

➤ 当标的资产价格趋势向下时，买入高行权价认购/认沽期权，卖出低行权价认购/认沽期权，保障买入期权付出的时间价值低于卖出期权收取的时间价值。

2）策略示例

2023 年 3 月 9 日，上证 50ETF 收盘价为 2.678 元，2023 年 4 月 26 日到期的行权价为 2.55 元的认购期权收盘价为 0.1580 元、行权价为 2.70 元的认购期权收盘价为 0.0634 元，投资者预期上证 50ETF 有很大可能重启新一轮上涨行情，但是上涨速度也不会太快，同时认为期权隐含波动率不低，难以上涨。基于至少 100 万元初始多头敞口的要求，投资者决定买入 100 张 2023 年 4 月 26 日到期的行权价为 2.55 元的认购期权，卖出 100 张行权价为 2.70 元的认购期权，构建时间价值收入型牛市价差策略，以获取标的资产价格上涨的收益。构建组合后的总盈亏图、基本情况监视图表、Greeks 变化图分别如图 3.43、图 3.44 和图 3.45 所示。

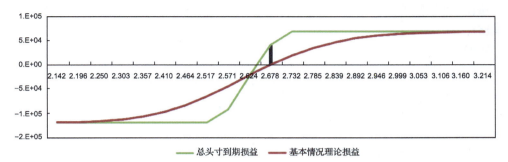

图 3.43　时间价值收入型牛市价差策略示例组合总盈亏图

由图 3.43 可知，从到期损益看，本策略有“亏损有限，盈利有限”的特点。判断行情错误的损失有下限，只要跌破 2.55 元，损失就不会继续扩大；判断行情正确的收益也有上限，只要上涨超过 2.70 元，收益就不会继续提高。

策略头寸		头寸1	头寸2	头寸3	头寸4	头寸5	头寸6	头寸7	头寸8	头寸9	头寸10
期权代码		510050.SH	10005192.SH	10005196.SH	10005237.SH	10005185.SH	10005188.SH	10005191.SH	10004901.SH	10005013.SH	
资产种类		Spot	OpPut	OpPut	OpCall	OpCall	OpCall	OpCall	OpCall	OpCall	Spot
头寸方向		1	1	−1	1	−1	1	−1	1	−1	1
持仓数量(张)		0	0	0	125	125	0	0	0	0	0
分红合约？(1=Y,0=N)		0	0	0	0	0	0	0	0	0	0
执行价格		2.678	2.6	2.8	2.55	2.7	2.85	3	2.7	3	0
期权到期时间		1900/1/0	2023-04-26	2023-04-26	2023-04-26	2023-04-26	2023-04-26	2023-04-26	2023-06-28	2023-06-28	1900/1/0
基本情况波动率		0.00%	17.42%	17.01%	18.43%	17.97%	18.05%	19.40%	18.55%	18.75%	0.00%
变化情况波动率		0.00%	17.42%	17.01%	18.43%	17.97%	18.05%	19.40%	18.55%	18.75%	0.00%
基本情况期权价格		2.678	0.0319	0.1382	0.158	0.0634	0.0181	0.005	0.1085	0.0232	0
变化情况期权价格		2.6780	0.0319	0.1382	0.1580	0.0634	0.0181	0.0050	0.1085	0.0232	2.6780
Delta	基本情况	1.0000	−0.2906	−0.7383	0.7926	0.4830	0.1927	0.0628	0.5181	0.1654	1.0000
	变化情况	1.0000	−0.2906	−0.7383	0.7926	0.4830	0.1927	0.0628	0.5181	0.1654	1.0000
Gamma	基本情况	0.0000	2.0253	1.9701	1.5985	2.2841	1.5615	0.6551	1.4548	0.8976	0.0000
	变化情况	0.0000	2.0253	1.9701	1.5985	2.2841	1.5615	0.6551	1.4548	0.8976	0.0000
Vega	基本情况	0.0000	0.0033	0.0032	0.0028	0.0039	0.0027	0.0012	0.0059	0.0037	0.0000
	变化情况	0.0000	0.0033	0.0032	0.0028	0.0039	0.0027	0.0012	0.0059	0.0037	0.0000
Theta	基本情况	0.0000	−0.0005	−0.0004	−0.0007	−0.0008	−0.0005	−0.0003	−0.0006	−0.0003	0.0000
	变化情况	0.0000	−0.0005	−0.0004	−0.0007	−0.0008	−0.0005	−0.0003	−0.0006	−0.0003	0.0000

策略头寸		头寸11	头寸12	头寸13	头寸14	头寸15	头寸16	头寸17	头寸18	头寸19	头寸20
期权代码											
资产种类		Spot	Spot	Spot	Spot	Spot	Spot	Spot	Spot	Spot	Spot
头寸方向		1	1	1	1	1	1	1	−1	−1	1
持仓数量(张)		0	0	0	0	0	0	0	0	0	0
分红合约？(1=Y,0=N)		0	0	0	0	0	0	0	0	0	0
执行价格		0	0	0	0	0	0	0	0	0	0
期权到期时间		1900/1/0	1900/1/0	1900/1/0	1900/1/0	1900/1/0	1900/1/0	1900/1/0	1900/1/0	1900/1/0	1900/1/0
基本情况波动率		0.00%	0.00%	0.00%	0.00%	0.00%	0.00%	0.00%	0.00%	0.00%	0.00%
变化情况波动率		0.00%	0.00%	0.00%	0.00%	0.00%	0.00%	0.00%	0.00%	0.00%	0.00%
基本情况期权价格		0	0	0	0	0	0	0	0	0	0
变化情况期权价格		2.6780	2.6780	2.6780	2.6780	2.6780	2.6780	2.6780	2.6780	2.6780	2.6780
Delta	基本情况	1.0000	1.0000	1.0000	1.0000	1.0000	1.0000	1.0000	1.0000	1.0000	1.0000
	变化情况	1.0000	1.0000	1.0000	1.0000	1.0000	1.0000	1.0000	1.0000	1.0000	1.0000
Gamma	基本情况	0.0000	0.0000	0.0000	0.0000	0.0000	0.0000	0.0000	0.0000	0.0000	0.0000
	变化情况	0.0000	0.0000	0.0000	0.0000	0.0000	0.0000	0.0000	0.0000	0.0000	0.0000
Vega	基本情况	0.0000	0.0000	0.0000	0.0000	0.0000	0.0000	0.0000	0.0000	0.0000	0.0000
	变化情况	0.0000	0.0000	0.0000	0.0000	0.0000	0.0000	0.0000	0.0000	0.0000	0.0000
Theta	基本情况	0.0000	0.0000	0.0000	0.0000	0.0000	0.0000	0.0000	0.0000	0.0000	0.0000
	变化情况	0.0000	0.0000	0.0000	0.0000	0.0000	0.0000	0.0000	0.0000	0.0000	0.0000

总头寸(元)		理论总损益	Delta Cash	Gamma Cash	Vega Cash	Theta Cash	Rho Cash
	基本情况	−1.6	1036139.8	−61468.5	−1365.2	175.9	1207.1
	变化情况		1036139.8	−61468.5	−1365.2	175.9	1207.1

图 3.44　时间价值收入型牛市价差策略示例组合基本情况监视图表

由图 3.44 可知，本策略组合当前 Delta Cash 为 1 036 139.8 元，Gamma Cash 为 −61 468.5 元，Vega Cash 为−1365.2 元，Theta Cash 为 175.9 元。本策略组合拥有标的资产价格多头敞口（上涨有利）、波动空头敞口（波动不利）、波动率空头敞口（波动率上涨不利）、时间多头敞口（时间有利）。

对比策略 1 的卖出期权策略示例可发现，在同等 Delta Cash 敞口下本策略的 Gamma、Vega、Theta 敞口明显更小。

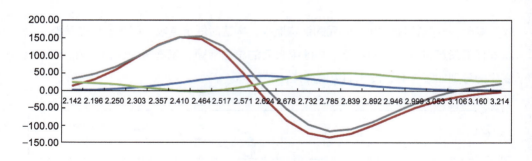

图 3.45   时间价值收入型牛市价差策略示例组合 Greeks 变化图

进一步观察图 3.45 中期权组合 Greeks 动态状况。Delta 为正，随着标的资产价格的上涨先小幅走高，后逐步走低。Gamma 和 Vega 敞口当前为微负，下行方向逐步转为正值，并先扩大后缩小，上行方向的负值也先扩大后缩小。Theta 敞口的变化基本和 Gamma 反向。

3）策略小结

时间价值收入型牛/熊价差策略的基础特点与实务要点如下：

➢ 亏损有限，盈利也有限。

➢ 本策略在标的资产价格顺趋势方向持续运行时，有利方向风险敞口的加速度有限，杠杆能力一般。

➢ 本策略单位 Delta 敞口对应的 Gamma、Vega 等敞口相对较小，最终收益和标的资产价格走势的相关性更高。

➢ 本策略为了保证初始时刻 Vega 偏负、Theta 偏正，一般选择买入实值期权来匹配平值期权，以达到要求。

➢ 与支出型牛/熊价差策略一样，本策略拥有 Skew 附属敞口，当卖出的平值合约波动率相较买入的实值合约波动率偏高时，本策略还有获得额外"利润"的可能性，反之则可能有遭受额外"亏损"的可能性。按照常规的波动率微笑（平值波动率最低，两端对等走高）布局，本策略在 Skew 敞口上吃亏居多，但因为这部分敞口对核心敞口的影响太小，所以在实践中只要不超出异常的波动率差，就都可以忽略。

（1）策略 3：近月比率价差策略

1）构建方法

➢ 当标的资产价格趋势向上时，买入少量近月低行权价认购期权，卖出大量近月高行权价认购期权。

➢ 当标的资产价格趋势向下时，买入少量近月高行权价认沽期权，卖出大量近月低行权价认沽期权。

2）策略示例

2023 年 3 月 9 日，上证 50ETF 收盘价为 2.698 元，2023 年 3 月 22 日到期的行权价为 2.65 元的认购期权收盘价为 0.0540 元、行权价为 2.75 元/的认购期权收盘价为 0.0130 元，投资者预期上证 50ETF 有很大可能重启新一轮上涨行情，但是涨速可能很慢，同时认为期权波动率难以上行。基于至少 100 万元初始多头敞口的要求，投资者决定买入 125 张 2023 年 3 月 22 日到期的行权价为 2.65 元的认购期权，卖出 175 张行权价为 2.75 元的认购期权，构建近月比率价差策略组合，以获取标的资产价格上行和波动率下降的收益。构建组合后的总盈亏图、基本情况监视图表、Greeks 变化图分别如图 3.46、图 3.47 和图 3.48 所示。

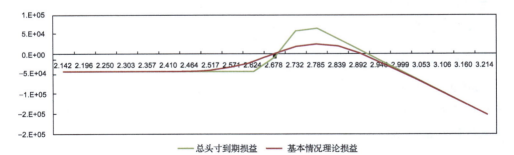

图 3.46 近月比率价差策略示例组合总盈亏图

策略头寸	头寸1	头寸2	头寸3	头寸4	头寸5	头寸6	头寸7	头寸8	头寸9	头寸10	头寸11	头寸12	头寸13	头寸14	头寸15	头寸16	头寸17	头寸18	头寸19	头寸20
期权代码	10004882.SH	10004884.SH	10005196.SH	10005237.SH	10005195.SH	10004901.SH	10004902.SH	10005013.SH												
资产种类	OpCall	OpCall	OpPut	OpCall	OpCall	OpCall	OpCall	OpCall	Spot	Spot	Spot	Spot	Spot	Spot	Spot	Spot	Spot	Spot	Spot	Spot
头寸方向	1	-1	-1	1	1	1	1	1	1	1	1	1	1	1	1	1	-1	1	-1	1
持仓数量（张）	125	175	0	0	0	0	0	0	0	0	0	0	0	0	0	0	0	0	0	0
分红省行字 (1=Y,0=N)	0	0	0	0	0	0	0	0	0	0	0	0	0	0	0	0	0	0	0	0
执行价格	2.65	2.75	2.8	2.55	2.7	2.85	3	2.7	3	0	0	0	0	0	0	0	0	0	0	0
期权到期日	2023-03-22	2023-03-22	2023-04-26	2023-04-26	2023-04-26	2023-04-26	2023-03-28	2023-06-28	1900.1/0	1900.1/0	1900.1/0	1900.1/0	1900.1/0	1900.1/0	1900.1/0	1900.1/0	1900.1/0	1900.1/0	1900.1/0	1900.1/0
基本情况价格	18.33%	18.05%	17.01%	18.43%	17.97%	18.05%	19.43%	18.55%	18.75%	0.00%	0.00%	0.00%	0.00%	0.00%	0.00%	0.00%	0.00%	0.00%	0.00%	0.00%
基本情况波动率	18.38%	18.65%	17.11%	18.43%	17.97%	18.05%	19.43%	18.55%	18.78%	0.00%	0.00%	0.00%	0.00%	0.00%	0.00%	0.00%	0.00%	0.00%	0.00%	0.00%
变化情况标的价格	0.054	-0.012	-0.001	0.150	0.0534	0.0181	0.005	0.2005	0.0232	0	0	0	0	0	0	0	0	0	0	0
变化情况期权价格	0.0540	-0.0130	-0.1382	0.1580	0.0534	0.0181	0.005	0.2085	0.0232	0	0	0	0	0	0	0	0	0	0	0
Delta 基本情况	0.6353	0.2386	-0.7383	0.7926	0.4830	0.1927	0.0638	0.5181	0.1654	1.0000	1.0000	1.0000	1.0000	1.0000	1.0000	1.0000	1.0000	1.0000	1.0000	1.0000
Delta 变化情况	0.6353	0.2386	-0.7383	0.7926	0.4830	0.1927	0.0638	0.5181	0.1654	1.0000	1.0000	1.0000	1.0000	1.0000	1.0000	1.0000	1.0000	1.0000	1.0000	1.0000
Gamma 基本情况	4.0449	2.2872	1.9701	1.5985	2.2841	1.5615	0.6551	1.4548	0.8976	0.0000	0.0000	0.0000	0.0000	0.0000	0.0000	0.0000	0.0000	0.0000	0.0000	0.0000
Gamma 变化情况	4.0449	2.2872	1.9701	1.5985	2.2841	1.5615	0.6551	1.4548	0.8976	0.0000	0.0000	0.0000	0.0000	0.0000	0.0000	0.0000	0.0000	0.0000	0.0000	0.0000
Vega 基本情况	0.0019	0.0016	0.0032	0.0028	0.0039	0.0027	0.0012	0.0059	0.0037	0.0000	0.0000	0.0000	0.0000	0.0000	0.0000	0.0000	0.0000	0.0000	0.0000	0.0000
Vega 变化情况	0.0019	0.0016	0.0032	0.0028	0.0039	0.0027	0.0012	0.0059	0.0037	0.0000	0.0000	0.0000	0.0000	0.0000	0.0000	0.0000	0.0000	0.0000	0.0000	0.0000
Theta 基本情况	-0.0015	-0.0012	-0.0004	-0.0007	-0.0009	-0.0005	-0.0003	-0.0006	-0.0003	0.0000	0.0000	0.0000	0.0000	0.0000	0.0000	0.0000	0.0000	0.0000	0.0000	0.0000
Theta 变化情况	-0.0015	-0.0012	-0.0004	-0.0007	-0.0008	-0.0005	-0.0003	-0.0006	-0.0003	0.0000	0.0000	0.0000	0.0000	0.0000	0.0000	0.0000	0.0000	0.0000	0.0000	0.0000

总头寸(元)	理论总损益	Delta Cash	Gamma Cash	Vega Cash	Theta Cash	Rho Cash					
基本情况	1.6	1008467.4	-49945.9	-367.0	222.2	343.2					
变化情况		1008467.4	-49945.9	-367.0	222.2	343.2					

图 3.47　近月比率价差策略示例组合基本情况监视图表

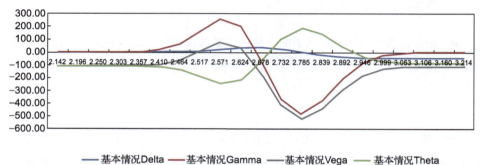

图 3.48　近月比率价差策略示例组合 Greeks 变化图

由图 3.46 可知，从到期损益看，本策略有"亏损无限，盈利有限"的特点。值得思考的是策略的初衷是看涨，但是出现极端大涨却是在极限亏损区。本策略基于看涨，本质上是通过出售上行方向的厚尾风险，以收取权利金，补贴给低位的认购期权买权合约。所以本策略非常依赖投资者对标的资产价格涨速和上涨空间的预判，卖出的合约尽快变为"废纸"也是策略的核心诉求之一。执行层面就是尽量在近月合约构建，以让实时损益曲线和到期损益曲线更贴近。

由图 3.47 可知，本策略组合当前 Delta Cash 为 1 008 467.4 元，Gamma Cash 为 –49 945.9 元，Vega Cash 为–367.0 元，Theta Cash 为 222.2 元。本策略组合拥有标的资产价格多头敞口（上涨有利）、波动空头敞口（波动不利）、波动率空头敞口（波动率上涨不利）、时间多头敞口（时间有利）。

在近月合约构建策略时，在同等 Delta Cash 初始规模下，近月比率价差策略组合的 Vega、Theta 等敞口相较卖出认沽策略的要小一些。

进一步观察图 3.48 中期权策略组合 Greeks 动态状况。Delta 为正，随着标的资产价格的上涨逐渐走低，最后变为负值。Gamma 敞口随着上涨呈负值扩大走势，对应 Delta 在上涨中减小甚至转负，带来大涨端极限损失。Vega 敞口变化的基本节奏同 Gamma 相似，当前在 0 附近，随着上行负值先扩大后缩小。Theta 敞口的变化基本和 Gamma 反向。

3）策略小结

近月比率价差策略的基础特点与实务要点如下：

➤ 亏损无限，盈利有限。

➤ 当标的资产价格顺趋势方向持续运行时，本策略对组合有利的风险敞口的扩大能力较弱，且有顺趋势方向的极限风险。

➤ 本策略非常依赖投资者对标的资产价格涨速和涨幅的预判，逆趋势方向的卖出合约为核心风险点，需要重点保障，尽量在近月合约构建，以让实时损益曲线和到期损益曲线贴近。

➤ 当本策略在近月合约构建时，单位 Delta 敞口对应的 Vega 和 Theta 敞口适中，存在敞口间盈利叠加或者盈利抵消的情况，但干扰不算大。

➤ 本策略拥有更大的 Skew 敞口，因为卖权分布在虚值方向，买权在平值甚至实值方向，所以当虚值期权波动率偏高时，本策略有获得额外"利润"的可能性，反之则有遭受"亏损"的可能性。

➤ 建议策略构建在近月，在期权波动率下行，且虚值期权波动率明显偏高时，投资者也可以选择在远月构建，但是单位 Delta 敞口对应的 Vega 敞口更大。

➤ 如果对趋势运行的空间和速度没有十足把握，则不建议投资者用本策略博弈趋势。

➢ 因为有裸卖的期权合约，所以为了应对极端黑天鹅风险，建议投资者限制裸卖期权合约的名义市值量，其应不超过实际资金量。

➢ 本策略在顺趋势方向可能加速时，投资者应当有高行权价卖出合约的风险对冲意识，比如止损或增加顺趋势方向买权等都应该前置考虑。

（4）策略 4：买近卖远对角价差策略

1）构建方法

➢ 当标的资产价格趋势向上时，买入近月偏实值认购期权，卖出远月虚值认购期权。

➢ 当标的资产价格趋势向下时，买入近月偏实值认沽期权，卖出远月虚值认沽期权。

2）策略示例

2023 年 3 月 10 日，上证 50ETF 价格为 2.642 元，2023 年 4 月 26 日到期的行权价为 2.55 元的认购期权收盘价为 0.1296 元、2023 年 6 月 28 日到期的行权价为 2.80 元的认购期权收盘价为 0.0545 元，投资者预期上证 50ETF 有很大可能重启新一轮上涨行情，但是涨速可能很慢，同时认为期权波动率有较大下跌可能。基于至少 100 万元初始多头敞口的要求，投资者决定买入 95 张 2023 年 4 月 26 日到期的行权价为 2.55 元的认购期权，卖出 95 张 2023 年 6 月 28 日到期的行权价为 2.80 元的认购期权，构建认购对角价差策略，以捕捉标的资产上行和波动率下降的收益。构建组合后的总盈亏图、基本情况监视图表、Greeks 变化图分别如图 3.49、图 3.50 和图 3.51 所示。

由图 3.49 可知，本策略曲线的整体状态类似牛市价差策略的曲线状态，同时本策略有"亏损有限，盈利有限"的特点。跨月的期权组合重点关注实时损益曲线（即图中当日损益曲线），走势和牛市价差策略的实时损益曲线高度接近。

由图 3.50 可知，本策略组合当前 Delta Cash 为 1 015 104.9 元，关于 Gamma Cash 为 36 118.9 元，Vega Cash 为-2012.3 元，Theta Cash 为-236.6 元。本策略组合拥有标的资产多头敞口（上涨有利）、波动多头敞口（波动有利）、波动率空头敞口（波动率上涨不利）、时间空头敞口（时间不利）。

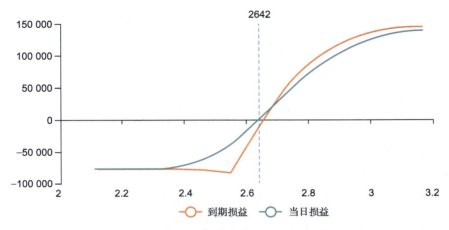

图 3.49　买近卖远对角差价策略示例组合总盈亏图

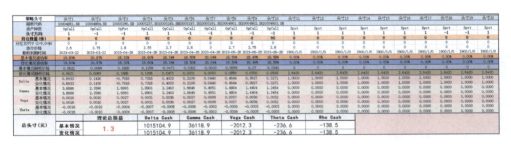

图 3.50　买近卖远对角差价策略示例组合基本情况监视图表

✧　Vega Cash 仅是静态相加，经验上可以代表大概的特征，关于跨月干扰后文再议。

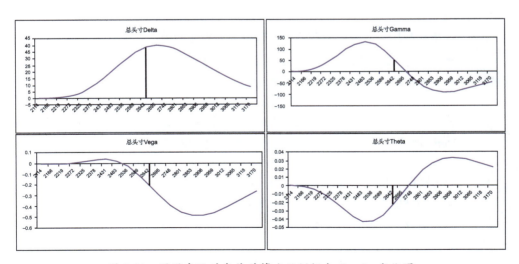

图 3.51　买近卖远对角价差策略示例组合 Greeks 变化图

在维持基本等量的 Delta Cash 后，本策略在 Gamma 和 Theta 的初始值均不大的情况下，维持了比牛/熊价差策略更显著的负 Vega 敞口，提高了波动率下跌获得收益的可能性。

进一步观察图 3.51 中期权策略组合 Greeks 动态状况。Delta 为正，当前在最大值附近，标的资产价格上行先扩大后缩小，标的资产价格下行则单调下行至 0 附近。Gamma 的变化速度和 Delta 的变化速度对应，上行方向先维持一段正值，随后转负，下行方向先扩大后缩小至 0 附近。Vega 当前为负，在标的资产价格上行时，Vega 负值先扩大后缩小；在标的资产价格下行时，Vega 缩小至正值附近，变化速度开始变缓。Theta 的变化基本和 Gamma 反向。

3）策略小结

买近卖远对角价差策略的基础特点与实务要点如下：

➢ 亏损有限，盈利有限。

➢ 当标的资产价格顺趋势方向持续运行时，本策略对组合有利的风险敞口的扩大能力有限。

➢ 本策略单位 Delta 敞口对应的 Vega 敞口比牛/熊差价策略的大，比卖出期权策略的小，存在较大的敞口间盈利叠加或者盈利抵消的可能性。

➢ 本策略利用买权在近月实值、卖权在远月虚值的组合方式提高了单位 Theta 敞口对应 Vega 敞口的能力，适合以低时间成本提高策略组合对波动率的敏感度，即在组合中增加波动率敞口的配置。

➢ 因为近月期权的 Gamma 绝对值远大于远月期权的，所以基于需要有初始 Delta 敞口以跟随趋势的原则，要注意控制近月买权和远月卖权的距离。

➢ 本策略拥有很大的 Skew 敞口，买权分布在低行权价，卖权分布在高行权价，所以当虚值期权波动率偏高时，本策略有获得额外"利润"的可能性，反之则有遭受"亏损"的可能性。

> 本策略还拥有很大的跨月 Skew 敞口，不同月份期权的波动率差异对组合的影响同样不小。因为买在近月、卖在远月，所以当远月波动率相对被高估时构建本策略更占优势。

（5）策略 5：买近卖远比率价差策略

1）构建方法

> 当标的资产价格趋势向上时，买入少量近月偏实值认购期权，卖出大量远月偏虚值认购期权。

> 当标的资产价格趋势向下时，买入少量近月偏实值认沽期权，卖出大量远月偏虚值认沽期权。

2）策略示例

2023 年 3 月 10 日，上证 50ETF 价格为 2.642 元，2023 年 4 月 26 日到期的行权价为 2.55 元的认购期权收盘价为 0.1296 元、2023 年 6 月 28 日到期的行权价为 2.95 元的认购期权收盘价为 0.0238 元，投资者预期上证 50ETF 有很大可能重启新一轮上涨行情，但是涨速可能很慢，同时认为期权波动率有较大的下跌可能性。基于 100 万元初始多头敞口的要求，投资者决定买入 100 张 2023 年 4 月 26 日到期的行权价为 2.55 元的认购期权，卖出 200 张 2023 年 6 月 28 日到期的行权价为 2.95 元的认购期权，构建买近卖远比率价差策略，以捕捉标的资产价格上行和波动率下降的收益。构建组合后的总盈亏图、基本情况监视图表、Greeks 变化图分别如图 3.52、图 3.53 和图 3.54 所示。

由图 3.52 可知，本策略曲线的整体状态类似于比率价差策略的曲线状态，有"亏损无限，盈利有限"的特点。观察实时曲线（即图中当日损益），因为虚值认购卖出量大，所以极限风险出现在标的资产价格的上行端。

由图 3.53 可知，本策略组合当前 Delta Cash 为 1 027 156.5 元，Gamma Cash 为 1175.9 元，Vega Cash 为 -4253.5 元，Theta Cash 为 -55.9 元。本策略组合拥有标的资产多头敞口（上涨有利）、波动多头敞口（波动有利）、波动率空头敞口（波动率上涨不利）、时间空头敞口（时间不利）。

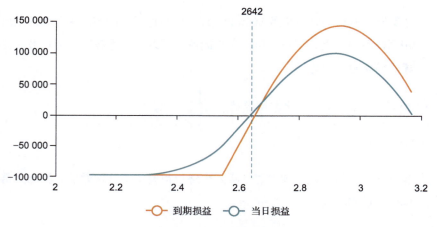

图 3.52　买近卖远比率价差策略示例组合总盈亏图

图 3.53　买近卖远比率价差策略示例组合基本情况监视图表

✧　Vega Cash 仅是静态相加，经验上可以代表大概的特征，跨月干扰后文再议。

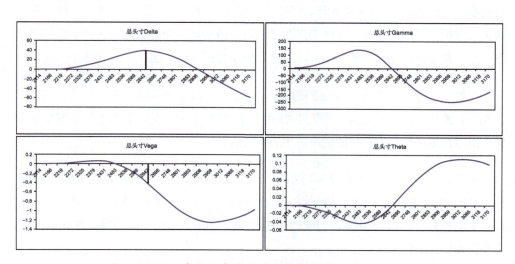

图 3.54　买近卖远比率价差策略示例组合 Greeks 变化图

对比前文所有的适合隐含波动率偏高时的趋势策略，本策略在保证 100 万元初始 Delta Cash，以及因波动率偏高判断而持有负 Vega Cash 敞口的情况下，拥有所有策略中最小 Gamma 和 Theta 即时敞口。若 Gamma 小则 Delta 对冲需求低，这意味着在相对高波动率时期，做空波动率的交易风控比由同月期权进行组合构成的比率价差策略有优势。

进一步观察图 3.54 期权策略组合 Greeks 动态状况。Delta 为正，随着标的资产价格的上涨逐步走低，大涨后转负，且若负值加速扩大则上行有极限亏损的可能，在标的资产价格下跌时，Delta 逐步缩小至 0。Gamma 的变化特征和 Delta 的变化特征对应，标的资产价格在行权介附近时 Gamma 绝对值在 0 左右，上行方向 Gamma 负值先扩大后缩小，下行方向 Gamma 正值先扩大后缩小。Vega 当前值为负，上行方向负值先扩大后缩小，下行方向负值缩小至 0 附近后变化变缓。Theta 的变动基本和 Gamma 反向。

3）策略小结

买近卖远比率价差策略的基础特点与实务要点如下：

➢ 亏损无限，盈利有限。

➢ 当标的资产价格顺趋势方向持续运行时，本策略对组合有利的风险敞口的扩大能力有限，且有顺趋势方向的极限风险。

➢ 本策略单位 Delta 敞口对应的 Vega 敞口较大，存在较大的敞口间盈利叠加或者盈利抵消的可能性。

➢ 本策略非常依赖于投资者对标的资产价格涨速和涨幅的预判，逆趋势方向的卖出合约为核心风险点，需要重点保障，建议投资者限制裸卖期权合约的名义市值量，其应不超过实际资金量。

➢ 本策略利用买权在近月、卖权在远月，提高了单位 Theta 敞口对应 Vega 敞口的能力，适合以低时间成本提高组合对波动率的敏感度，即在组合中，以更低的时间成本增加波动率敞口配置，本策略更依赖于投资者对波动率的判断。

➢ 本策略拥有很大的 Skew 敞口，买权分布在低行权价，卖权分布在高行权价。所以当虚值期权波动率偏高时，本策略有获得额外"利润"的可能性，反之则有遭遇"亏损"的可能性。

➢ 本策略还拥有很大的跨月 Skew 敞口,不同月份期权的波动率差异对组合的影响同样较大。因为卖权在远月、买权在近月,所以当远月波动率相对被高估时构建本策略更占优势。

➢ 如果对趋势运行的空间和速度没有十足把握,则不建议投资者使用本策略博弈趋势。

➢ 在顺趋势方向可能加速时,投资者应当有在高行权价卖出合约的风险对冲意识,比如止损或增加顺趋势方向买权等都应该前置考虑。

3. 波动率偏高时的趋势策略总结

细心的读者可以发现,波动率偏高时的趋势策略这一部分内容基本上就是第 3.3.1 节的反向对应,所举的 5 种策略同理也只是基础参考策略。在实际投资中最关键的不是策略本身,而是投资者对标的资产和波动率的预期观点,先从整体出发,再从 Greeks 动态变化的角度找到最匹配预期的期权组合。

就本节提到的适合波动率偏高时趋势博弈的 5 种基础策略当中,首要的观点肯定是标的资产价格趋势变化不会加速,因为加速意味着波动率可能会进一步走高,否定了基础假设。

在认为趋势只会慢慢运行的预判下,如果对波动率下行的预期非常强烈,则可以选择卖出期权策略及比率类策略,在拥有正 Delta 敞口的同时,可拥有更大的负 Vega 敞口。在决策是使用比率策略还是使用买近卖远比率策略时,因为卖出期权合约的量较大,所以可以由控制负 Gamma 敞口的信心取舍。当投资者对短期标的资产波动把握能力不足时,后者具备更优秀的 Gamma 敞口控制能力。当然,后者相较前者增加了跨月波动率差这个敞口,投资者在选择买近卖远比率策略时,还需要保障跨月波动率差不算很大。

如果不敢强势预判趋势的运行速度,则可以选择时间价值收入型牛/熊价差类策略以及买近卖远对角价差策略,这两种策略都会在控制极端风险的情况下,留出博弈趋势的 Delta 敞口。

3.3.3　波动率不定时的趋势策略

1. 期权策略的Greeks Cash目标原则

本节讨论期权波动率不定（即既不敢看多隐含波动率，也不敢看空隐含波动率）时的趋势策略对应的 Greeks Cash 目标原则。

（1）Delta Cash

当标的资产价格趋势向上时，敞口留正；当标的资产价格趋势向下时，敞口留负。

（2）Gamma Cash(1%)

当预期标的资产价格趋势运行速度不快时，应敞口偏负，至少非正；当预期标的资产价格趋势运行速度很快时，应顺趋势方向敞口尽量偏正，至少不能负很多。

（3）Vega Cash

由于对波动率没有观点（即预判波动率走平），因此尽量将敞口控制在 0 附近。

（4）Theta Cash

和 Gamma Cash(1%)反向对应。

2. 期权策略

（1）策略 1：时间价值平衡型牛/熊价差策略

1）构建方法

➤ 标的资产价格趋势向上，买入低行权价认购/认沽期权，卖出高行权价认购/认沽期权，保障买入期权付出的时间价值基本等于卖出期权收取的时间价值。

➤ 标的资产价格趋势向下，买入高行权价认购/认沽期权，卖出低行权价认购/认沽期权，保障买入期权付出的时间价值基本等于卖出期权收取的时间价值。

2）本策略示例

2023 年 3 月 10 日，上证 50ETF 收盘价为 2.642 元，2023 年 4 月 26 日到期的行权价为 2.55 元的认购期权收盘价为 0.1296 元，行权价为 2.75 元的认购期权收盘价为 0.0319 元。投资者预期上证 50ETF 有很大可能重启新一轮上涨行情，但是涨幅不会太快，同时对波动率的变化及行情延续的时间均无明确看法。基于 100 万元初始多头敞口的要求，投资者决定买入 90 张 2023 年 4 月 26 日到期的行权价为 2.55 元的认购期权，卖出 90 张行权价为 2.75 元的认购期权，构建时间价值平衡型牛市认购价差策略，以获取上证 50ETF 价格上涨的收益。构建组合后的总盈亏图、基本情况监视图表、Greeks 变化图如图 3.55 ~ 图 3.57 所示。

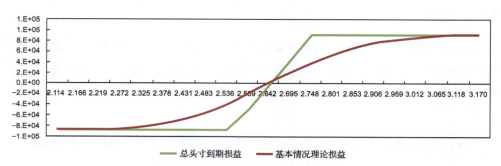

图 3.55 时间价值平衡型认购牛市价差策略示例组合总盈亏图

由图 3.55 可知，从到期损益看，本策略有“亏损有限，盈利有限”的特点即判断错误的损失有下限，跌破 2.55 元后损失不会继续扩大；判断正确的收益有上限，涨超 2.70 元后收益不会继续提高。

策略头寸	头寸1	头寸2	头寸3	头寸4	头寸5	头寸6	头寸7	头寸8	头寸9	头寸10
期权代码	10004881.SH	10005244.SH	10005196.SH	10005237.SH	10005184.SH	10005185.SH	10005186.SH	10004901.SH	10004902.SH	10004903.SH
资产种类	OpCall	OpPut	OpPut	OpCall	OpCall	OpCall	OpCall	OpCall	OpCall	OpCall
头寸方向	1	−1	−1	1	1	1	−1	1	−1	−1
持仓数量(张)	0	0	0	90	0	0	90	0	0	0
分红合约？(1=Y,0=N)	0	0	0	0	0	0	0	0	0	0
执行价格	2.6	2.5	2.8	2.55	2.65	2.7	2.75	2.7	2.75	2.8
期权到期时间	2023-03-22	2023-04-26	2023-04-26	2023-04-26	2023-04-26	2023-04-26	2023-04-26	2023-06-28	2023-06-28	2023-06-28
基本情况波动率	19.80%	18.92%	18.32%	18.60%	18.40%	18.34%	18.57%	18.59%	18.49%	18.58%
变化情况波动率	19.80%	18.92%	18.32%	18.60%	18.40%	18.34%	18.57%	18.59%	18.49%	18.58%
基本情况期权价格	0.0621	0.0183	0.1688	0.1296	0.069	0.0473	0.0319	0.0899	0.07	0.0545
变化情况期权价格	0.0621	0.0183	0.1688	0.1296	0.0690	0.0473	0.0319	0.0899	0.0700	0.0545
Delta 基本情况	0.6933	−0.1833	−0.7916	0.7316	0.5138	0.4003	0.2991	0.4644	0.3927	0.3271
Delta 变化情况	0.6933	−0.1833	−0.7916	0.7316	0.5138	0.4003	0.2991	0.4644	0.3927	0.3271
Gamma 基本情况	3.8666	1.4954	1.6695	1.8901	2.3103	2.2463	1.9939	1.4804	1.4404	1.3454
Gamma 变化情况	3.8666	1.4954	1.6695	1.8901	2.3103	2.2463	1.9939	1.4804	1.4404	1.3454
Vega 基本情况	0.0016	0.0025	0.0027	0.0031	0.0037	0.0036	0.0033	0.0057	0.0056	0.0052
Vega 变化情况	0.0016	0.0025	0.0027	0.0031	0.0037	0.0036	0.0033	0.0057	0.0056	0.0052
Theta 基本情况	−0.0016	−0.0005	−0.0004	−0.0007	−0.0008	−0.0008	−0.0007	−0.0006	−0.0005	−0.0005
Theta 变化情况	−0.0016	−0.0005	−0.0004	−0.0007	−0.0008	−0.0008	−0.0007	−0.0006	−0.0005	−0.0005

策略头寸	头寸11	头寸12	头寸13	头寸14	头寸15	头寸16	头寸17	头寸18	头寸19	头寸20
期权代码	10005003.SH									
资产种类	OpCall	Spot	Spot	Spot	Spot	Spot	Spot	Spot	Spot	Spot
头寸方向	−1	1	1	1	1	1	1	−1	−1	1
持仓数量(张)	0	0	0	0	0	0	0	0	0	0
分红合约？(1=Y,0=N)	0	0	0	0	0	0	0	0	0	0
执行价格	2.95	0	0	0	0	0	0	0	0	0
期权到期时间	2023-06-28	1900/1/0	1900/1/0	1900/1/0	1900/1/0	1900/1/0	1900/1/0	1900/1/0	1900/1/0	1900/1/0
基本情况波动率	18.81%	0.00%	0.00%	0.00%	0.00%	0.00%	0.00%	0.00%	0.00%	0.00%
变化情况波动率	18.81%	0.00%	0.00%	0.00%	0.00%	0.00%	0.00%	0.00%	0.00%	0.00%
基本情况期权价格	0.0238	0	0	0	0	0	0	0	0	0
变化情况期权价格	0.0238	2.6420	2.6420	2.6420	2.6420	2.6420	2.6420	2.6420	2.6420	2.6420
Delta 基本情况	0.1714	1.0000	1.0000	1.0000	1.0000	1.0000	1.0000	1.0000	1.0000	1.0000
Delta 变化情况	0.1714	1.0000	1.0000	1.0000	1.0000	1.0000	1.0000	1.0000	1.0000	1.0000
Gamma 基本情况	0.9366	0.0000	0.0000	0.0000	0.0000	0.0000	0.0000	0.0000	0.0000	0.0000
Gamma 变化情况	0.9366	0.0000	0.0000	0.0000	0.0000	0.0000	0.0000	0.0000	0.0000	0.0000
Vega 基本情况	0.0037	0.0000	0.0000	0.0000	0.0000	0.0000	0.0000	0.0000	0.0000	0.0000
Vega 变化情况	0.0037	0.0000	0.0000	0.0000	0.0000	0.0000	0.0000	0.0000	0.0000	0.0000
Theta 基本情况	−0.0003	0.0000	0.0000	0.0000	0.0000	0.0000	0.0000	0.0000	0.0000	0.0000
Theta 变化情况	−0.0003	0.0000	0.0000	0.0000	0.0000	0.0000	0.0000	0.0000	0.0000	0.0000

总头寸(元)		理论总损益	Delta Cash	Gamma Cash	Vega Cash	Theta Cash	Rho Cash
	基本情况	0.8	1028463.5	−6517.2	−147.9	−35.5	1185.3
	变化情况		1028463.5	−6517.2	−147.9	−35.5	1185.3

图 3.56 时间价值平衡型认购牛市价差策略示例组合基本情况监视图表

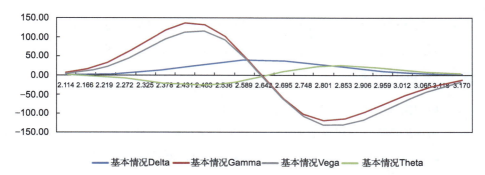

图 3.57　时间价值平衡型认购牛市价差策略示例组合 Greeks 变化图

由图 3.56 可知，时间价值平衡型认购牛市价差策略示例组合当前的 Delta Cash 为 1 028 463.5 元，Gamma Cash 为 -6517.2 元，Vega Cash 为 -147.9 元，Theta Cash 为 -35.5 元。本组合拥有标的资产多头敞口（上涨有利）、波动微空敞口（波动不利）、波动率微空敞口（波动率上涨不利）、时间微空敞口（时间不利）。

显然，对比前边波动率偏低时的时间价值支出型牛/熊价差策略，以及波动率偏高时的时间价值收入型牛/熊价差策略，本策略基本将除 Delta Cash 外的敞口均控制在极小的范围内，这意味着本策略对波动率和时间均不敏感。

进一步观察图 3.57 示例组合 Greeks 动态状况，仍是基本的牛市价差组合状态。Delta 为正，且随着标的资产价格的上行先小幅走高，后逐步走低。Gamma 敞口和 Vega 敞口当前在 0 附近，在下行方向 Gamma 和 Vega 逐步转为正值且先扩大后缩小；在上行方向 Gamma 和 Vega 是负值且先扩大后缩小。Theta 敞口基本和 Gamma 敞口反向。

3）本策略小结

时间价值平衡型牛/熊价差策略的基础特点与实务要点如下。

➢　亏损有限，盈利也有限。

➢　本策略在标的资产价格顺趋势方向持续运行时，有利于方向风险敞口的加速度有限。

➢　本策略单位 Delta 敞口对应的 Gamma、Vega 等敞口接近于 0，最终收益高度依赖于标的资产价格走势。

➢ 本策略同样拥有 Skew 附属敞口，当卖出的合约波动率相较买入的合约波动率偏高时，本策略还有获得额外"利润"的可能性，反之则可能有产生额外"损失"的可能性。

➢ 按照常规的波动率微笑（平值波动率最低，两端对等走高）布局，本策略对合约的选择往往以平值为中心，向两端取对等距离的实值期权和虚值期权构建组合，在市场正常时期这样基本可以保证时间价值的收付平衡。

（2）策略 2：收支平衡型风险逆转策略

1）构建方法

➢ 标的资产价格趋势向上，买入高行权价认购期权，卖出低行权价认沽期权，保障买入期权和卖出期权的收支基本平衡。

➢ 标的资产价格趋势向下，买入低行权价认沽期权，卖出高行权价认购期权，保障买入期权和卖出期权的收支基本平衡。

2）本策略示例

2023 年 3 月 10 日，上证 50ETF 收盘价为 2.642 元，2023 年 4 月 26 日到期的行权价为 2.55 元的认沽期权收盘价为 0.0287 元，行权价 2.75 元的认购期权收盘价为 0.0319 元。投资者预期上证 50ETF 的极限跌幅有限，有很大可能重启新一轮上涨行情，上涨空间不确定，对波动率的变化及行情延续的时间均无明确看法。基于 100 万元初始多头敞口的要求，投资者决定卖出 68 张 2023 年 4 月 26 日到期的行权价为 2.55 元的认沽期权，买入 68 张行权价为 2.75 元的认购期权，构建收支平衡型风险逆转策略，以获取上证 50ETF 价格上涨的收益。构建组合后的总盈亏图、基本情况监视图表、Greeks 变化图如图 3.58～图 3.60 所示。

由图 3.58 可知，从实时损益曲线看，本策略的特征类似于现货多头的"亏损无限，收益无限"特征。从到期损益曲线看，本策略在 2.55 元至 2.75 元之间有一个持稳平台，即如果到期日标的资产价格落在此价格区间内，则本策略的损益是恒定值（买方和卖方权利金完全对等，即为 0）。

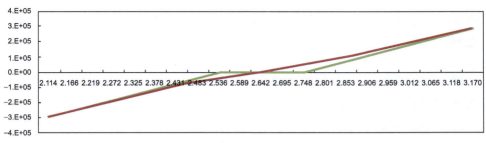

图 3.58　收支平衡型风险逆转策略示例组合总盈亏图

策略头寸	头寸1	头寸2	头寸3	头寸4	头寸5	头寸6	头寸7	头寸8	头寸9	头寸10	头寸11	头寸12	头寸13	头寸14	头寸15	头寸16	头寸17	头寸18	头寸19	头寸20
期权代码	10004891.SH	10005244.SH	10005238.SH	10005237.SH	10005184.SH	10005185.SH	10005186.SH	10004901.SH	10004902.SH	10004903.SH	10005003.SH									
头寸方向	OpCall	OpPut	OpPut	OpCall	OpCall	OpCall	OpCall	OpCall	OpCall	OpCall	OpCall	Spot	Spot	Spot	Spot	Spot	Spot	Spot	Spot	Spot
	0	0	-1	-1	1	1	-1	-1	1	-1	1	1	1	1	1	1	-1	-1	1	-1
持仓数量（张）	0	0	68	0	0	0	68	0	0	0	0	0	0	0	0	0	0	0	0	0
分红当日行权(1=Y,0=N)	0	0	0	0	0	0	0	0	0	0	0	0	0	0	0	0	0	0	0	0
执行价格	2.5	2.5	2.5	2.55	2.55	2.65	2.7	2.7	2.75	2.8	2.95	0	0	0	0	0	0	0	0	0
期权到期时间	2023-03-22	2023-04-26	2023-04-26	2023-04-26	2023-04-26	2023-04-26	2023-04-26	2023-06-28	2023-06-28	2023-06-28	2023-06-28	1900/1/0	1900/1/0	1900/1/0	1900/1/0	1900/1/0	1900/1/0	1900/1/0	1900/1/0	1900/1/0
基本情况波动率	19.80%	18.92%	18.91%	18.60%	18.34%	18.57%	18.59%	18.50%	18.48%	18.81%	0.00%	0.00%	0.00%	0.00%	0.00%	0.00%	0.00%	0.00%	0.00%	0.00%
变化情况波动率	19.80%	18.92%	18.91%	18.60%	18.40%	18.34%	18.57%	18.59%	18.49%	18.81%	0.00%	0.00%	0.00%	0.00%	0.00%	0.00%	0.00%	0.00%	0.00%	0.00%
基本情况理论价格	0.0631	0.0183	0.0287	0.1296	0.069	0.0473	0.0319	0.0899	0.07	0.0543	0.0238									
变化情况理论价格	0.0631	0.0183	0.0287	0.1296	0.0690	0.0473	0.0319	0.0899	0.0700	0.0543	0.0238	2.6420	2.6420	2.6420	2.6420	2.6420	2.6420	2.6420	2.6420	2.6420
Delta 基本情况	0.6933	-0.1833	-0.2656	0.7316	0.5138	0.4003	0.2991	0.4644	0.3927	0.3271	0.1714	1.0000	1.0000	1.0000	1.0000	1.0000	1.0000	1.0000	1.0000	1.0000
Delta 变化情况	0.6933	-0.1833	-0.2656	0.7316	0.5138	0.4003	0.2991	0.4644	0.3927	0.3271	0.1714	1.0000	1.0000	1.0000	1.0000	1.0000	1.0000	1.0000	1.0000	1.0000
Gamma 基本情况	3.8606	1.4954	1.9093	1.8901	2.3103	2.2463	1.9939	1.4804	1.4404	1.3454	0.9366	0.0000	0.0000	0.0000	0.0000	0.0000	0.0000	0.0000	0.0000	0.0000
Gamma 变化情况	3.8606	1.4954	1.9093	1.8901	2.3103	2.2463	1.9939	1.4804	1.4404	1.3454	0.9366	0.0000	0.0000	0.0000	0.0000	0.0000	0.0000	0.0000	0.0000	0.0000
Vega 基本情况	0.0016	0.0025	0.0031	0.0031	0.0037	0.0036	0.0033	0.0057	0.0055	0.0052	0.0037	0.0000	0.0000	0.0000	0.0000	0.0000	0.0000	0.0000	0.0000	0.0000
Vega 变化情况	0.0016	0.0025	0.0031	0.0031	0.0037	0.0036	0.0033	0.0057	0.0055	0.0052	0.0037	0.0000	0.0000	0.0000	0.0000	0.0000	0.0000	0.0000	0.0000	0.0000
Theta 基本情况	-0.0016	-0.0005	-0.0006	-0.0007	-0.0008	-0.0007	-0.0007	-0.0005	-0.0005	-0.0003	0.0000	0.0000	0.0000	0.0000	0.0000	0.0000	0.0000	0.0000	0.0000	0.0000
Theta 变化情况	-0.0016	-0.0005	-0.0006	-0.0007	-0.0008	-0.0007	-0.0007	-0.0005	-0.0005	-0.0003	0.0000	0.0000	0.0000	0.0000	0.0000	0.0000	0.0000	0.0000	0.0000	0.0000

总头寸（元）		理论总报益	Delta Cash	Gamma Cash	Vega Cash	Theta Cash	Rho Cash
	基本情况	-1.1	1014430.5	4014.7	123.0	-99.9	1275.7
	变化情况		1014430.5	4014.7	123.0	-99.9	1275.7

图 3.59　收支平衡型风险逆转策略示例组合基本情况监视图表

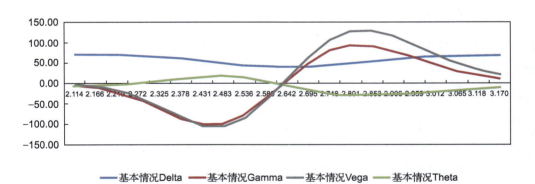

图 3.60　收支平衡型风险逆转策略示例组合 Greeks 变化图

　　由图 3.59 可知，收支平衡型风险逆转策略示例组合当前的 Delta Cash 为 1 014 430.5 元，Gamma Cash 为 4014.7 元，Vega Cash 为 123.0 元，Theta Cash 为-99.9 元。本组合拥有标的资产多头敞口（上涨有利）、波动微多敞口（波动有利）、波动率微多敞口（波动率上涨有利）、时间微空敞口（时间不利）。

　　和时间价值平衡型牛/熊价差策略一样，本策略基本将除 Delta Cash 外的敞口均控制在极小的范围内，这意味着本策略在标的资产当前的价格区间内对波动率和时间均不敏感。

进一步观察图 3.60 示例组合 Greeks 动态状况。Delta 为正且当前在最小值附近，标的资产价格无论是上行还是下行，Delta 都是走高的。Gamma 敞口和 Vega 敞口当前在 0 附近，Gamma 和 Vega 下行方向逐步转为负值且先扩大后缩小；在上行方向则是正值且先扩大后缩小。Theta 敞口基本和 Gamma 敞口反向。

3）本策略小结

收支平衡型风险逆转策略的基础特点与实务要点如下。

➢ 亏损无限，盈利也无限，和现货多空策略的损益接近。

➢ 本策略在标的资产价格顺趋势方向持续运行时，有利于方向风险敞口的加速能力较强。

➢ 策略单位 Delta 敞口对应的 Gamma、Vega 等敞口接近于 0，最终收益高度依赖于标的资产价格走势。

➢ 本策略同样拥有 Skew 附属敞口，当卖出的合约波动率相较买入的合约波动率偏高时，本策略还有获得额外"利润"的可能性，反之则可能有产生额外"损失"的可能性。

➢ 按照常规的波动率微笑（平值波动率最低，两端对等走高）布局，本策略对合约的选择往往以平值为中心，向两端取对等距离的虚值期权构建组合，在市场正常时期这样基本可以保证时间价值的收付平衡。

➢ 因为本策略存在裸卖合约，也就是存在上行方向或者下行方向的极端厚尾风险，所以建议投资者要根据实际的资金量情况约束卖出合约的名义市值规模。

➢ 本策略和时间价值平衡型牛/熊价差策略的核心区别在于，释放了厚尾风险和收益。在非 Delta 敞口的控制上，它们都是利用买入和卖出期权合约时间价值对冲的方式进行的。风险逆转策略也可以通过调整卖出和买入合约来达到非 Delta 敞口满足波动率判断要求的目的。比如，将卖出更多权利金的合约与买入更少权利金的合约搭配，可以得到正 Vega 敞口的裸露。

3. 波动率不定时的趋势策略总结

　　因为大部分刚接触期权交易的投资者对波动率的认识往往不是很深刻，无法决策波动率的偏高或偏低，所以虽然这一部分的策略举例较少，但这部分内容却适合大部分投资者在对波动率的判断左右不定时运用。

3.4　非趋势背景下的期权策略

3.4.1　区间震荡时的期权策略

1. 期权策略的Greeks Cash目标原则

　　熟悉资本市场的投资者都应该清楚，尽管总是希望行情到来，但一般情况下任何标的资产的长期走势都遵循趋势行情占三分之一、非趋势震荡行情占三分之二的时间对比。所以，在实际的投资实践当中，大部分时间都需要应对区间震荡行情。

　　通常来说，在一个显著呈区间震荡的行情中，因为市场参与者预期标的资产未来的波动相对稳定，所以在区间震荡时期，标的资产对应期权的波动率也极大概率呈现趋弱的走势。在绝大多数的情况下，在区间震荡时期权策略的 Greeks Cash 目标接近波动率偏高时的期权策略的 Greeks Cash 目标。

（1）Delta Cash

　　区间震荡下沿偏正，区间震荡上沿偏负，或不择时维持在 0 附近。

（2）Gamma Cash(1%)

　　总体波动不会很大，偏负。

（3）Vega Cash

　　预期稳定，波动率跌多涨少，以偏负为主。

（4）Theta Cash

和 Gamma Cash(1%)反向对应，偏正。

2. 期权策略

（1）策略 1：卖出跨式/宽跨式策略

1）构建方法

➢ 跨式：同时卖出平值认购期权和平值认沽期权，保障 Delta 中性。

➢ 宽跨式：同时卖出虚值认购期权和虚值认沽期权，保障 Delta 中性。

2）本策略示例

2023 年 3 月 10 日，上证 50ETF 收盘价为 2.642 元，2023 年 4 月 26 日到期的行权价为 2.55 元的认沽期权收盘价为 0.0287 元，行权价为 2.75 元的认购期权收盘价为 0.0319 元。投资者预期上证 50ETF 大概率维持区间震荡，期权隐含波动率也有概率继续走低。基于持有 5000 元负 Vega Cash 的原则，投资者决定卖出 85 张 2023 年 4 月 26 日到期的行权价为 2.55 元的认购期权，卖出 75 张行权价为 2.75 元的认购期权，构建卖出宽跨式策略，以在标的资产价格区间震荡时获得波动率下行或者时间消耗的收益。构建组合后的总盈亏图、基本情况监视图表、Greeks 变化图如图 3.61～图 3.63 所示。

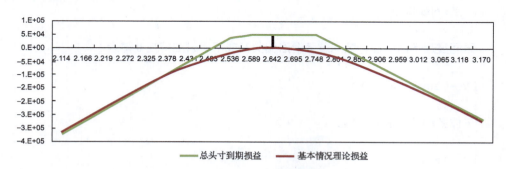

图 3.61　卖出宽跨式策略示例组合总盈亏图

由图 3.61 可知，本策略有"亏损无限，盈利有限"的特征。最大的盈利为初始收取的期权权利金，当标的资产价格在 2.55 元到 2.75 元之间时，本策略到期可以收取全额权利金。反之，如果标的资产价格严重超出区间范围，本策略的极限损失则被无限扩大。这也是期权中性卖方策略往往需要更严格的风险控制的原因。

图 3.62 卖出宽跨式策略示例组合基本情况监视图表

由图 3.62 可知，卖出宽跨式策略示例组合当前的 Delta Cash 为 3873.4 元，Gamma Cash 为-217 662.1 元，Vega Cash 为-5056.6 元，Theta Cash 为 1009.6 元。本组合拥有标的资产微多敞口（极小的敞口可算作中性）、波动空头敞口（波动不利）、波动率空头敞口（波动率上涨不利）、时间多头敞口（时间有利）。

显然，本策略的核心风险敞口是负 Vega 与负 Gamma，前者需要隐含波动率下跌，后者需要标的资产价格尽量不波动；正 Theta 对策略来说是有利项，是负 Gamma 敞口的补充项。

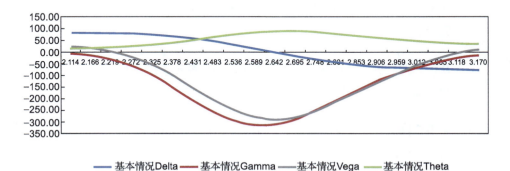

图 3.63 卖出宽跨式策略示例组合 Greeks 变化图

进一步观察图 3.63 示例组合 Greeks 动态状况。Delta 初始在 0 附近，但是整体走势和标的资产价格负相关，上行方向负值扩大，下行方向正值扩大。Gamma 则对应了 Delta 和标的资产价格的关系，其维持在负值区意味着无论任何方向的持续波动对组合都是不利的，当前标的资产价格为绝对值最大的区域，往两端走负值逐步减小。Vega 敞口的分布基本和 Gamma 敞口的分布类似，维持在负值区，即始终是波动率空头，当下最大，两端变小。Theta 敞口的分布基本和 Gamma 敞口的分布反向。

3）本策略小结

卖出跨式/宽跨式策略的基础特点与实务要点如下。

➢ 亏损无限，盈利有限。

➢ 本策略的初衷是博弈标的资产价格在一个固定范围内震荡，而且非常依赖此判断，切忌在趋势明显加快时运用本策略。

➢ 因为策略的核心敞口是负 Vega 和负 Gamma，所以在波动率已经很低的时候，即便认为标的资产价格震荡的走势难以变化，也要谨慎使用。

➢ 因为策略在上和下两个方向都有裸卖期权合约，所以极端风险也对应增加。执行时一定要做好极限风险测试，一般建议单向裸卖期权合约的名义市值不超过实际资金量。

➢ 为了保持 Delta 中性，本策略在标的资产价格变动时需要做对冲处理。特别是在震荡区间被击穿时，投资者要果断采取对冲措施控制风险，尽量提前考虑风险事件。

➢ 在标的资产价格波动导致期权隐含波动率预期发生改变时，本策略同样应该做局部风控甚至止损的动作。

➢ 本策略属于典型的期权中性卖方策略，策略执行的全过程及要点会在进阶篇的第 5 章做进一步介绍。

（2）策略 2：卖出蝶式/铁鹰式策略

1）构建方法

➢ 蝶式：同时卖出平值认购期权和平值认沽期权，为防范极端风险再同时买入虚值认购期权和虚值认沽期权，保障 Delta 中性。

➢ 铁鹰式：同时卖出虚值认购期权和虚值认沽期权，为防范极端风险再同时买入更虚值认购期权和更虚值认沽期权，保障 Delta 中性。

2）本策略示例

2023 年 3 月 10 日，上证 50ETF 收盘价为 2.642 元，2023 年 4 月 26 日到期的行权价为 2.50 元的认沽期权收盘价为 0.0183 元，行权价为 2.65 元的认沽期权收盘价为 0.0666 元，行权价为 2.65 元的认购期权收盘价为 0.0690 元，行权价为 2.80 元的认购期权收盘价为 0.0201 元。投资者预期上证 50ETF 大概率维持区间震荡，期权隐含波动率也有概率继续走低。基于持有 5000 元负 Vega Cash 的原则，投资者决定分别卖出 220 张 2023 年 4 月 26 日到期的行权价为 2.65 元的认沽期权和认购期权，分别买入 220 张行权价为 2.50 元的认沽期权和行权价为 2.80 元的认购期权，构建卖出蝶式策略，以在标的资产价格区间震荡时期获得波动率下行或者时间消耗的收益。构建组合后的总盈亏图、基本情况监视图表、Greeks 变化图如图 3.64～图 3.66 所示。

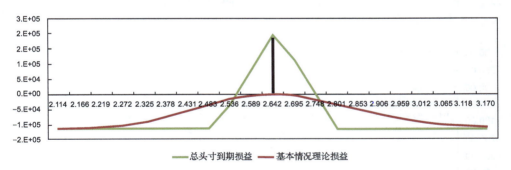

图 3.64　卖出蝶式策略示例组合总盈亏图

由图 3.64 可知，本策略有"亏损有限，盈利有限"的特征。相较于卖出跨式/宽跨式策略，极端风险明显得到抑制。以到期损益核算，本策略的盈利范围为基于标的资产当前价格上行或下行不超过收取的净权利金所对应的区间。比如，示例策略单位组合收取的净权利金为 0.0666+0.0690-0.0183-0.0201=0.0972 元，上方盈亏平衡点为 2.642+0.0972=2.7392 元，下方盈亏平衡点为 2.642-0.0972=2.5448 元。

策略头寸	头寸1	头寸2	头寸3	头寸4	头寸5	头寸6	头寸7	头寸8	头寸9	头寸10	头寸11	头寸12	头寸13	头寸14	头寸15	头寸16	头寸17	头寸18	头寸19	头寸20
期权代码	10004881.SH	10005244.SH	10005236.SH	10005193.SH	10005185.SH	10005104.SH	10005196.SH	10005197.SH	10004902.SH	10005003.SH										
资产种类	OpCall	OpPut	OpPut	OpCall	OpPut	OpCall	OpCall	OpCall	OpCall	OpCall	Spot	Spot	Spot	Spot	Spot	Spot	Spot	Spot	Spot	Spot
头寸方向	0	220	0	−1	0	220	0	0	0	0	0	0	0	0	0	0	−1	0	−1	1
分红溢价字(1=E,0=A)	0	0	0	0	0	0	0	0	0	0	0	0	0	0	0	0	0	0	0	0
持仓数量(张)	0	220	0	−1	0	220	0	0	0	0	0	0	0	0	0	0	−1	0	−1	1
执行价格	2.6	2.5	2.55	2.65	2.6	2.65	2.75	2.8	2.75	2.8	2.95									
基本情况到期日	2022-03-22	2023-04-26	2023-04-26	2023-04-26	2023-04-26	2023-04-26	2023-04-28	2023-06-28	2023-06-28	2023-06-28	1900/1/0	1900/1/0	1900/1/0	1900/1/0	1900/1/0	1900/1/0	1900/1/0	1900/1/0	1900/1/0	1900/1/0
基本情况波动率	19.80%	18.92%	18.31%	17.85%	18.57%	18.40%	18.57%	18.50%	18.49%	18.81%	0.00%	0.00%	0.00%	0.00%	0.00%	0.00%	0.00%	0.00%	0.00%	0.00%
变化情况波动率	19.80%	18.92%	18.31%	17.85%	18.57%	18.40%	18.57%	18.50%	18.49%	18.81%	0.00%	0.00%	0.00%	0.00%	0.00%	0.00%	0.00%	0.00%	0.00%	0.00%
基本情况无风险利率	0.0621	0.0193	0.0287	0.0666	0.069	0.0319	0.0301	0.07	0.0543	0.0238										
变化情况无风险利率	0.0621	0.0193	0.0287	0.0666	0.069	0.0319	0.0301	0.07	0.0543	0.0238										
Delta 基本情况	0.0621	0.0182	0.0207	0.0668	0.0968	0.0319	0.0201	0.0700	0.0545	0.0238	2.6420	2.6420	2.6420	2.6420	2.6420	2.6420	2.6420	2.6420	2.6420	2.6420
Delta 变化情况	0.0933	−0.1893	−0.2856	−0.4866	0.5270	0.5138	0.2961	0.2109	0.3927	0.3271	1.0000	1.0000	1.0000	1.0000	1.0000	1.0000	1.0000	1.0000	1.0000	1.0000
Gamma 基本情况	0.0933	−0.1893	−0.2856	−0.4866	0.5270	0.5138	0.2961	0.2109	0.3927	0.3271	1.0000	1.0000	1.0000	1.0000	1.0000	1.0000	1.0000	1.0000	1.0000	1.0000
Gamma 变化情况	3.9966	1.4954	1.9093	2.3818	2.1732	2.3103	1.9979	1.6946	1.4404	1.3454	0.0000	0.0000	0.0000	0.0000	0.0000	0.0000	0.0000	0.0000	0.0000	0.0000
Vega 基本情况	3.9966	1.4954	1.9093	2.3818	2.1732	2.3103	1.9979	1.6946	1.4404	1.3454	0.0000	0.0000	0.0000	0.0000	0.0000	0.0000	0.0000	0.0000	0.0000	0.0000
Vega 变化情况	0.0016	0.0025	0.0031	0.0037	0.0036	0.0037	0.0033	0.0027	0.0052	0.0037	0.0000	0.0000	0.0000	0.0000	0.0000	0.0000	0.0000	0.0000	0.0000	0.0000
Theta 基本情况	0.0016	0.0025	0.0031	0.0037	0.0036	0.0037	0.0033	0.0027	0.0052	0.0037	0.0000	0.0000	0.0000	0.0000	0.0000	0.0000	0.0000	0.0000	0.0000	0.0000
Theta 变化情况	−0.0016	−0.0006	−0.0006	−0.0006	−0.0008	−0.0007	−0.0005	−0.0005	−0.0005	−0.0003	0.0000	0.0000	0.0000	0.0000	0.0000	0.0000	0.0000	0.0000	0.0000	0.0000

总头寸(元)		理论总损益	Delta Cash	Gamma Cash	Vega Cash	Theta Cash	Rho Cash
	基本情况	1.6	2007.7	−235274.7	−5016.8	901.4	272.0
	变化情况		2007.7	−235274.7	−5016.8	901.4	272.0

图 3.65 卖出蝶式策略示例组合基本情况监视图表

由图 3.65 可知，卖出蝶式策略示例组合当前的 Delta Cash 为 2007.7 元，Gamma Cash 为−235274.7 元，Vega Cash 为−5016.8 元，Theta Cash 为 901.4 元。本组合拥有标的资产微多敞口（极小的敞口可算作中性的）、波动空头敞口（波动不利）、波动率空头敞口（波动率上涨不利）、时间多头敞口（时间有利）。

本策略的核心风险敞口依然是负 Vega 与负 Gamma，前者需要隐含波动率下跌，后者需要标的资产价格尽量不波动；正 Theta 对本策略来说是有利项。

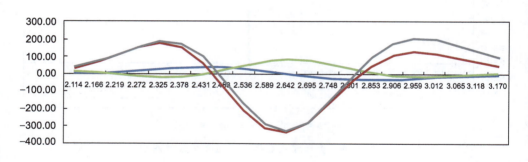

图 3.66 卖出蝶式策略示例组合 Greeks 变化图

进一步观察图 3.66 示例组合 Greeks 动态状况。Delta 初始在 0 附近，但是整体走势和标的资产价格负相关，上行方向负值先扩大，在接近买虚值认购行权价附近开始变小，然后向 0 靠近。下行方向正值先扩大，在接近买虚值认沽行权价附近开始变小，然后向 0 靠近。Gamma 对应了 Delta 和标的资产价格的关系，在平值附近维持负值，绝对值向两端逐步减小；在接近买虚值期权合约的位置 Gamma 开始转正值，当继续往远端波动时向 0 靠近。Vega 敞口的分布节奏和 Gamma 的类似，Theta 敞口的分布基本和 Gamma 敞口的分布反向。

3）本策略小结

卖出蝶式/铁鹰式策略的基础特点与实务要点如下。

➢ 亏损有限，盈利有限。

➢ 本策略的初衷是博弈标的资产价格在一个固定范围内震荡，而且非常依赖此判断，切忌在趋势明显加快时运用本策略。

➢ 尽管本策略防范了极端尾部风险，但在较大范围内的核心敞口依然是负 Vega 和负 Gamma，前者是本策略收益的主要保障，即波动率下行是本策略的核心收益来源。所以当波动率已经很低的时候，即便认为标的资产价格震荡的走势难以变化，也要谨慎使用本策略。

➢ 本策略拆解后其实是卖出跨式期权与买入宽跨式期权的组合。因为卖出期权在平值附近，买入期权在虚值附近，所以当虚值部位期权波动率相对偏低时有额外"收益"，反之有额外"亏损"。

➢ 因为通过买入虚值期权防范了极端风险，所以在 Delta 对冲方面，本策略的需求必要性不如前述卖出跨式策略的，但如果上下盈亏平衡点被击穿，则本策略的损益依然会为负。

➢ 当标的资产价格波动导致期权隐含波动率预期发生改变时，本策略同样应该做局部风控甚至止损的动作。

➢ 本策略属于典型的期权中性卖方策略，策略执行全过程及要点会在进阶篇的第 5 章中做进一步介绍。

（3）策略 3：日历策略

1）构建方法

➢ 卖出近月平值认购期权，买入远月平值认购期权；或卖出近月平值认沽期权，买入远月平值认沽期权；或卖出近月跨式期权，买入远月跨式期权，以保障 Delta 中性。

2）本策略示例

2023 年 3 月 10 日，上证 50ETF 收盘价为 2.642 元，2023 年 4 月 26 日到期的行权价为 2.65 元的认购期权收盘价为 0.0690 元，2023 年 6 月 28 日到期的行权价为 2.65 元的认购期权收盘价为 0.1136 元。投资者预期上证 50ETF 大概率维持区间震荡，对波动率没有具体看法，单纯想收取一定的时间收益。基于持有 500 元正 Theta Cash 的原则，投资者决定分别卖出 200 张 2023 年 4 月 26 日到期的行权价为 2.65 元的认购期权，买入 200 张 2023 年 6 月 28 日到期的行权价为 2.65 元的认购期权，构建日历策略，以在标的资产价格震荡时赚取时间收益。构建组合后的总盈亏图、基要情况监视图表、Greeks 变化图如图 3.67～图 3.69 所示。

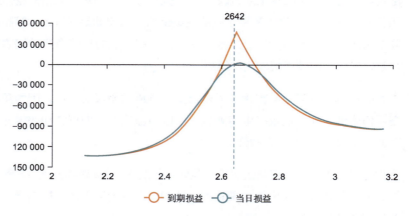

图 3.67　日历策略示例组合总盈亏图

图 3.68　日历策略示例组合基本情况监视图表

❖　Vega Cash 仅是静态相加的，经验上可以代表大概的特征。

❖　本例是平值附近跨月头寸，在同等张数的情况下，对时间差异进行处理后，经验上平值附近跨月头寸的 Vega 可以实现基本对冲。所以，在平值对平值的跨月等量双向组合中，Vega Cash 值可以忽略。

由图 3.67 可知，跨月合约的期权组合的损益图重点看实时损益（图 3.67 中的当日损益）。可以发现，本策略是一个"损失有限，盈利有限"的组合。在标的资产价格从平值向两端波动的初期，本策略的损失是加速的，随着标的资产价格继续波动，损失的加速度大幅衰减。

由图 3.68 可知，示例组合当前的 Delta Cash 为 126 141.9 元，Gamma Cash(1%)为 –117 576.5 元，Theta Cash 为 507.5 元。本组合拥有标的资产微多敞口（上涨有利，敞口不大）、波动空头敞口（波动不利）、时间多头敞口（时间有利）。

本策略的核心风险敞口为负 Gamma，即博弈的标的资产价格无波动，正 Theta 对策略来说是有利项，也是主要收益项。

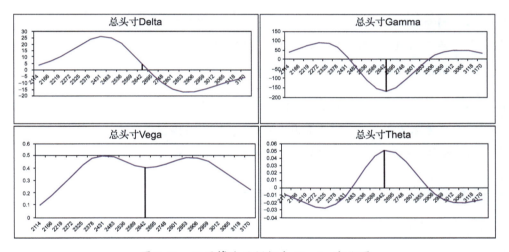

图 3.69　日历策略示例组合 Greeks 变化图

进一步观察图 3.69 示例组合 Greeks 动态状况。Delta 初始在 0 附近，但是整体走势和标的资产价格负相关，上行方向负值先扩大，随后逐步收敛到 0；下行方向正值先扩大，随后收敛到 0。核心的 Gamma 敞口波动最大，而且其在标的资产当前价格区间处于负极值区域，Delta 的不利影响较大，所以组合在标的资产当前价格附近波动时，组合的损益变化较大。Gamma 敞口往两端走逐步减小，并在标的资产价格波动到较远价格后阶段性转为正值，随后敞口再度收敛。Theta 的节奏和 Gamma 的反向，Vega 在一个较大区间内的波动远小于 Gamma 的波动，说明其影响不大。

3）本策略小结

日历策略的基础特点与实务要点如下。

➤ 亏损有限，盈利有限。

➤ 本策略的初衷是博弈标的资产价格在一个固定范围内震荡，切忌在趋势明显加快时运用本策略。

➤ 本策略的核心敞口是负 Gamma，对 Vega 敞口忽略不计，投资者使用本策略的核心依据就是标的资产价格波动范围本身，相较于卖出跨式/宽跨式策略和卖出蝶式/铁鹰式策略，本策略更纯粹地依赖对价格波动的判断。

➤ 因为本策略涉及跨月组合，且近月期权和远月期权的隐含波动率的波动存在差异，所以包含了跨月 Skew 敞口。通常在近月期权的隐含波动率较远月被高估时，该敞口对策略有利，否则不利。

➤ 为了保持 Delta 中性，本策略在标的资产价格变动时需要做对冲处理，特别是当震荡区间被击穿时，说明此前的标的资产价格波动预估可能错误，投资者要果断采取对冲措施控制风险，尽量提前考虑风险事件。

（4）策略 4：买近卖远双向对角比率策略

1）构建方法

➤ 少量买入近月跨式/宽跨式期权，大量卖出远月宽跨式期权，保障 Delta 中性。

2）本策略示例

2023 年 3 月 10 日，上证 50ETF 收盘价为 2.642 元，2023 年 4 月 26 日到期的行权价为 2.65 元的认购期权收盘价为 0.0690 元、行权价为 2.65 元的认沽期权收盘价为 0.0666 元，2023 年 6 月 28 日到期的行权价为 2.80 元的认购期权收盘价为 0.0545 元、行权价为 2.55 元的认沽期权收盘价为 0.0536 元。投资者预期上证 50ETF 大概率维持区间震荡，波动率也有很大概率继续走低。基于持有 5000 元负 Vega Cash 的原则，投资者决定分别买入 40 张 2023 年 4 月 26 日到期的行权价为 2.65 元的认沽期权和认购期权，分别卖出 78 张 2023 年 6 月 28 日到期的行权价为 2.55 元的认沽期权和行权价为 2.80 元的认购期权，构建买近卖远双向对角比率策略，以在标的资产区间震荡时获得波动率下行的收益。构建组合后的总盈亏图、基本情况监视图表、Greeks 变化图如图 3.70～图 3.72 所示。

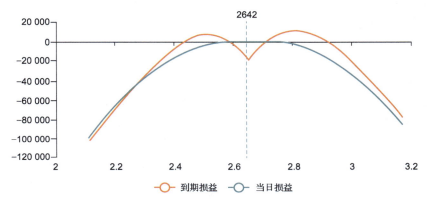

图 3.70 买近卖远双向对角比率策略示例组合总盈亏图

由图 3.70 可知，跨月期权组合重点看实时损益曲线（图 3.70 中的当日损益），本策略有"亏损无限，盈利有限"的特点。因为远月期权卖出的量远大于近月期权买入的量，所以本策略有上下两端的极限厚尾风险。

图 3.71 买近卖远双向对角比率策略示例组合基本情况监视图表

❖ Vega Cash 仅是静态相加的，经验上可以代表大概的特征，跨月干扰后面再介绍。

由图 3.71 可知，买近卖远双向对角比率策略示例组合当前的 Delta Cash 为 -4791.2 元，Gamma Cash 为 -17 779.9 元，Vega Cash 为 -5050.1 元，Theta Cash 为 77.0 元。本组合拥有标的资产微空敞口（极小的敞口可算作中性的）、波动微空敞口（波动不利）、波动率空头敞口（波动率上涨不利）、时间微多敞口（时间有利）。

策略的 Gamma 和 Theta 绝对值非常小，核心的敞口为负 Vega，最主要的博弈是期权隐含波动率的下行。相较于卖出跨式/宽跨式策略和卖出蝶式/铁鹰式策略均在持有负Vega 敞口的同时获得了 Theta 补偿，进而承担了更大的负 Gamma 对冲风险，本策略则放弃 Theta 补偿，降低由负 Gamma 带来的卖方 Delta 对冲成本，所以本策略更依赖对波动率的下行判断。对波动率的预测比较有把握的投资者，可以在波动率有明显下行预期时使用本策略。

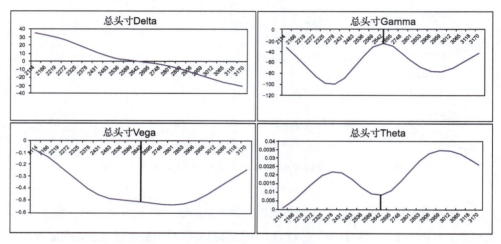

图 3.72　买近卖远双向对角比率策略示例组合 Greeks 变化图

进一步观察图 3.72 示例组合 Greeks 动态状况。Delta 初始在 0 附近，在平值附近一个较小范围内变化较缓慢，不过整体走势和标的资产价格是负相关的，上行方向负值单调扩大，下行方向正值单调扩大。Gamma 对应了 Delta 和标的资产价格的关系，总体为负值，因为在平值附近 Gamma 的绝对值相对较小，所以在小级别标的资产价格波动时，Delta 对冲需求不大。但是随着波动向两边扩大，Gamma 的绝对值会先大幅扩大然后缩小。Vega 则在一个较大的范围内维持了较大的负值，说明做空波动率敞口相对稳定。Theta 总体在正值区间，其变化节奏和 Gamma 的变化节奏相反。

3）本策略小结

买近卖远双向对角比率策略的基础特点与实务要点如下。

➤　亏损无限，盈利有限。

➤ 本策略的初衷是博弈期权波动率在标的资产价格区间震荡的过程中快速下行，比较依赖对波动率下行的判断，在波动率偏低的区域，本策略的使用较其他负 Vega 的策略应更谨慎。

➤ 本策略在上和下两个方向都裸卖期权，厚尾风险也相应增加。在执行时一定要做好极限风险测试，一般建议单向裸卖出期权合约的名义市值不超过实际资金量。

➤ 因为本策略涉及跨月合约，所以包含了跨月 Skew 敞口，当近月波动率和远月波动率差异较大时存在干扰。通常在近月波动率较远月波动率被低估时，本策略有相对优势，反之有劣势。

➤ 因为本策略买和卖分布在不同的行权价，所以还有较大的 Skew 敞口。当卖出的虚值合约端波动率相对偏高时，本策略有潜在的 Skew "利润"，反之有"亏损"。

➤ 为了保持 Delta 中性，策略在标的资产价格变动时需要做对冲处理，特别是当震荡区间被击穿时，投资者要果断采取对冲措施控制风险，尽量提前考虑风险事件。

➤ 当标的资产价格波动导致期权隐含波动率预期发生改变时，本策略也同样应该做局部风控甚至止损的动作。

➤ 本策略属于典型的期权中性卖方策略，策略执行的全过程及要点会在进阶篇的第 5 章中做进一步介绍。

3. 区间震荡时的期权策略总结

与前边章节的示例一样，本节的卖出跨式/宽跨式策略、卖出蝶式/铁鹰式策略、日历策略和买近卖远双向对角比率策略也只能代表区间震荡时期的典型策略。在具体的实践过程中还可以根据这 4 种策略做很多的衍生变形，不过无论如何衍生，基本的风险敞口要素都可以从以浓缩到负 Gamma 敞口对应的收 Theta 为主和以负 Vega 敞口对应博弈期权隐含波动率降低为主两个方面进行取舍。

若无法对是收 Theta 还是博弈波动率下行进行取舍，则卖出跨式/宽跨式策略、卖出蝶式/铁鹰式策略是值得考虑的，其中前者的极端厚尾风险较后者更大。

如果波动率已经明显被低估，但行情走不出区间震荡的预期，则可以考虑使用日历策略。如果区间震荡的预期由弱变强，波动率还偏高，则可以更大胆地博弈期权隐含波动率下行的收益，此时买近卖远双向对角比率策略是最佳选择。

上述是基于 Delta 中性配置期权组合以应对区间震荡行情所做的取舍。实际上，当一个较为明显的区间震荡摆在投资者面前时，未必需要一味地保持 Delta 中性。在区间下沿偏多一些，组合适度留正 Delta 博弈反弹；在区间上沿偏空一些，组合适度留负 Delta 博弈回落也是值得投资者思考的方式。

特别是在波动率明显偏低的时候，上述 4 种 Delta 中性期权策略都承担了波动突然放大的风险，在实践上，此时由于期权买方 Theta 消耗较低，基于区间震荡节奏用期权买方策略进行 Delta 敞口为主的博弈，对一般投资者来说其风险收益比更友好。

3.4.2   不定向波动时的期权策略

1. 期权策略的Greeks Cash目标原则

下面主要讨论在对标的资产价格有波动预期，但无准确方向判断时可以构建的期权策略。有一定投资经验的读者应该都有过下面类似的经历：

➢ 标的资产价格已经震荡较长时间，期权隐含波动率已经被压得非常低。从技术形态上或周期理论上分析，目前的标的资产价格已经运行至方向选择窗口区域（如等边三角、上升/下降三角等形态的收敛区域尾部），价格突破是大概率事件，但较难判断出突破方向。

➢ 标的资产即将面临各方预期不一致的大事件冲击（如上市公司财报日、农产品供需平衡表公布日、央行议息会议结果公布日等），价格波动是大概率事件，但预期的不一致使得投资者对事件对标的资产价格影响的方向难以把握。

从理论上来说，这两种情景都可以算作事件性冲击时刻，在没有期权这个投资工具之前，对应的做法一般只有缩仓等待。在有了期权之后，投资者可以利用期权构建旨在捕捉任意方向大波动的期权策略，以应对这些情况。

一般来说，应对不定向波动时的期权策略 Greeks 的控制目标如下。

（1）Delta Cash

因为不确定波动方向，所以初始应在 0 附近。

（2）Gamma Cash(1%)

作为捕捉任意方向波动的核心敞口，尽量留正，或者当下在 0 附近，波动后为正。

（3）Vega Cash

预期不稳定，波动率偏低时尽量留正，波动率偏高时尽量非负。

（4）Theta Cash

和 Gamma Cash(1%)反向对应。

2. 期权策略

（1）策略 1：买入跨式/宽跨式策略

1）构建方法

➤ 跨式：同时买入平值认购期权和平值认沽期权，初始 Delta 中性。

➤ 宽跨式：同时买入虚值认购期权和虚值认沽期权，初始 Delta 中性。

2）本策略示例

2023 年 3 月 10 日，上证 50ETF 收盘价为 2.642 元，2023 年 4 月 26 日到期的行权价为 2.65 元的认沽期权收盘价为 0.0666 元，行权价为 2.65 元的认购期权收盘价为 0.0690 元。因为上证 50ETF 已经横盘很久，所以投资者认为濒临变盘，加上期权隐含波动率明显到了偏低的区域，希望通过构建期权组合来捕捉因变盘大波动及波动率上行所带来的收益。

　　基于持有 5000 元正 Vega Cash 的原则，投资者决定买入 70 张 2023 年 4 月 26 日到期的行权价为 2.65 元的认购期权，买入 66 张行权价为 2.65 元的认购期权，构建买入跨式策略，以捕捉可能的变盘和波动率上行所带来的收益。构建组合后的总盈亏图、基本情况监视图表、Greeks 变化图如图 3.73 ~ 图 3.75 所示。

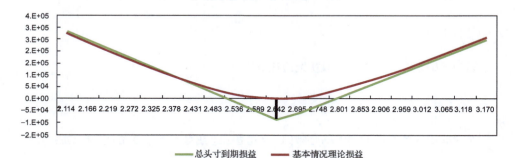

图 3.73　买入跨式策略示例组合总盈亏图

　　由图 3.73 可知，本策略整体有"亏损有限，盈利无限"的特征。最大的损失为初始投入的全部权利金，标的资产价格上行或下行两个方向的极端移动都能为本策略带来大幅盈利。

图 3.74　买入跨式策略示例组合基本情况监视图表

　　由图 3.74 可知，示例组合当前的 Delta Cash 为 -5447.4 元，Gamma Cash 为 222 842.3 元，Vega Cash 为 5030.4 元，Theta Cash 为 -1017.0 元。本组合拥有标的资产微空敞口（极小的敞口可算作中性的）、波动多头敞口（波动有利）、波动率多头敞口（波动率上涨有利）、时间空头敞口（时间有利）。

　　本策略是卖出跨式/宽跨式策略的反向策略，核心风险敞口也完全反向。本策略的留正 Vega 与正 Gamma 敞口博弈区间震荡被打破，前者需要期权隐含波动率上行，后者需要标的资产价格出现波动；负 Theta 对本策略来说是不利项，随着时间的消耗，本策略会慢慢"失血"。

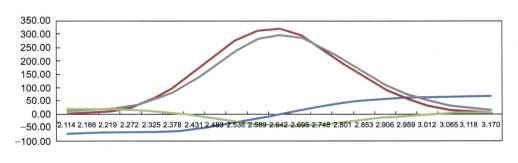

图 3.75　买入跨式策略示例组合 Greeks 变化图

进一步观察图 3.75 示例组合 Greeks 动态状况。Delta 初始在 0 附近，整体走势和标的资产价格负相关，上行方向正值扩大，下行方向负值扩大。Gamma 则对应了 Delta 和标的资产价格的关系，维持在正值区意味着无论哪个方向的标的资产价格持续波动对组合都是有利的，当前价格为绝对值最大的区域，往两端走正值逐步减小。Vega 敞口的分布基本和 Gamma 的类似，维持在正值区。Theta 敞口的分布基本和 Gamma 的反向。

3）本策略小结

买入跨式/宽跨式策略的基础特点与实务要点如下。

➢　亏损有限，盈利无限。

➢　本策略的核心敞口之一是正 Vega，本策略尽量在波动率偏低时构建，在波动率偏高时谨慎使用。

➢　本策略的另一个核心敞口是正 Gamma，目标是捕捉任意方向的标的资产价格大波动，但需要付出 Theta 不断"失血"的代价。尽量在波动率偏低、权利金不贵时构建本策略，从而控制消耗，且在没有明确的事件冲击窗口的时期要谨慎使用本策略。

➤ 在等待标的资产价格波动带来期权隐含波动率上升的时期，本策略可以通过 Gamma Scalping（保持 Delta 中性）的方式对冲 Theta 损耗。

➤ 本策略属于典型的期权中性买方策略，包括隐含波动率择时、Gamma Scalping 等关键过程，本书在进阶篇的第 5 章中会进行详细叙述。

（2）策略 2：买入蝶式/铁鹰式策略

1）构建方法

➤ 蝶式：同时买入平值认购期权和平值认沽期权，同时卖出虚值认购期权和虚值认沽期权，初始 Delta 中性。

➤ 铁鹰式：同时买入虚值认购期权和虚值认沽期权，同时卖出更虚值认购期权和更虚值认沽期权，初始 Delta 中性。

2）本策略示例

2023 年 3 月 10 日，上证 50ETF 收盘价为 2.642 元，2023 年 4 月 26 日到期的行权价为 2.50 元的认沽期权收盘价为 0.0183 元，行权价为 2.65 元的认沽期权收盘价为 0.0666 元，行权价为 2.65 元的认购期权收盘价为 0.0690 元，行权价为 2.80 元的认购期权收盘价为 0.0201 元。投资者认为濒临变盘，加上波动率明显到了偏低的区域，希望通过构建期权组合来捕捉因变盘大波动及波动率上行所带来的收益。

基于持有 5000 元正 Vega Cash 的原则，投资者决定分别买入 220 张 2023 年 4 月 26 日到期的行权价为 2.65 元的认沽期权和认购期权，分别买入、卖出 220 张行权价为 2.50 元的认沽期权和行权价为 2.80 元的认购期权，构建买入蝶式策略，以博弈标的资产价格波动放大或波动率上行的收益。构建组合后的总盈亏图、基本情况监视图表、Greeks 变化图如图 3.76 ～图 3.78 所示。

由图 3.76 可知，本策略有"亏损有限，盈利有限"的特征，盈亏的走向和卖出蝶式/铁鹰式策略的正好相反。因为两个案例取自同一时间的行情数据，所以本策略的盈亏平衡点较卖出蝶式/铁鹰式策略的没有变化，上方是 2.7392 元，下方是 2.5448 元。当期权到期时，只有标的资产价格突破这两个平衡点，本策略才能有正收益。

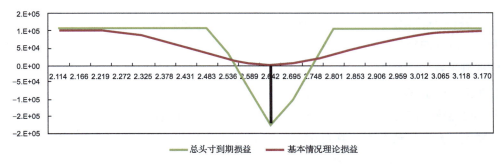

图 3.76　买入蝶式策略示例组合总盈亏图

图例：总头寸到期损益　基本情况理论损益

图 3.77　买入蝶式策略示例组合基本情况监视图表

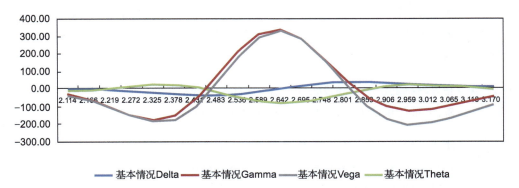

图例：基本情况Delta　基本情况Gamma　基本情况Vega　基本情况Theta

图 3.78　买入蝶式策略示例组合 Greeks 变化图

由图 3.77 可知，Greeks Cash 的初始值也基本与卖出蝶式/铁鹰式策略的初始值符号相反，Delta Cash 为-2007.7 元，Gamma Cash 为 235 274.7 元，Vega Cash 为 5016.8 元，Theta Cash 为-901.4 元。本组合拥有标的资产微空敞口（极小的敞口可算作中性的）、波动多头敞口（波动有利）、波动率多头敞口（波动率上涨有利）、时间空头敞口（时间不利）。

进一步观察图 3.78 示例组合 Greeks 动态状况。Delta 初始在 0 附近，但是整体走势和标的资产价格正相关，上行方向正值先扩大，在接近卖出虚值认购期权行权价附近时开始变小，然后向 0 靠近；下行方向负值先扩大，在接近卖出虚值认沽期权行权价附近时开始变小，然后向 0 靠近。Gamma 对应了 Delta 和标的资产价格的关系，在平值附近维持正值，绝对值向两端逐步减小，在接近卖虚值期权行权价的位置开始转负扩大，继续往远端波动，并向 0 靠近。Vega 敞口的分布节奏和 Gamma 的类似，Theta 敞口基本和 Gamma 敞口反向。

3）本策略小结

买入蝶式/铁鹰式策略的基础特点与实务要点如下。

➤ 亏损有限，盈利有限。

➤ 本策略的核心敞口之一是正 Vega，本策略尽量在波动率偏低时构建，在波动率偏高时谨慎使用。

➤ 本策略的另一个核心敞口是正 Gamma，目标是捕捉任意方向的标的资产价格大波动，但需要付出 Theta 不断"失血"的代价，尽量在波动率偏低、权利金不贵时构建本策略，从而控制消耗，在没有明确的事件冲击窗口的时期要谨慎使用本策略。

➤ 在等待标的资产价格波动带来期权波动率上升的时期，策略可以通过 Gamma Scalping（保持 Delta 中性）的方式对冲 Theta 损耗。

➤ 本策略拆解后其实是买入跨式期权与卖出宽跨式期权的组合，因为买入期权在平值附近，卖出期权在虚值附近，所以当虚值部位期权波动率相对偏高时可获得额外"收益"，反之可产生额外"亏损"。

➤ 从本策略的布局上，表面上是增加卖出虚值期权，以收取的权利金对冲平值买入期权的权利金成本，但从实际的 Vega 敞口对应的 Theta 消耗来看，相比买入跨式策略，本策略并未有很大的提升，反而做了最大盈利的限定，建议投资者只在虚值期权较贵、有明显 Skew 时使用。

➤ 本策略属于典型的期权中性买方策略，包括隐含波动率择时、Gamma Scalping 等关键过程，在本书进阶篇的第 5 章中进行详细叙述。

（3）策略 3：反向日历策略

1）构建方法

➢ 买入近月平值认购期权，卖出远月平值认购期权；或买入近月平值认沽期权，卖出远月平值认沽期权；或买入近月跨式期权，卖出远月跨式期权，初始 Delta 中性。

2）本策略示例

2023 年 3 月 10 日，上证 50ETF 收盘价为 2.642 元，2023 年 4 月 26 日到期的行权价为 2.65 元的认购期权收盘价为 0.0690 元，2023 年 6 月 28 日到期的行权价为 2.65 元的认购期权收盘价为 0.1136 元。因为预期标的资产濒临变盘，但是期权隐含波动率不算被特别低估，所以投资者希望通过构建组合来捕捉因变盘大波动带来的收益。

基于日 Theta 消耗控制在 500 元的原则，投资者决定分别买入 200 张 2023 年 4 月 26 日到期的行权价为 2.65 元的认购期权，卖出 200 张 2023 年 6 月 28 日到期的行权价为 2.65 元的认购期权，构建反向日历策略，以捕捉标的资产价格变盘波动。构建组合后的总盈亏图、基本情况监视图表、Greeks 变化图如图 3.79 ～图 3.81 所示。

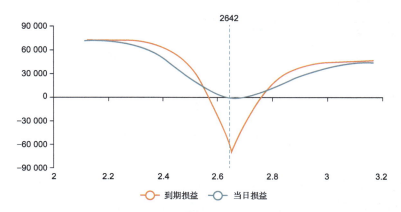

图 3.79　反向日历策略示例组合总盈亏图

由图 3.79 可知，跨月组合重点看实时损益（图 3.79 中的当日损益），本策略是一个"损失有限，盈利有限"的组合。和日历策略反向，本策略在标的资产价格从平值向两端波动的初期，收益的加速度最快。

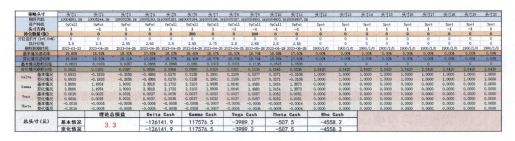

图 3.80　反向日历策略示例组合基本情况监视图表

❖　Vega Cash 仅是静态相加的，经验上可以代表大概的特征。

❖　本例是平值附近跨月头寸，经验上初始 Vega Cash 可以忽略。

由图 3.80 可知，示例组合 Delta Cash 为-126 141.9 元，Gamma Cash 为 117 576.5 元，Theta Cash 为-507.5 元。显然，本策略的核心风险敞口为正 Gamma，即博弈的标的资产价格的实际波动，负 Theta 对本策略来说是成本项。

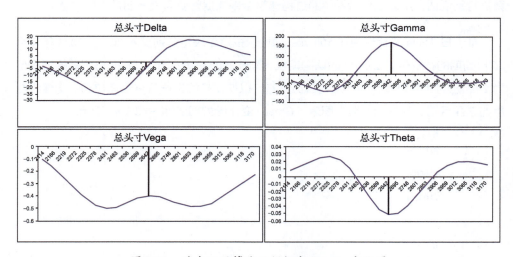

图 3.81　反向日历策略示例组合 Greeks 变化图

进一步观察图 3.81 示例组合 Greeks 动态状况。Delta 初始在 0 附近，走势在一定范围内和标的资产价格正相关，上行方向正值先扩大，随后逐步收敛到 0；下行方向负值先扩大，随后逐步收敛到 0。因为核心的 Gamma 敞口波动最大，当前的价格区是正值的极大值区，Delta 的有利影响较大，所以组合在标的资产当前价格附近波动时，组合的损益变化较大，Gamma 敞口往两端走逐步减小，并在较大的标的资产价格波动后转为负值，影响 Delta 反向变动，直至归 0。Theta 的节奏和 Gamma 的反向，Vega 可忽略。

3）本策略小结

反向日历策略的基础特点与实务要点如下。

➤ 亏损有限，盈利有限。

➤ 策略的核心敞口是正 Gamma，Vega 敞口忽略不计，核心成本项是负 Theta，这意味着本策略的收益纯粹依赖标的资产价格波动，尽量在标的资产价格很快会产生波动时使用。

➤ 因为本策略涉及跨月，所以包含了较为明显的跨月 Skew 敞口，当近月波动率和远月波动率差异较大时存在干扰。通常在近月波动率较远月波动率被低估时，本策略有相对优势，反之有劣势。

➤ 为了应对 Theta 的硬损耗，本策略同样需要不断进行 Gamma Scalping，落袋由 Gamma 带来的波动利润。

（4）策略 4：卖近买远双向对角反比率策略

1）构建方法

➤ 少量卖出近月跨式/宽跨式期权，大量买入远月跨式/宽跨式期权，初始 Delta 中性。

2）本策略示例

2023 年 3 月 10 日，上证 50ETF 收盘价为 2.642 元，2023 年 4 月 26 日到期的行权价为 2.65 元的认购期权收盘价为 0.0690 元、行权价为 2.65 元的认沽期权收盘价为 0.0666 元，2023 年 6 月 28 日到期的行权价为 2.65 元的认购期权收盘价为 0.1136 元、行权价为 2.65 元的认沽期权收盘价为 0.0940 元。因为投资者认为标的资产濒临变盘，加上波动率明显到了偏低的区域，所以通过希望构建组合来捕捉因变盘大波动及波动率上行所带来的收益。

基于持有 5000 元正 Vega Cash 的原则，投资者决定分别卖出 50 张、55 张 2023 年 4 月 26 日到期的行权价为 2.65 元的认沽期权和认购期权，分别买入 77 张、80 张 2023

年 6 月 28 日到期的行权价为 2.65 元的认沽期权和认购期权，构建卖近买远双向对角反比率策略，以获取标的资产价格大波动或波动率上行的收益。构建组合后的总盈亏图、基本情况监视图表、组合 Greeks 变化图如图 3.82～图 3.84 所示。

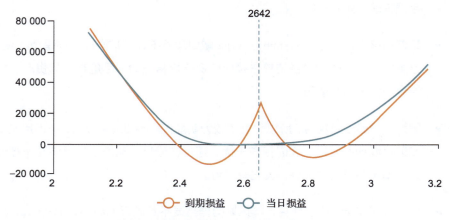

图 3.82　卖近买远双向对角反比率策略示例组合总盈亏图

由图 3.82 中的跨月组合实时损益曲线可见，本策略有“亏损有限，盈利无限”的特点。因为远月买入的期权合约数量远大于近月卖出的期权合约数量，所以本策略属于可以捕捉极限波动的策略，在上下两端都具备获取无限收益的可能。

策略头寸	头寸1	头寸2	头寸3	头寸4	头寸5	头寸6	头寸7	头寸8	头寸9	头寸10
期权代码	10004881.SH	10005244.SH	10005238.SH	10005193.S	10005183.S	10005184.S	10005186.S	10005187.S	10004900.S	10004903.S
资产种类	OpCall	OpPut	OpPut	OpPut	OpCall	OpCall	OpCall	OpCall	OpCall	OpCall
头寸方向	1	−1	1	1	1	1	1	−1	1	−1
持仓数量(张)	0	0	0	−50	0	−55	0	0	77	0
分红合约？(1=Y,0=N)	0	0	0	0	0	0	0	0	0	0
执行价格	2.6	2.5	2.55	2.65	2.6	2.65	2.75	2.8	2.65	2.8
期权到期时间	2023-03-22	2023-04-26	2023-04-26	2023-04-26	2023-04-26	2023-04-26	2023-04-26	2023-04-26	2023-06-28	2023-06-28
基本情况波动率	19.80%	18.92%	18.31%	17.85%	18.57%	18.40%	18.57%	18.50%	18.74%	18.58%
变化情况波动率	19.80%	18.92%	18.31%	17.85%	18.57%	18.40%	18.57%	18.50%	18.74%	18.58%
基本情况期权价格	0.0621	0.0183	0.0287	0.0666	0.0968	0.069	0.0319	0.0201	0.1136	0.0545
变化情况期权价格	0.0621	0.0183	0.0287	0.0666	0.0968	0.0690	0.0319	0.0201	0.1136	0.0545
Delta 基本情况	0.6933	−0.1833	−0.2656	−0.4866	0.6270	0.5138	0.2991	0.2109	0.5377	0.3271
Delta 变化情况	0.6933	−0.1833	−0.2656	−0.4866	0.6270	0.5138	0.2991	0.2109	0.5377	0.3271
Gamma 基本情况	3.8666	1.4954	1.9093	2.3818	2.1732	2.3103	1.9939	1.6646	1.4680	1.3454
Gamma 变化情况	3.8666	1.4954	1.9093	2.3818	2.1732	2.3103	1.9939	1.6646	1.4680	1.3454
Vega 基本情况	0.0016	0.0025	0.0031	0.0037	0.0036	0.0037	0.0033	0.0027	0.0057	0.0052
Vega 变化情况	0.0016	0.0025	0.0031	0.0037	0.0036	0.0037	0.0033	0.0027	0.0057	0.0052
Theta 基本情况	−0.0016	−0.0005	−0.0006	−0.0006	−0.0008	−0.0008	−0.0007	−0.0006	−0.0006	−0.0005
Theta 变化情况	−0.0016	−0.0005	−0.0006	−0.0006	−0.0008	−0.0008	−0.0007	−0.0006	−0.0006	−0.0005

策略头寸	头寸11	头寸12	头寸13	头寸14	头寸15	头寸16	头寸17	头寸18	头寸19	头寸20
期权代码	10004907.SH	10004909.SH								
资产种类	OpPut	OpPut	Spot	Spot	Spot	Spot	Spot	Spot	Spot	Spot
头寸方向	−1	1	1	1	1	1	1	−1	−1	1
持仓数量(张)	0	80	0	0	0	0	0	0	0	0
分红合约？(1=Y,0=N)	0	0	0	0	0	0	0	0	0	0
执行价格	2.55	2.65	0	0	0	0	0	0	0	0
期权到期时间	2023-06-28	2023-06-28	1900/1/0	1900/1/0	1900/1/0	1900/1/0	1900/1/0	1900/1/0	1900/1/0	1900/1/0
基本情况波动率	17.63%	17.36%	0.00%	0.00%	0.00%	0.00%	0.00%	0.00%	0.00%	0.00%
变化情况波动率	17.63%	17.36%	0.00%	0.00%	0.00%	0.00%	0.00%	0.00%	0.00%	0.00%
基本情况期权价格	0.0536	0.094	0	0	0	0	0	0	0	0
变化情况期权价格	0.0536	0.0940	2.6420	2.6420	2.6420	2.6420	2.6420	2.6420	2.6420	2.6420
Delta 基本情况	−0.3108	−0.4625	1.0000	1.0000	1.0000	1.0000	1.0000	1.0000	1.0000	1.0000
Delta 变化情况	−0.3108	−0.4625	1.0000	1.0000	1.0000	1.0000	1.0000	1.0000	1.0000	1.0000
Gamma 基本情况	1.3873	1.5844	0.0000	0.0000	0.0000	0.0000	0.0000	0.0000	0.0000	0.0000
Gamma 变化情况	1.3873	1.5844	0.0000	0.0000	0.0000	0.0000	0.0000	0.0000	0.0000	0.0000
Vega 基本情况	0.0051	0.0057	0.0000	0.0000	0.0000	0.0000	0.0000	0.0000	0.0000	0.0000
Vega 变化情况	0.0051	0.0057	0.0000	0.0000	0.0000	0.0000	0.0000	0.0000	0.0000	0.0000
Theta 基本情况	−0.0004	−0.0004	0.0000	0.0000	0.0000	0.0000	0.0000	0.0000	0.0000	0.0000
Theta 变化情况	−0.0004	−0.0004	0.0000	0.0000	0.0000	0.0000	0.0000	0.0000	0.0000	0.0000

总头寸(元)		理论总损益	Delta Cash	Gamma Cash	Vega Cash	Theta Cash	Rho Cash
	基本情况	−0.2	12520.8	−4442.6	5076.2	34.6	−179.3
	变化情况		12520.8	−4442.6	5076.2	34.6	−179.3

图 3.83　卖近买远双向对角反比率策略示例组合基本情况监视图表

✧　Vega Cash 仅是静态相加的，经验上可以代表大概的特征。

由图 3.83 可知，示例组合当前的 Delta Cash 为 12 520.8 元，Gamma Cash 为 −4442.6 元，Vega Cash 为 5076.2 元，Theta Cash 为 34.6 元。本组合拥有标的资产微多敞口（接近中性）、波动微空敞口（接近中性）、波动率多头敞口（波动率上涨有利）、时间微多敞口（接近中性）。

　　本策略的 Gamma 和 Theta 的绝对值非常小，核心的敞口为正 Vega，主要博弈的是期权隐含波动率大涨所带来的收益。相较于买入跨式/宽跨式策略、买入蝶式/铁鹰式策略，本策略在持有正 Vega 敞口博弈隐含波动率上行时，Theta 的消耗几乎为 0，但这样也意味着初始 Gamma 敞口较低，在标的资产价格有小波动时没有收益。

　　如果投资者对期权隐含波动率的周期运行有坚定的信心，那么这个策略适合在波动率明显偏低，但是不确定大波动何时能来、想降低时间消耗的情况下，布局等待下一轮隐含波动率上行时使用。

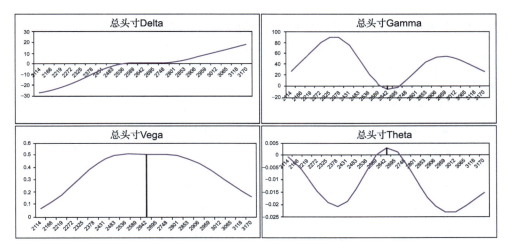

图 3.84　卖近买远双向对角反比率策略示例组合 Greeks 变化图

　　进一步观察图 3.84 示例组合 Greeks 动态状况。Delta 初始在 0 附近，在平值附近一个较小范围内变化较缓慢，不过整体走势和标的资产价格是正相关的，上行方向正值单调扩大，下行方向负值单调扩大。Gamma 对应了 Delta 和标的资产价格的关系，总体为正值，在平值附近绝对值相对较小，当前价格附近的小级别波动无太大 Delta 对冲需求，但是随着标的资产价格波动向两边扩大，Gamma 明显先大幅扩大然后缩小，Delta 的变化速度开始提高。Vega 则在一个较大的范围内维持了较大的正值，说明多波动率敞口相对稳定。Theta 多数在负值区间，当前价格在 0 附近，其随着标的资产价格的波动向负值方向先扩大后缩小，总体变化节奏和 Gamma 的变化节奏相反。

3）本策略小结

卖近买远双向对角反比率策略的基础特点与实务要点如下。

➢ 亏损有限，盈利无限。

➢ 本策略的初衷是博弈标的资产价格意外大波动带来的期权隐含波动率大幅上升带来的收益，但是因为初始 Gamma 敞口极小，所以标的资产价格波动之初是无收益的，需要更大的波动，才能获得收益。

➢ 本策略最核心的敞口是正 Vega，相较其他几种博弈不定向波动的策略而言，虽然本策略对标的资产价格的小波动不敏感，但也具有 Theta 消耗低、等得起的优势，适合在波动率偏低时布局，等待意外的标的资产价格波动冲击。

➢ 因为本策略涉及跨月，所以包含了跨月 Skew 敞口，当近月波动率和远月波动率差异较大时存在干扰。通常在近月波动率较远月波动率被高估时，本策略有相对优势，反之有劣势。

➢ 本策略可以将近月行权价与远月的行权价均维持在平值，实践中也可以将合约分布在不同的行权价。如果买入和卖出合约有了档位的差异，那就要注意策略还可能有较大的 Skew 敞口。当卖出合约的波动率相对偏高时，策略有潜在的 Skew "利润"，反之有 "亏损"。

➢ 本策略一定要保障远月的买入合约数量大幅大于近月的买入合约数量，本质上卖出近月期权合约只是为买入远月期权合约做 Theta 消耗的对冲。建议投资者不要在使用本策略时追求正 Theta，甚至可以保留一定的负 Theta。因为近月的 Theta 消耗速度快于远月，所以随着时间的流逝，策略组合初始的负 Theta 会慢慢变小，甚至转正。

➢ 笔者个人非常喜欢在低波动率时期构建本策略，等待下一轮波动率的爆发。事实上，在由微信公众号 "发鹏期权说" 专业读者构成的 "权心权意做投资" 战友小圈中，大家都将这个策略简称为 "发鹏模型（FPM）"。本策略为典型的中性做多波动率策略，本书不仅会在进阶篇进行介绍，还会在升华篇介绍本策略在整体投资框架中作为 "反脆弱策略" 的重要性。

3. 不定向波动时的期权策略总结

本节示例策略只是基础策略的代表，在实践中有很多变形策略，可以根据投资者的诉求进一步探索。因为不定向波动的预期和区间震荡的预期是对立的，所以在不同策略的运用时机上也可以进行反向思考。

在无法取舍主要是博弈 Gamma 还是 Vega 时，买入跨式/宽跨式策略、买入蝶式/铁鹰式策略都值得考虑，如果虚值波动率较平值波动率没有溢价，则选择前者，获得更好的意外大波动补偿。

如果波动率明显不低，但行情依然面临短期波动选择方向，则此时可以考虑反向日历策略，因为该策略主要的敞口为正 Gamma，Vega 敞口接近 0。

如果波动率明显偏低，同时行情并未有明显的事件影响，或者某个叙事的预期发酵让标的资产价格有波动可能性，但是区间震荡行情又已经维持很久，则基于"横久必波动"的客观规律，通过卖近买远双向对角反比率期权策略进行低消耗的正 Vega 布局是一个相对较好的选择。

第二部分
进阶篇

　　进阶篇是本书的第二部分，笔者会花很大的篇幅阐述目前国内期权专业交易团队的核心策略集合与实践经验，相信可以让走过期权基础知识积累阶段的读者进一步提高对期权策略的系统化运用能力。

　　本篇一共有4章，分别为第4章——波动率的计算与预测；第5章——期权中性卖方与买方策略；第6章——期权波动率曲面交易策略；第7章——期权基差交易策略。第4章的目标是深入解释和分析波动率规律，提高读者对期权价格核心影响参数——期权波动率的认知与预测能力。第5章至第7章是目前国内机构或专业期权交易者使用的最主流的策略。

　　读者完全理解与吸收这一部分内容后，即可基本达到成熟期权投资者的专业技术水平，在能力上可以做到与专业投资机构的期权交易员并驾齐驱。

第 4 章

波动率的计算与预测

4.1 波动率

4.1.1 波动率的计算

1. 波动率基础

在第 3 章介绍所有策略并提及 Delta Cash 标的资产价格方向敞口的同时，无一例外地都同步阐述了 Vega Cash 波动率敞口。这是因为期权隐含波动率的变化对期权价格的影响是巨大的。在期权策略的实践过程中，往往需要对标的资产价格运行和波动率运行皆有了方向的判定才能进行具体策略的选择。所以，在进阶篇的开始重点对波动率进行介绍和实践经验分享。

这里不过分拘泥于像教科书那样讲述波动率的定义，大家只需要知道，在期权世界中存在两个波动率：一个是实际波动率，另一个是隐含波动率。

所谓实际波动率，是指标的资产价格实际波动所形成的波动率，即已经实现的波动率。

所谓隐含波动率，是以未到期期权合约价格为基础，基于期权定价模型（如 Black-Scholes 模型）反向计算的期权买卖双方通过博弈形成的共识波动率。因为期权合约未到期，所以该波动率其实蕴含了期权交易者对标的资产在剩余到期时段的波动预估，是市场共识预期但尚未实现的波动率。

2. 实际波动率的计算

如上文所述，实际波动率是标的资产价格形成的波动率，是基于已经实现的价格波动路径数据，通过数学模型计算得出的。经过几十年场内期权市场的发展，目前已有不少由理论学家、投资大师构建的波动率模型，其中包括简单历史波动率（简称 HV）模型、自回归平滑移动平均（简称 ARMA）模型、长记忆随机波动（简称 LMSV）模型，以及包含更多价格波动细节的高频已实现波动率（简称 RV）模型等。

本书重点介绍笔者常用的两种模型：HV 模型和 RV 模型。

（1）HV 的计算

计算步骤如下。

第一步：计算标的资产日对数收益率。

$$R_t = \ln\left(\frac{S_t}{S_{t-1}}\right)$$

第二步：基于得到的标的资产日对数收益率数列，计算指定窗口周期 N 日的均值。

$$\overline{R} = \frac{\sum_{t=1}^{N} R_t}{N}$$

第三步：计算标的资产在指定窗口周期 N 日的标准差。

$$\sigma = \sqrt{\frac{1}{N-1}\sum_{t=1}^{N}\left(R_t - \overline{R}\right)^2}$$

第四步：计算标的资产在指定窗口周期 N 日的年化历史波动率。

$$HV = \sigma \times \sqrt{252}$$

在公式中，R_t 为标的资产 t 日对数收益率，S_t 为标的资产 t 日价格，N 一般与期权到期期限保持一致（如期权距离到期还有 20 个交易日，则 N 一般取 20），252 对应 1 年的交易日天数。

需要说明的是，最终得到的 HV 是标的资产波动率的无偏估计。一般在计算标准差 σ 时，会将 $\frac{1}{N-1}$ 替换为 $\frac{1}{N}$，但是用该方法得出的 HV 为标的资产波动率的有偏估计。

有兴趣的投资者可以阅读有关样本方差无偏估计的图书或论文做进一步了解。本书重点讨论的是利用 HV 的历史分布对隐含波动率进行判断,而两者虽然在数据差异上对整体分布的影响较小,但依然选择用更接近完整分布的无偏估计值作为 HV 的计算因子。

显然,HV 的计算包含了 N 个周期中的标的资产收盘价格,展示了标的资产最重要的波动信息,但是对单位周期内(比如日内)的波动信息展示不够充分。

(2)RV 的计算

计算步骤如下。

第一步:计算标的资产单位周期内的已实现方差。

$$RV_t = \sum_{i=1}^{m} r_{m-i+1}^2$$

第二步:计算标的资产在该单位周期内的年化已实现波动率。

$$RV = \sqrt{RV_t \times 252}$$

此处的单位周期一般是指完整的交易日。公式中, RV_t 为标的资产在某交易日内的已实现方差,m 为将日内行情切分的周期数(比如,上证 50ETF 每日交易 4 个小时,如果取 5 分钟为基本行情段,则 m 为 240/5=48),r_{m-i+1} 为日内第 m 个 5 分钟行情的收益率。

很明显,RV 可以对单位周期内的波动有更完整的信息解释能力,但是实践中 RV 会因为某个单位周期波动陡变而突变,数据上呈现出较前后数据的异常。这样的异常意味着 RV 容易忽略标的资产波动必然存在的时序影响。

举个通俗的例子解释一下。比如,在一波趋势行情的上涨阶段,RV 通常会维持在某一个值附近进行小范围波动。如果在某个交易日突然走出一根横盘震荡的小十字星,那么这一天 RV 会较此前陡降,但趋势却很可能尚未结束,随后趋势再度重启,RV 恢复到此前水平。所以,虽然小十字星当日的 RV 是准确的日内已实现波动率,但对其过分重视会忽略原本的趋势波动特征。

在专业交易者的经验中，一般将 HV 和 RV 结合起来运用。前者包含更完整的标的资产时序波动信息，在波动率预测的运用中通常可以占更主要的位置；后者则作为审视细节波动信息的辅助项。

3. 隐含波动率的计算

隐含波动率是以未到期期权价格为基础，基于期权定价模型（如 Black-Scholes 模型）反向计算出的、期权市场买卖双方通过博弈形成的标的资产未来共识波动率。

本书第 1 章已经介绍了对 Black-Scholes 模型的简单推导，具体定价公式如下：

$$C = SN(d1) - Ke^{-rT}N(d2)$$

$$P = C + Ke^{-rT} - S = Ke^{-rT}N(-d2) - SN(-d1)$$

$$d1 = \frac{\ln\left(\dfrac{S}{K}\right) + \left(r + \dfrac{\sigma^2}{2}\right)T}{\sigma\sqrt{T}}$$

$$d2 = \frac{\ln\left(\dfrac{S}{K}\right) + \left(r - \dfrac{\sigma^2}{2}\right)T}{\sigma\sqrt{T}} = d1 - \sigma\sqrt{T}$$

其中，C 表示欧式认购期权价格，P 表示欧式认沽期权价格，K 表示期权行权价，S 表示标的资产价格，T 为期权剩余到期时间，σ 为波动率，r 为无风险收益率。

在实际场内期权市场的任意时间，上述公式中的期权价格、期权行权价、标的资产价格、期权剩余到期时间、无风险收益率都是已知项，只有波动率为未知项。

期权隐含波动率的计算，就是先基于定价公式输入已经明确的定价参数，然后通过迭代、逼近的方式不断将"猜测"波动率代入公式进行计算。当公式算出的期权价格刚好等于当前期权市场真实价格时，该代入的波动率即为此刻期权的隐含波动率。

常规的优化迭代、逼近效率的算法模型有两种：一种是二分法模型，另一种是牛顿·拉夫森（Newton-Raphson）法模型。具体的计算方法这里不做叙述，相关 Excel-VBA 公式详见本书附录 A。

4.1.2　实际波动率和隐含波动率的关系

1. 实际波动率和隐含波动率的历史

（1）实际波动率的历史

这里采用 HV 模型计算实际波动率（后面默认如此）。因为期权活跃合约通常为当月和下月合约，这些合约距离到期的时间大约为 30 个交易日，所以 HV 模型中的 N 取值为 30。

上证 50ETF 期权是国内最早上市的场内期权，其上市的时间为 2015 年 2 月 9 日，为了和期权隐含波动率的数据进行对比，将实际波动率计算的周期设为 2015 年 2 月 9 日至 2022 年 12 月 31 日。通过计算得出上证 50ETF 历史实际波动率走势，如图 4.1 所示。

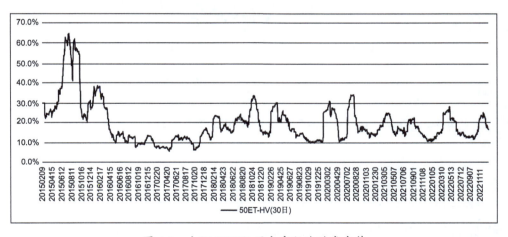

图 4.1　上证 50ETF 历史实际波动率走势

由图 4.1 可见，上证 50ETF 历史实际波动率除 2015 年因极限波动而相对异常外，2016 年至 2022 年呈明显的均值回复状态，实际波动率的主要运行范围是 10%～30%。

（2）隐含波动率的历史

1）隐含波动率的取值

当按照二分法等方法，基于 B-S 模型计算期权隐含波动率时，只能算出特定期权合约的隐含波动率，其不能代表整体，而不同行权价形成的波动率曲线及曲面又相对抽象（图4.2所示为 Wind 金融终端上证 50ETF 期权 2023 年 3 月 31 日隐含波动率曲面）。但在实践中往往又需要观察期权市场整体的隐含波动率状态，所以这里需要对由不同期权合约计算出的隐含波动率进行二次处理，以获得更全面的、代表整体状态的波动率。

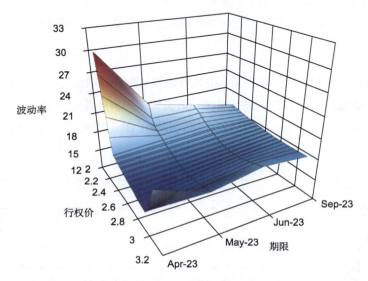

图 4.2　Wind 金融终端上证 50ETF 期权 2023 年 3 月 31 日隐含波动率曲面

常规的取值方法有三种。

第一种方法是将流动性最好的平值和浅虚值期权合约隐含波动率，按照一定的逻辑进行加权（比如，按照 Delta、行权价距离标的资产价格的距离等），得出该月份期权的整体隐含波动率。在需要包含市场整体隐含波动率时，则进一步将各月份的整体隐含波动率按照时间或流动性加权的方式继续进行处理。

第二种方法是在取得流动性较好的期权合约隐含波动率后，先利用数学模型对当月的波动率曲线进行拟合，然后基于拟合出来的波动率曲线，找到 Delta 绝对值为 0.5 时对应的隐含波动率，即为该月份期权整体隐含波动率。期权市场整体隐含波动率的跨月加权处理方法同上。

第三种方法是简化方法，即直接取流动性最好的平值认购和认沽期权合约的隐含波动率，用取均值的方式得到该月份期权的整体隐含波动率。对于在实践中遭遇的平值期权行权价和标的资产价格不绝对相等的问题，投资者一般可以选择忽略，直接选择距离最近的合约为平值合约，进而得出整体隐含波动率。如果想要优化，则可以基于平值和浅虚值期权合约隐含波动率，用差值的方式取得绝对平值隐含波动率或将Delta 绝对值为 0.5 时的隐含波动率作为目标波动率。

本书用的主要是第三种方法，在观察市场整体隐含波动率状态时，主要审视当月平值隐含波动率和下月平值隐含波动率。

2）隐含波动率的历史

通过上述第三种方法，计算得出自 2015 年 2 月 9 日上证 50ETF 期权上市至 2022年 12 月 31 日的下月平值隐含波动率走势，如图 4.3 所示。

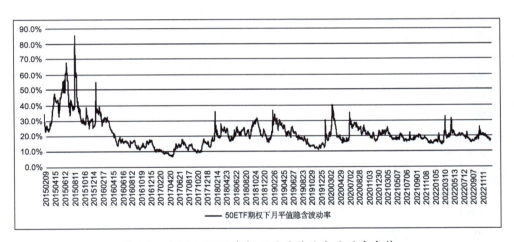

图 4.3　上证 50ETF 期权下月平值隐含波动率走势

由图 4.3 可见，期权隐含波动率的历史走势总体节奏和大区间范围与实际波动率差不多。除 2015 年 A 股极限波动率时期外，其他时间上证 50ETF 期权隐含波动率的主要运行区间也是 10%～30%。

2. 实际波动率和隐含波动率的关系

直接看上证 50ETF 期权实际波动率与隐含波动率的走势对比，如图 4.4 所示。

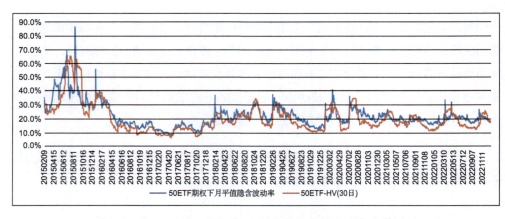

图 4.4　上证 50ETF 期权实际波动率与隐含波动率走势对比

❖　蓝色线为上证 50ETF 期权下月平值隐含波动率走势。

❖　橙色线为上证 50ETF 期权 30 日实际波动率走势。

从图 4.4 可以很直观地看到，二者走势的近似度很高。进一步测试二者的相关性，如图 4.5 所示，在展示数据时段 R^2 达到 0.7199，相关性达到约 85%。

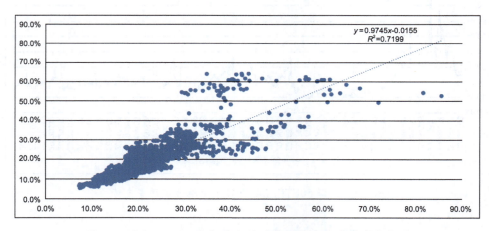

图 4.5　上证 50ETF 期权实际波动率对比隐含波动率散点图

结合实践经验，实际波动率和隐含波动率的关系有三条一般性规律：

➢　二者的走势高度相关。

➢　在多数时间里，隐含波动率较实际波动率更高，即隐含波动率的均值高于实际波动率的均值。

➤ 隐含波动率的突变性较实际波动率的突变性大。

关于实际波动率和隐含波动率的关系，可以先从常识的角度理解。

因为大部分市场参与者没法获得超越市场的信息，所以大家都不敢过分超越常规去定未来溢价，只敢基于实际波动率估计适度溢价，进而形成两者走势长期相互约束、相关性很强的结果。但是因为未来总是不确定的，未来的波动率需要有一定的风险溢价才值得被交易，所以隐含波动率的均值理应长期高于实际波动率的均值。

对于隐含波动率的突变性更大这个特征，则是因为期权隐含波动率包含更多的未来预期和即时情绪。因为预期和情绪的大小、正负会在市场交易者的博弈当中不断变化，所以期权隐含波动率的波动在一定的阶段内较实际波动率更大。

换一个角度思考，实际波动率反映的是当下真实的波动，隐含波动率代表的是未来可能的波动，一个更务实，一个更务虚。隐含波动率就像市场先生给标的资产价格定的一个未来波动目标，无论有多疯狂或多克制，最终都需要标的资产价格回归到真实波动率。

4.2　波动率预测

4.2.1　波动率预测的数据准备

1. 波动率的位置

如上一节内容所述，不管是实际波动率还是隐含波动率，其历史走势都呈现明显的均值回复特征。波动率的周期可以类比权益市场的估值周期，了解当前情况在包含了足够长的历史数据中所处的位置，是判断波动率高低或估值高低的关键参考。所以任何交易者在进行期权波动率的预测时，首要关注的都应该是当前的期权隐含波动率在历史数据中所处的位置。

波动率锥可以一目了然地观测期权所有月份整体波动率的分布情况。所谓波动率锥，是将不同周期波动率的极大值、较大值、中位值、较小值、极小值通过图形的形式展示，让投资者对各期权隐含波动率在历史分布中的位置一目了然。

这里，以上证 50ETF 期权为例，在上一节中已经计算了上证 50ETF 期权下月平值隐含波动率的历史数据，对其做历史分布统计得出图 4.6。

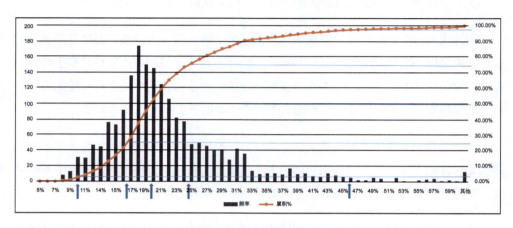

图 4.6   上证 50ETF 期权下月平值隐含波动率历史分布统计

❖   横轴为隐含波动率，竖轴左为次数，竖轴右为累积百分比。
❖   灰黑色柱状图对应该隐含波动率在上证 50ETF 期权历史上出现的天数。
❖   橙色线对应隐含波动率从低区到高区的累积分布率，50%代表已经包含一半的历史样本。

图 4.6 中用蓝色横线和蓝色箭头大致标记出了 3%分位、25%分位、50%分位、75%分位、98%分位对应的隐含波动率，分别在约 10%、17%、20%、25%、46%的位置。这几个数字可以代表上证 50ETF 期权下月隐含波动率的分布关键点，25%分位对应 17%的隐含波动率意味着期权市场在隐含波动率低于该数字时，已经处于显著偏低区域。

关于极大值和极小值取 98%和 3%分位的问题，可以从置信区间的角度理解。观察图 4.6 可以发现，在极高波动率区有非常长的"厚尾"，对应出现的概率却很低。在常规的市场行情背景下，投资者可以根据自己的经验做一定的置信区间优化。

事实上，在第 1 章举例介绍各类基础期权策略时，上证 50ETF 期权的下月隐含波动率一直在 16%左右的偏低区域徘徊。这代表前面取实时期权市场数据进行波动率偏高环境下的策略示例是有失偏颇的，但仅作为基于实践的现实策略样例进行参考是可以的，这一点读者应该清楚。

　　回归当前主题，在处理完下月隐含波动率的分布后，参考同样的方式将上证 50ETF 期权其他月份平值隐含波动率的关键数字取出来：当月对应的是 10%、17%、20%、25%、46%；下季对应的是 11%、18%、20.55%、25%、42%；隔季对应的是 13%、19%、21%、24.5%、41%。

　　将数据按图 4.7 所示进行制作，就是对全市场波动率分布的波动率锥。

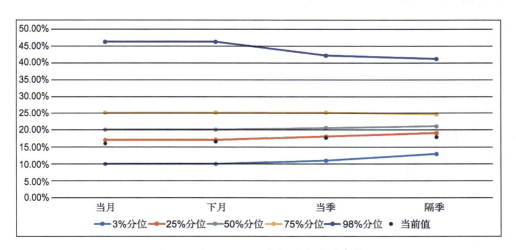

图 4.7　上证 50ETF 期权隐含波动率锥

　　将 2023 年 3 月 15 日午盘上证 50ETF 期权的各月平值隐含波动率加入图 4.7 中，可以很容易得出示例时刻，上证 50ETF 期权所有月份的隐含波动率都处于历史偏低的 25%分位以下区域。

　　值得一提的是，这里展示的是基于足够长的期权隐含波动率历史走势制作出的波动率锥，但是更多人选择按照同样的方法用不同周期实际波动率制作实际波动率锥。因为实际波动率和历史波动率的长期走势高度相关，分布也高度接近，所以两种波动率锥的区别不大。

　　通常来说，隐含波动率因为包含了更全面的市场情绪信息而更值得被重视。不过当期权是一个新上市的品种，缺乏长期隐含波动率数据时，只能利用实际波动率作为参考依据。

　　虽然波动率锥可以做到一目了然，但其实在实践中并非需要教条化地通过制作波动锥图形来了解分布。投资者可以基于自己计算出的期权隐含波动率数据，直接根据历史走势得出分布结论。更简单一些，还可以直接利用期权软件提供的不同月份隐含波动率历史走势进行跟踪。投资者可以像分析传统技术指标一样，直接在走势中得出高估或低估的结论。如图 4.8 所示为 2023 年 3 月 15 日盘中，Wind 金融终端提供的上证 50ETF 期权当季平值隐含波动率走势图。

图 4.8　Wind 金融终端提供的上证 50ETF 期权当季平值隐含波动率走势图

　　从图 4.8 中也可以很容易地得出，示例时刻上证 50ETF 期权当季隐含波动率已经处于 2020 年 11 月以后的最低值区域。

2. 隐含波动率与实际波动率的差值

　　前面讲到，隐含波动率的突变性较实际波动率的突变性更大，因其包含了更多的未来预期和即时情绪，预期和情绪的大小、正负会在市场交易者的博弈当中不断变化。所以波动率预测的下一步是了解当前隐含波动率所包含的预期和情绪是否过大或过小，历史上的预期和情绪波动范围可以从隐含波动率和实际波动率的差值中得到。

　　图 4.9 为上证 50ETF 期权下月平值隐含波动率、实际波动率叠加差值走势图。

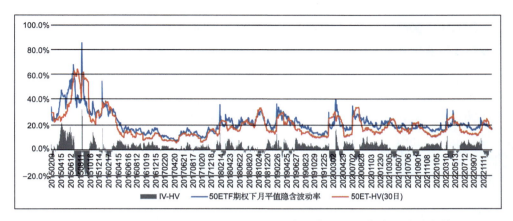

图 4.9　上证 50ETF 期权下月平值隐含波动率与实际波动率叠加差值走势图

❖　差值=上证 50ETF 期权下月平值隐含波动率−上证 50ETF 历史波动率。

由图 4.9 可以看出几条基本规律和对波动率预测的有效经验：

➢　隐含波动率与实际波动率的差值总体呈区间震荡，波动率越高，差值越大。比如，上证 50ETF 期权在 2015 年时差值甚至达到正负 20%（即 20 个波动率），其他时间多数在正负 5%以内。

➢　多数时候隐含波动率比实际波动率高，二者差值出现负值的时刻往往对应一轮波动率冲高后的回落阶段，即情绪快速回稳时期，比如 2022 年 3 月。

➢　隐含波动率与实际波动率的差值正值偏大区域对应预期和情绪溢价超高，要关注是否有不确定性事件在前诱导，若没有则需警惕回落，比如 2020 年 10 月。

➢　隐含波动率与实际波动率的差值负值偏大区域一般出现在一轮波动率兑现的后期，如果不是在标的资产波动的后期出现，则隐含波动率可能被低估，比如 2017 年 4 月至 5 月期间。

➢　隐含波动率与实际波动率的差值在中间区域的指导作用有限。

3. 隐含波动率和标的资产的相关性

就指数期权来说，国际上主流国家指数期权隐含波动率和标的资产价格基本呈单调的负相关关系，国内指数期权隐含波动率和标的资产价格除一部分时间呈负相关外，还有一部分时间呈明显的正相关，近两年甚至有更多无相关性的混沌关系状态。

图 4.10 为美国标普 500 指数与 VIX 走势对比，图 4.11 为上证 50ETF 与上证 50ETF 期权当季平值隐含波动率走势对比，时间周期均为 2022 年 3 月至 2023 年 3 月。

图 4.10　美国标普 500 指数与 VIX 走势对比

❖　黑色线为 VIX，紫色线为标普 500 指数价格。

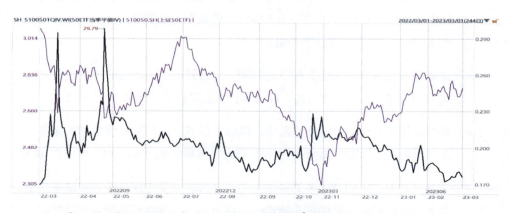

图 4.11　上证 50ETF 与上证 50ETF 期权当季平值隐含波动率走势对比

❖　黑色线为 50ETF 期权当季平值隐含波动率，紫色线为上证 50ETF。

从图 4.10 和图 4.11 中不难发现，VIX 和标普 500 指数呈明显负相关，而上证 50ETF 期权当季平值隐含波动率和 50ETF 时而呈负相关，时而呈正相关，时而无序。

关于国际和国内指数期权差异的原因，笔者认为是参与者生态和二级市场环境的不同。

国际上主流股票指数的走势是慢牛快熊，相对更有效的市场定价机制让投资者更注重长期投资，进而对短期的波动相对免疫。国外股票指数在这样的生态中，熊市的实际波动会显著高于牛市的实际波动。所以，国外期权隐含波动率在这样的生态中和指数呈负相关，有慢牛快熊的原因，也有多数市场参与者把期权当作指数长期投资的原因。

不同于国外的投资环境，国内市场信息的分发不完全公允，A 股的主要玩家都偏向于利用信息差、认知差等要素进行中短期博弈，大部分国内机构也受累于基金投资者的重短轻长而不能坚守长期主义，以博弈为主的市场生态造成了 A 股期权隐含波动率与指数的相关性经常在正相关、负相关，甚至无序关系之间切换的现实。

这也造成了在国内指数期权市场中，获知参与者结构和筹码对交易的支持力度最大。但是因为现实中一般交易者很难得到这类信息，所以专业的期权交易者只能从对短期隐含波动率和标的资产价格相关性跟踪中跟随可能的情绪博弈方向。近期隐含波动率和标的资产价格的相关性是正相关、负相关，还是无序关系是期权波动率预测的重点因素之一。

4.2.2　波动率预测的基本范式

1. 波动率预测的流程总结

通过上一节的铺垫，国内期权隐含波动率预测的流程已经呼之欲出，基本的步骤如下。

第一步：了解目前隐含波动率在历史上的位置。

基于实际波动率或者隐含波动率的历史数据，按照波动率锥或者隐含波动率走势观察的方法，明确当前隐含波动率所处的位置。

第二步：了解目前隐含波动率相对实际波动率差值的位置。

通过隐含波动率和历史波动率差值的历史走势，知晓当前隐含波动率所包含的预期和情绪溢价是否偏高或偏低。

第三步：了解目前隐含波动率和标的资产的相关性。

通过对近期期权隐含波动率和标的资产价格走势的对比，知晓当前隐含波动率和标的资产价格走势的相关性方向，得到期权隐含情绪溢价发酵的方向是标的资产价格向上或向下运行，甚至混沌无序的现实情境。

第四步：结合标的资产短中期面临的基本面、技术面环境，做隐含波动率预测。

匹配隐含波动率与标的资产价格的相关性，可以总结为如下三类情况。

（1）当隐含波动率和标的资产价格呈负相关时，说明期权市场隐含情绪溢价的发酵方向是向下的。

此刻先看标的资产基本面和技术面信息，如果这类信息给出的结论是大概率偏下行，那么只要隐含波动率不是在显著偏高的位置，波动率都应该给出易涨难跌的预测。如果隐含波动率相对实际波动率的差值反映出预期和情绪溢价已经偏高，则可以相应地将波动率上涨的判断适度打折。

反之，如果基本面和技术面信息给出的结论是难以继续下行，甚至可能反转，那么此刻只要隐含波动率不是在显著偏低的位置，波动率都应该给出易跌难涨的预测。如果隐含波动率相对实际波动率的差值反映出预期和情绪溢价已经偏高，则可以相应地将波动率下行的判断进一步增强。

在这种背景下，期权策略的 Greeks 状态配置应尽量构建下行方向正 Vega 敞口（隐含波动率上行有利）和上行方向负 Vega 敞口（隐含波动率下行有利）的组合。

比如，2022 年 3 月中旬，在由俄乌战争带来的全球股市疯跌时期，市场继续崩跌，隐含波动率继续大幅走高，企稳反弹超高的隐含波动率大幅走低，实际过程如图 4.12 所示。

（2）当隐含波动率和标的资产价格呈正相关时，说明期权市场隐含情绪溢价的发酵方向是向上的。

此刻先看标的资产基本面和技术面信息，如果这类信息给出的结论是大概率上行，那么只要隐含波动率不是在显著偏高的位置，波动率都应该给出易涨难跌的预测。如果隐含波动率相对实际波动率的差值反映出预期和情绪溢价已经偏高，则可以相应地将波动率上涨的判断适度打折。

图 4.12　2022 年 3 月上证 50 指数与上证 50ETF 期权下月平值隐含波动率走势

❖　蜡烛图为上证 50 指数，紫色曲线为上证 50ETF 期权下月平值隐含波动率。

反之，如果基本面和技术面信息给出的结论是难以继续上行，甚至可能反转，那么此刻只要隐含波动率不是在显著偏低的位置，波动率都应该给出易跌难涨的预测。如果隐含波动率相对实际波动率的差值反映出预期和情绪溢价已经偏高，则可以相应地将波动率下行的判断进一步增强。

在这种背景下，期权策略的 Greeks 状态配置应尽量构建上行方向正 Vega 敞口（隐含波动率上行有利）和下行方向负 Vega 敞口（隐含波动率下行有利）的组合。

比如，2021 年 1 月初，A 股市场指数牛市的狂欢到了激情时段，当时市场若继续冲高，隐含波动率将继续走高，反之超高的隐含波动率将明显回落，实际过程如图 4.13 所示。

（3）当隐含波动率和标的资产价格呈无序状态时，说明市场处于混沌难决的时期。

通常，此区间市场参与者会重短期博弈、轻长期方向，对应的往往也是行情区间震荡的时段。此阶段标的资产基本面和技术面在没有新增事件或者价格突变打破混沌状态之前，期权策略的交易更多地尊重隐含波动率在历史中的实际分布进行配置。

在策略布局上，当波动率偏高时，可以构建看跌隐含波动率的负 Vega 敞口期权组合。当波动率已经偏低时，即便希望通过留正 Vega 敞口防范意外波动，但因为市场预期仍处于无序混沌状态，难以判断走出混沌的时间，所以执行上也应当注意控制组合的 Theta 消耗。

图 4.13　2021 年初上证 50 指数与上证 50ETF 期权下月平值隐含波动率走势

❖　蜡烛图为上证 50 指数，紫色曲线为上证 50ETF 期权下月平值隐含波动率。

比如，在 2023 年 2 月至 3 月，上证 50 指数先经历了一段凌厉的上行行情，然后进入调整下行周期，期权市场隐含波动率和标的资产价格呈现无序混沌状态，实际过程如图 4.14 所示。

图 4.14　2023 年 2 月上证 50 指数与上证 50ETF 期权下月平值隐含波动率走势

❖　蜡烛图为上证 50 指数，紫色曲线为上证 50ETF 期权下月平值隐含波动率。

2. 事件驱动逻辑下的波动率预测范式

经验上，期权波动率预测最重要的就是利用好事件驱动逻辑，通常是先找到距离当下最近、预期对标的资产价格影响力最大的某一个基本面或技术面事件，然后基于隐含波动率当下的历史位置信息，利用市场对此类事件的预期情绪周期规律进行阶段性的波动率预测。

当可以找到一个明确的对标的资产价格有影响的事件时，在该事件兑现的前后，市场对事件的预期情绪波动反馈到隐含波动率上的一般规律如图 4.15 所示。

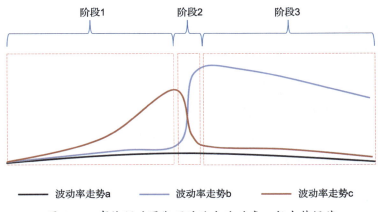

图 4.15　事件驱动周期下的隐含波动率一般走势规律

如图 4.15 所示，事件驱动周期可分为三个阶段。第一个阶段是事件时间基本明确，且交易时间逐步临近事件时间；第二个阶段是事件翻牌时刻；第三个阶段是事件靴子落地后。在这三个阶段中，市场预期情绪和期权隐含波动率规律一般如下。

第一个阶段，随着事件时间的临近，虽然大部分人心里有趋稳的预期，但因为事件未落地，市场对该事件的冲击情绪往往难以形成共识，所以隐含波动率只要不是非常高，临近事件的这段时间就至少都会类似图中"波动率走势 a"和"波动率走势 c"的情况那样趋稳或适度走高。如果事件带来的标的资产价格波动情绪非常高，而且隐含波动率处于偏低的区域，则波动率很有可能在这个时段持续走高，如图 4.15 中的"波动率走势 c"所示。

第二个阶段，事件翻牌时刻，如果最终以稳定的结果落地，则隐含波动率前一阶段的上行会快速回落，如图 4.15 中的"波动率走势 c"所示。即便是相对平稳的事前隐含波动率反馈，也可能会因为预期进一步平静而继续慢速走低，如图 4.15 中的"波动率走势 a"所示。如果事件最终以超预期的结果落地，那么正常在事件前不会有太高的情绪计提，此时大概率将迎来一轮波动情绪价格重置，波动率大概率会快速回升，如图 4.15 中的"波动率走势 b"所示。

第三个阶段，无论事件是超预期落地，还是以稳定结果落地，市场或波动兑现后趋稳或维持原有节奏趋稳，整体隐含波动率只要不是非常高，就都会相对慢速地走低。如果隐含波动率在高位，则会迎来更明显的走低趋势。

很显然，通过对事件驱动逻辑下隐含波动率走势规律的总结，可以得出一个相对稳定的波动率预测口诀："事前波动率易涨难跌，低波更难跌；事后波动率易跌难涨，高波更易跌。"

在实践中，不同行情阶段面临的市场参与者的期待与担忧不一，基本面和技术面的事件也各有差异。但是一旦确认了这些预期和事件的存在，就都可以参考这个事件驱动逻辑的范式对波动率进行预测。

第5章

期权中性卖方与买方策略

5.1 期权中性卖方策略

5.1.1 期权中性卖方策略的基本流程

1. 国内期权中性卖方策略的黑天鹅历史

期权中性卖方策略本质上是出售金融资产的厚尾风险（即黑天鹅风险）以赚取收益的一种策略，黑天鹅事件是期权中性卖方策略的"天敌"。金融资产未来波动的实际分布是尖峰厚尾的，即极端事件发生的概率远大于标准正态分布。

既然如此，如何在不可预测的未来黑天鹅波动事件中活下来，便是期权中性卖方策略最核心的环节。为了展示黑天鹅波动事件对期权中性卖方策略的影响，回顾上证50ETF期权自2015年2月9日成立至2022年12月31日遭遇的几次典型的黑天鹅波动事件，如图5.1所示。

在图5.1中，以上证50ETF期权隐含波动率短期大幅上行为特征，用红色虚线框出了国内期权2015年至2022年几次典型的黑天鹅波动事件，按照时间先后排列如下：

> 2015年8月24日—25日，上证50ETF期权下月平值隐含波动率从39%大幅上升至85.7%，上证50ETF价格大幅下跌17.06%。

> 2016年1月7日，上证50ETF期权下月平值隐含波动率从31.7%大幅上升至55.1%，上证50ETF价格大幅下跌6.04%。

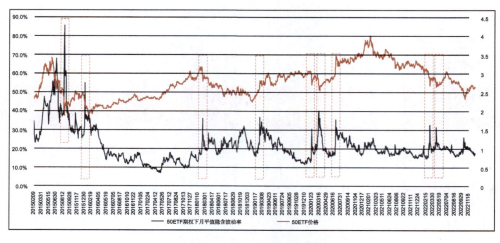

图 5.1　上证 50ETF 期权遭遇的典型的黑天鹅波动事件

❖　黑色线为上证 50ETF 期权下月平值隐含波动率走势。

❖　橙色线为上证 50ETF 价格走势。

➢　2018 年 2 月 9 日，上证 50ETF 期权下月平值隐含波动率从 24.4% 大幅上升至 36.3%，上证 50ETF 价格大幅下跌 4.63%。

➢　2019 年 2 月 25 日，上证 50ETF 期权下月平值隐含波动率从 22.6% 大幅上升至 37.0%，上证 50ETF 价格大幅上涨 7.56%。

➢　2020 年 2 月 3 日，上证 50ETF 期权下月平值隐含波动率从 17.6% 大幅上升至 30.7%，上证 50ETF 价格大幅下跌 7.45%。

➢　2020 年 3 月 6 日—16 日，上证 50ETF 期权下月平值隐含波动率从 21.7% 大幅上升至 40.4%，上证 50ETF 价格大幅下跌 8.95%。

➢　2020 年 7 月 6 日，上证 50ETF 期权下月平值隐含波动率从 22.3% 大幅上升至 35.6%，上证 50ETF 价格大幅上涨 8.85%。

➢　2022 年 3 月 4 日—15 日，上证 50ETF 期权下月平值隐含波动率从 16.1% 大幅上升至 32.9%，上证 50ETF 价格大幅下跌 11.79%。

➢　2022 年 4 月 15 日—25 日，上证 50ETF 期权下月平值隐含波动率从 19.9% 大幅上升至 31.6%，上证 50ETF 价格大幅下跌 8.65%。

在第 3.4 节曾提到，期权卖方策略初始无论是否中性，核心的风险敞口都是负 Gamma 和负 Vega，波动率的大涨对组合十分不利。这些黑天鹅波动事件，无一例外都包含了标的资产价格大幅波动与隐含波动率大幅飙涨两个特征，显然会给期权卖方策略造成致命的伤害。

此处引入极简长期期权中性卖方策略的历史绩效来验证上述黑天鹅波动事件的实际影响。基于上证 50ETF 期权历史数据，极简长期期权中性卖方策略的测试规则如下：

➢ 初始资金为 10 000 元。

➢ 当月合约上市首日分别卖出 1 张虚值 5% 的认购与认沽期权，直至交割日按照收盘价平仓，同时开仓新当月合约双卖组合。

➢ 当上证 50ETF 价格距离上一开仓或调仓日价格偏离超过 0.05 元时，按收盘价平仓原有双卖组合，同时按照最新价格匹配构建当月虚 5% 双卖组合。

➢ 默认策略无市场冲击成本，期权合约交易费用为 3 元/张。

极简长期期权中性卖方策略与上证 50ETF 期权下月平值隐含波动率走势对比图如图 5.2 所示，用红色虚线对应框出上述黑天鹅波动事件时期策略的情况。可以明显发现，极简长期期权中性卖方策略的收益率累积达 43.21%，但是波动非常大。

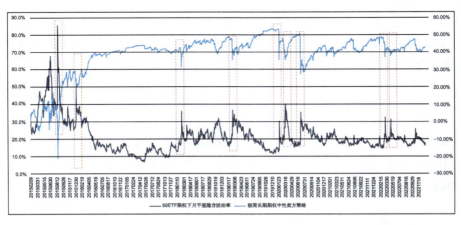

图 5.2   极简长期期权中性卖方策略与 50ETF 期权下月平值隐含波动率走势对比图

✧   黑色线为上证 50ETF 期权下月平值隐含波动率走势。

✧   蓝色线为极简长期期权中性卖方策略走势。

更细致地观察极简长期期权中性卖方策略的收益曲线发现，基本都是常规时期为缓慢正收益，一旦遭遇黑天鹅波动事件，收益就会大幅暴跌。简单归因，2015—2016年是因为隐含波动率足够高，所以波动虽大但波动率整体下行给极简长期期权中性卖方策略贡献了来自负 Vega 敞口的收益。不过 2017—2022 年没有了这个助力，策略在常规时间赚小钱、黑天鹅波动时间亏大钱的节奏下导致了不赚钱的结果。

综上，对期权中性卖方策略来说，长期收益的关键在于预防与规避黑天鹅波动事件。

2. 期权中性卖方策略的一般风控流程

既然期权中性卖方策略长期收益的关键在于对黑天鹅波动事件的预防与规避，那么该策略一般风控流程的核心就是对黑天鹅波动事件的处理，此处理过程贯穿该策略全周期的基本流程。为了加强读者对期权中性卖方策略风控全流程的整体认识，下面对基于笔者多年期权交易经验凝练出的期权中性卖方策略风控流程进行完整介绍。

（1）事前风控

黑天鹅事件理论上无法提前预测，期权中性卖方策略交易者能做的就是在事件未发生之前，尽量在各层面预算黑天鹅来临时对策略的影响，尽可能地将风险提前度量出来，让自己心里有数。所以，期权中性卖方策略事前风控是流程中的重中之重，对策略整体收益的影响权重超过一半。

事前风控的过程也是结合标的资产当前情况及投资者观点，对黑天鹅波动事件进行提前预防和风险度量的过程，具体如下。

1）深入了解标的资产当前面临的各维度信息。

参照前面章节介绍的有关波动率预测的决策前准备，标的资产当前价格趋势情况、标的资产未来重大影响事件情况、期权隐含波动率历史位置、隐含波动率与标的资产价格相关性、隐含波动率与标的资产实际波动率差值等信息皆需要掌握。

2）明确观点，确定风险敞口暴露。

基于标的资产各维度信息的总体观察，投资者要确认当下是否是期权中性卖方策略合适的介入机会。如果决策策略可行，则需要进一步明确本策略的主要盈利目标；是隐含波动率下行，还是单纯的时间收益；同时还要计划出本策略风险敞口的上限。

隐含波动率下行对应负 Vega（波动率空头）为核心风险敞口暴露，时间收益对应负 Gamma（波动空头）为核心风险敞口暴露。

3）决策具体执行策略的期权组合。

如第 3 章的内容所述，在相似的行情背景下，持有相似初始敞口的期权策略有很多种。它们的区别在于损益、Greeks 的动态变化状态，投资者需要根据当下的行情环境和择时观点，基于风险收益比优势原则选择最匹配的执行期权组合。

4）压力测试。

通过思考所选择的期权中性卖方策略执行期权组合，在实际执行前还必须基于极端风险事件（类似前面展示的黑天鹅波动事件）发生的假设条件做压力测试，以保障账户风险可控。可控包含期权卖方维持保证金足够、实时亏损可承受等条件，满足这些条件的极限期权组合数量即当下投资者可执行的最大策略数量。

对于压力测试，需要投资者提前拥有如第 2.2 节所示的期权组合压力测试工具。

5）风控目标和极限预案。

完成上述几步后，投资者在执行期权中性卖方策略前还应想好期权组合的 Geeks 极限控制目标。最为重要的是对 Delta Cash、Gamma Cash、Vega Cash 三个 Greeks 目标的控制。Delta Cash 对应投资者需要保障的标的资产价格方向敞口；Gamma Cash 代表 Delta Cash 变化的速度，投资者需要衡量自己对 Delta Cash 变化速度的承受极限；Vega Cash 则对应投资者愿意持有的期权隐含波动率的多空敞口。

同时，还应该想好，如果出现了极端风险事件，那么策略的即时风控应当如何做？认亏止损、调仓坚守、补钱加仓等选择都应提前做好准备，否则在风险事件来临时，容易出现因情绪慌乱导致的战略性挫败。

（2）事中风控

期权中性卖方策略进入执行阶段后，风控的关键是控制期权组合 Greeks Cash 敞口不超过事前风控所预设的极限量。比如，若负 Vega Cash 超过初始极限目标，应当适当调整卖方合约数量；若负 Gamma Cash 超过初始极限目标，应当适当增加买方合约数量。

期权中性卖方策略中所谓的"中性"，一般是指维持组合损益和标的资产价格无关。这一部分投资者最熟悉的应该是 Delta Cash 超出目标后的归零对冲操作，即所谓的 Delta 对冲。

在策略运行的过程中，保持风险敞口符合事前风控目标的过程就是事中风控，其维持到期权中性卖方策略出清才算结束。

（3）事后风控

事后风控的关键在于总结这一次使用期权中性卖方策略的经验得失，通过绩效归因的方式对交易过程进行具体分析，为下一轮更完美的期权中性卖方策略过程做准备。

如上就是期权中性卖方策略事前风控、事中风控、事后风控的一般过程。若将期权中性卖方策略比喻为建一栋摩天大楼，那么事前风控是核心地基和主体框架，事中风控则是墙体优化和室内装修。前者决定大楼的质量和稳定性，后者影响大楼的品质和功能性。事后风控则是摩天大楼设计师自省的过程。

5.1.2　期权中性卖方策略的事前风控

1. 期权中性卖方策略的主要盈利目标

如前文所述，投资者在深入了解标的资产的各维度信息后，要决策期权中性卖方策略的主要盈利目标，并以此为据明确风险敞口暴露。按照盈利目标区分，主要有如下两种。

第一种：以隐含波动率走低为主要盈利目标。

决策背景：

➢ 某一个大事件给标的资产价格带来的大幅波动进入尾声，市场的"恐慌"或"兴奋"情绪有所平复，情绪回稳趋势开启。

➢ 期权隐含波动率偏高，甚至极高，有大幅回落的可能性。

历史行情示例如图 5.3 所示。

图 5.3　2022 年 4—6 月上证 50 指数走势与上证 50ETF 期权下月平值隐含波动率走势

✧　蜡烛图为上证 50 指数走势，紫色曲线为上证 50ETF 期权下月平值隐含波动率走势。

2022 年 4 月，由新冠疫情带来的指数恐慌情绪大幅升高，上证 50ETF 期权下月平值隐含波动率从 20%附近大幅飙升至 35%附近。随后发布的维稳经济和市场的信息令市场的恐慌情绪得到扭转，伴随指数走势的回稳，上证 50ETF 期权下月平值隐含波动率从 35%附近逐步下行至 20%附近（图 5.3 中红框展示区间）。

如果投资者可以从标的资产价格回稳中预判到情绪回落的趋势，此刻使用期权中性卖方策略便是最佳的时机，本策略的此阶段主要通过持有负 Vega 敞口来博弈隐含波动率下行。

第二种：以时间消耗为主要盈利目标。

决策背景：

➢ 标的资产处于无事件冲击、无新逻辑干扰的稳定行情阶段。

➢ 期权隐含波动率不高，甚至偏低，继续走低的概率不好决断。

历史行情示例如图 5.4 所示。

图 5.4　2021 年 4—5 月上证 50 指数与上证 50ETF 期权下月平值隐含波动率走势

◇　蜡烛图为上证 50 指数走势，紫色曲线为上证 50ETF 期权下月平值隐含波动率走势。

2021 年 4 月至 5 月初，年初指数的普跌趋势转换为区间震荡，上证 50ETF 期权隐含波动率也从 25%附近下行到 18%附近的历史偏低区域。这个阶段没有增量信息影响市场，指数总体呈现稳定震荡的格局。

一方面隐含波动率已经不高，另一方面市场的稳定状态却有较大概率延续。此时，期权中性卖方策略更显著地依赖对标的资产价格的稳定判断，主要的盈利目标也已经不是隐含波动率的单调回落，而是时间消耗，核心的风险敞口则为负 Gamma。

通常来讲，区间震荡是更容易被投资者接受的稳定状态，但实践中也存在缓慢趋势运行下的稳定状态。比如，图 5.3 所示的 2022 年 4 月后的行情，上证 50ETF 期权下月隐含波动率在回落到 20%附近后保持了数月时间，即便在 2022 年 5 月至 6 月的趋势慢速上行行情中也是如此。

2. 期权中性卖方策略的执行期权组合选择

说到期权中性卖方策略，可能很多人下意识地就想到卖出跨式/宽跨式期权组合。实际上，投资者在决策执行期权组合时，面临的选择和组合方式远不止于此，即便是简单的卖出宽跨式期权组合，也应当认真评估所选择的卖出期权的合约。

一般来说，在采用期权中性卖方策略做执行期权组合选择时，在满足初始的负 Vega 敞口或负 Gamma 敞口的条件下，拥有更好的风险收益比是关键。以博弈隐含波动率下行为主要目标时的决策执行期权组合为例，投资者可以顺着下述几个问题依次梳理执行期权组合。

（1）对行权价的选择

当主要的收益目标为隐含波动率下行时，因为初始时刻隐含波动率的差异导致不同行权价期权合约的隐含波动率下行幅度是不一样的，当前隐含波动率偏高的合约下行幅度理论上更大，所以执行上可以选择波动率偏高的合约。从期权高阶 Greeks 的角度思考这个问题，其实就是不同档位期权合约 Vomma（单位波动率变动带来的 Vega 变动），可以选择拥有更大 Vomma 的合约。

比如，在平值隐含波动率为 30% 时，某虚值隐含波动率为 36%。在不考虑波动率曲面状态（Skew）改变的情况下，当平值隐含波动率下行至 20% 附近时，虚值隐含波动率很可能下行至 24%。前者的波动率降了 10 个点，后者的波动率降了 12 个点。

实践中投资者可以根据图 5.5 所示的波动率曲线状态得出选择卖出期权合约行权价的简单结论。

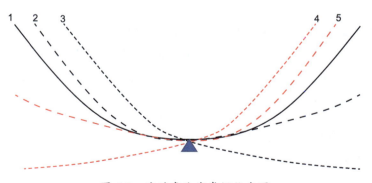

图 5.5　波动率曲线常规状态图

✧　三角形位置对应平值期权。

如图 5.5 所示，国内指数期权市场目前主要有 5 种波动率曲线状态，在这 5 种状态中选择卖方合约的原则如下。

➢ 曲线 1 对应的是波动率微笑状态，虚值认购端和虚值认沽端隐含波动率均较平值部位单调走高，且基本对等。该状态下期权卖方合约的选择应当倾向于双向虚值，即卖出宽跨式组合。

➢ 曲线 2 对应的是波动率负偏状态，虚值认沽端的隐含波动率显著更高，虚值认购端隐含波动率较平值几乎持平。该状态下的期权卖方合约应当倾向于选择认沽方向的虚值合约，而认购端则更偏于平值附近。

➢ 曲线 3 对应的是波动率极限负偏状态，虚值认沽端合约显著更贵，而虚值认购端合约显著更便宜。该状态基本与曲线 2 的选择同理，有经验的投资者在实践中往往不会选择在认购端布局卖方合约，而会选择以比率认沽组合的方式构建期权中性卖方策略组合。

➢ 曲线 4 对应波动率正偏状态，和曲线 2 反向，虚值认购端合约显著贵于虚值认沽端合约。该状态下的期权卖方合约取舍也和曲线 2 反向。

➢ 曲线 5 对应波动率极限正偏状态，和曲线 3 反向，期权卖方合约的选择同理。

其实理论上还存在一种平值附近隐含波动率更高、虚值认购和虚值认沽方向隐含波动率更低的"哭"型波动率曲线。如果遭遇了这种曲线，则可以选择以卖出平值跨式策略为主，进行隐含波动率下行的博弈。这里之所以没有画出来，是因为国内期权市场实践中尚未出现过，未来若没有特殊状况也难以见到。

若根据波动率曲线状态决策出应该以卖出虚值期权合约为主，则深度虚值期权合约的隐含波动率有可能看起来最高，但权利金很低，造成需要卖很大的量才能满足初始负 Vega 敞口要求，一般情况下选择虚值程度合适的期权合约即可，参见第 3.2 节所述的备兑认购合约行权价选择方法。

➢ 通过标的资产价格波动历史分布统计，找到在期权到期剩余时间内大概率不能达到的波动范围，卖出范围外价值最大的期权合约。

➢ 本书前文提到，期权合约的 Delta 代表当前期权市场对该合约到期时能成为实值的概率。投资者可以根据自己对胜率的期望选择对应 Delta 的合约，比如 Delta 绝对值为 0.15 的期权合约，意味着该合约在期权到期时行权价被击穿的概率为 85%。

➢ 通过标的资产 K 线走势技术分析手段找到影响当前阶段行情预期的关键价格，卖出该关键价格以外的价值最大的期权合约。

（2）月份的选择

期权中性卖方策略除面临行权价的选择外，主要卖出合约布置在哪个月份同样是一个很影响投资结果的问题。因为期权中性卖方策略的重点风险敞口是负 Vega 和负 Gamma，所以这里重点从跨月 Vega 和 Gamma 分布讲述月份选择的问题。

1）跨月 Vega 和 Gamma 分布规律。

先回顾一下第 2.1 节中关于跨月 Vega 和 Gamma 差异的内容。

上证 50ETF 期权 2019 年 1 月 4 日收盘（当日标的资产收盘价为 2.310 元），当月、下月、下季、隔季主要合约的 Gamma 分布情况如图 5.6 与图 5.7 所示。

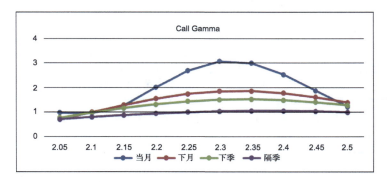

图 5.6　2019 年 1 月 4 日上证 50ETF 期权认购期权 Gamma 分布

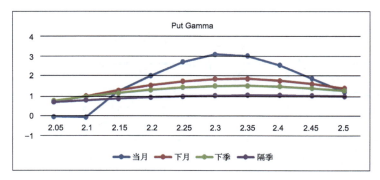

图 5.7　2019 年 1 月 4 日上证 50ETF 期权认沽期权 Gamma 分布

在实际的期权市场中，对 Gamma 分布规律总结如下：

➢ 平值期权附近 Gamma 最大。

➢ 近月期权不同行权价 Gamma 差异比远月的大。

➢ 同行权价期权，近月平值期权及浅实值/虚值期权 Gamma 部位远大于下月、下季、隔季的，深度实值/虚值部位的则相反。

当月、下月、下季、隔季主要合约的 Vega 分布情况如图 5.8 与图 5.9 所示。

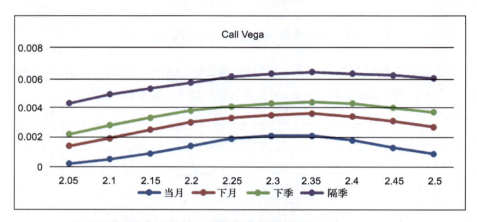

图 5.8　2019 年 1 月 4 日上证 50ETF 期权认购期权 Vega 分布

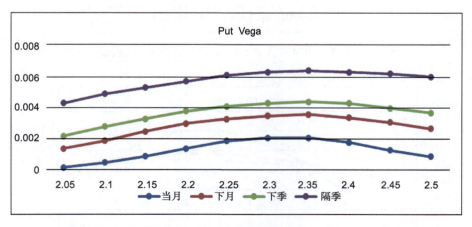

图 5.9　2019 年 1 月 4 日上证 50ETF 期权认沽期权 Vega 分布

在实际的期权市场中，对 Vega 分布规律总结如下：

➤ 近月期权不同行权价 Vega 差异比远月的稍大。

➤ 同行权价期权，实值、平值、虚值期权皆呈现 Vega 近月远小于远月的情况。

前文讲到，负 Gamma 敞口是期权中性卖方策略持有期间的对冲敏感度，即 Gamma 绝对值越大，对应的 Delta 对冲敏感度越高，对冲成本也会越高。如果策略主要博弈隐含波动率走低，即以负 Vega 敞口为主要目标，那么在同等的负 Vega 敞口下，拥有更小 Gamma 敞口组合的风险收益比更高。

再结合前面几个图所展示的跨月 Gamma 和 Vega 分布特征，显然远月合约在有更大 Vega 的情况下，其 Gamma 远小于近月合约的 Gamma。所以，在不考虑其他条件时，如果是博弈隐含波动率下行的以负 Vega 敞口为主的期权中性卖方策略，则远月布局相较近月会有一定优势。

2）不同月份期权隐含波动率走势差异。

按照常识，在由"黑天鹅波动"事件引发的隐含波动率上升至情绪转稳，接着隐含波动率回归平静状态的一轮完整波动率运行周期中，越远月的期权合约的隐含波动率波动的范围越小。即在情绪"恐慌"或"兴奋"时期，近月隐含波动率往往高于远月的；在情绪的"平静"时期，近月隐含波动率往往低于远月的。从期权高阶 Greeks 的角度理解，近月期权和远月期权的差异同样是 Vomma（单位波动率变动带来的 Vega 变动）所量化的规律。

比如图 5.10 所展示的 2022 年 4—6 月由新冠疫情带来的隐含波动率冲高回落的完整周期显著包含此规律。

在新冠疫情冲击到来前，上证 50ETF 期权市场情绪处于平静状态，此时下月平值隐含波动率较远月的更低。当市场恐慌发生时，当月隐含波动率大幅飙高至远超当季、下季的上方。随后情绪回稳，各月期权平值隐含波动率集体下行，但当月隐含波动率下行幅度明显快于近月的。

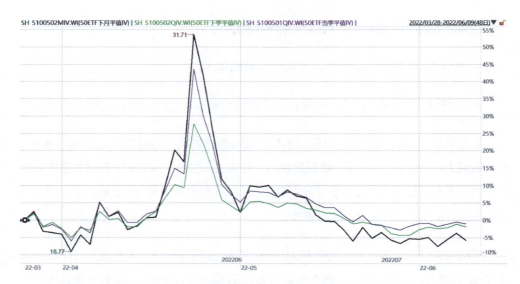

图 5.10　2021 年 4—6 月上证 50ETF 期权下月、当季、下季平值隐含波动率走势

◇　黑色、紫色、绿色线分别为上证 50ETF 期权下月、当季、下季平值隐含波动率。

所以，尽管远月期权相较近月期权在同等 Vega 敞口下有 Gamma 敞口更小的优势，但是在隐含波动率下降周期中，远月期权的隐含波动率下降的绝对幅度小于近月期权的，这是显著劣势。

在实践过程中，建议投资者关注近月和远月的隐含波动率差值。当这个差值不大时，选择远月合约；当差值较大时仍应先卖出近月合约，然后过渡至远月合约。对于跨月期权合约的隐含波动率差值规律和它们带来的期权交易机会，在后面的第 6 章会详细叙述。

3）跨月组合。

如果期权中性卖方策略的收益目标是隐含波动率下行，则在跨月隐含波动率差值不大的情况下，通过跨月组合进行构建有一定优势。因为跨月组合可以通过多卖出远月合约来维持负 Vega 敞口，少买入近月合约，将 Gamma 静态敞口控制在 0 附近。这样的组合可以保障标的资产价格在一个相对稳定的范围波动时，无须 Delta 对冲，最终可以控制持有期对冲成本。

在第 3.4 节中，有"买近卖远双向对角比率期权策略"这个跨月组合策略示例，该策略通过少量买入近月跨式期权、大量卖出远月宽跨式期权的方式组合而成。初始时刻即有负 Vega Cash、近 0 的 Gamma Cash、近 0 的 Delta Cash、近 0 的 Theta Cash，示例组合具体的 Greeks 变化图如图 5.11 所示。

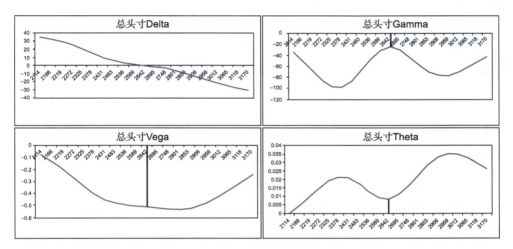

图 5.11　买近卖远双向对角比率期权策略示例组合 Greeks 变化图

（3）单向和双向的选择

期权中性卖方策略的下一个选择是单向卖出还是双向卖出。从常识的角度出发，无论是博弈隐含波动率下行还是博弈时间消耗，期权中性卖方策略本质上都是出售极端厚尾风险以赚取收益的一种策略。单向卖出对应的厚尾风险只是单向的厚尾风险，双向卖出对应的则是双向的厚尾风险。所以尽管前面举例了很多双向卖出期权组合的示例，但只要能找到与初始风险敞口特征类似的单向期权组合，基于常识就容易得出长期单向卖出更好的结论。

在实践中，通常有以下几个经验结论。

1）在预期标的资产价格呈区间震荡的行情时，应采用双向卖出的策略。

此阶段无论是博弈隐含波动率下行，还是博弈时间消耗的期权中性卖方策略，在执行时都可以做双向卖出的策略选择。

不过实际行情往往不遂人愿，特别是博弈隐含波动率下行的期权中性卖方策略，建仓契机一般出现在大波动事件结束后。在策略介入前，标的资产价格往往会呈现比较极端的单向波动以激发情绪的"恐慌"或"兴奋"，推高隐含波动率。在策略介入时，投资者往往不敢轻易下"标的资产价格将呈区间震荡的行情"这一结论，也难以得出双向卖出策略更好的结论。

而博弈时间消耗的期权策略往往出现在标的资产价格波动平复已经完成一段时间之后，此刻市场预期总体平稳，标的资产价格区间震荡预期更容易得到加强。

2）在标的资产价格和期权隐含波动率有明确情绪共振方向或波动率曲线严重偏斜时，应采用单向卖出的策略。

所谓标的资产价格和期权隐含波动率的情绪共振方向，就是第 4.2 节所述的二者相关性。当二者呈正相关时，标的资产价格继续上行会带来明显的期权隐含波动率上行，主要博弈隐含波动率下行的期权中性卖方策略应当规避上行方向的厚尾风险，在下行方向的认沽期权端构建执行期权组合。反之，则应当在上行方向的认购期权端构建执行期权组合。

当波动率曲线严重偏斜，比如波动率曲线单调正偏或负偏时，投资者可以基于在更贵合约持有更多风险敞口的原则进行单向卖出布局。

在第 3.3.2 节示例的比率价差策略和买近卖远比率价差策略皆是单向卖出期权策略组合的基本款，极限厚尾风险只存在于向上或向下的某一边。

比率价差策略是以在月内卖出更多虚值期权，买入少量平值或实值期权的方式构建的；买近卖远比率价差策略则是以卖出更多远月虚值期权，买入少量近月平值或实值期权的方式构建的。二者均可以构建初始时刻近 0 的 Delta Cash 和符合目标的负 Vega Cash，差别在于前者的初始 Gamma Cash 往往为负，后者的初始 Gamma Cash 因为是跨月构建的，所以同样可以控制在 0 附近以降低对冲成本，原理如前文所述。

比如，2022 年 4—6 月市场崩跌回稳时刻，上证 50 指数和上证 50ETF 期权隐含波动率走势呈负相关关系，如图 5.12 所示。

此时，若投资者想要通过期权中性卖方策略博弈隐含波动率下行，除应知晓反弹意味着恐慌消退、隐含波动率会快速降低外，更重要的风险考量是"万一继续下跌"，即便不参考波动曲线的形态，此时最好的选择也是构建下行端没有厚尾风险的组合。图 5.13 所示示例为初始 Delta Cash 近 0 的比率认购组合或涉及跨月的买近卖远对角比率认购组合总盈亏图。

图 5.12　2022 年 4—6 月上证 50 指数与上证 50ETF 期权隐含波动率走势

◇　蜡烛图为上证 50 指数，紫色曲线为上证 50ETF 期权隐含波动率。

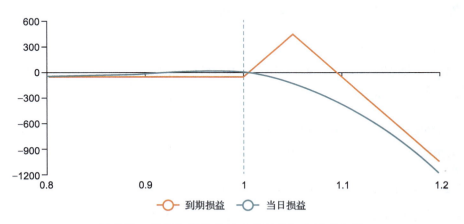

图 5.13　某期权资产示例比率认购组合总盈亏图

3. 压力测试

期权中性卖方策略在决策好期权组合后，执行前的最后一步，也是最重要的一步就是压力测试。在假设策略敞口遭遇极端风险事件的情况下，账户总体盈亏和资金使用率应在可控范围内，所以压力测试最关键的一环是投资者需要提前设置几个极端风险事件对应的模拟因子。

一般来说，模拟因子有标的资产价格极限波动、期权隐含波动率极限波动和账户允亏极限。当期权组合包含不同行权价、不同月份合约时，专业能力更强的投资者往往还会设置极限波动率曲线偏斜等相对高阶的模拟因子。对多数投资者来说，这三个模拟因子已经足以涵盖大部分损益的可能性。

（1）标的资产价格极限波动

通过前述内容可知，博弈隐含波动率下行的期权中性卖方策略，其介入的核心条件就是标的资产价格大波动到了尾声，并且市场已经开始趋势性回稳，让投资者有了对标的资产价格波动会进一步收敛的预期。那么，如果标的资产价格再次出现极限波动，就意味着策略的核心预期条件被证伪，投资者彼时需要重新审视期权中性卖方策略的适用性。

关于标的资产价格极限波动的设置，一般来说可顺着大波动的方向寻找。如果此前是大跌带来的情绪恐慌，那么标的资产创新低位置的价格即为极限波动的关键点；反之，创新高位置的价格即为极限波动的关键点。

比如，图 5.12 所示的 2022 年 4—6 月上证 50ETF 隐含波动率的下行博弈。投资者在开始介入期权中性卖方策略后，可以设置指数价格创新低的位置为极限波动对应的价格因子（当时的上证 50ETF 前低点在 2.65 元处，可以设置为 2.6 元）。

除顺着大波动的方向设置标的资产价格极限波动外，反向的波动同样需要重视。对于期权中性卖方策略来说，标的资产价格任意方向的极限波动都需要提前预知影响。

关于反向的运动，可以从 K 线技术分析的角度找关键价格。比如，图 5.12 所示的情景，上证 50 指数在趋势逆转后的反弹不小，如果继续加速反弹，则有可能给卖方组合造成巨大影响，可以设置上方震荡区间低点 2850 左右的价格为反向极限波动的价格因子，对应的上证 50ETF 价格为 2.85 元。

以博弈时间消耗为主的期权中性卖方策略的上下两端极端价格因子的选择逻辑差

异不大。因为期权中性卖方策略往往对应区间震荡或慢速趋势行情时期，所以上下两端极限价格的对称性稍强。比如，2021 年 4 月至 5 月的行情，上证 50 指数和上证 50ETF 期权下月平值隐含波动率走势如图 5.14 所示。

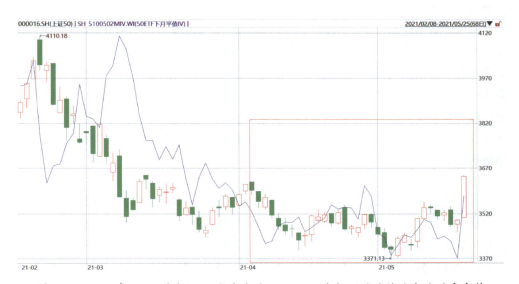

图 5.14　2021 年 4—5 月上证 50 指数与上证 50ETF 期权下月平值隐含波动率走势

❖　蜡烛图为上证 50 指数走势，紫色曲线为上证 50ETF 期权下月平值隐含波动率走势。

（2）期权隐含波动率极限波动

以隐含波动率下行为主要目标的期权中性卖方策略，如果标的资产价格再次出现极限波动，则期权隐含波动率也必然会再度飙高。如前文回顾上证 50ETF 期权上市后"黑天鹅波动"事件的内容，每一轮极限的"黑天鹅波动"事件无一例外都引发了隐含波动率大幅度的上升。对指数期权来说，即便隐含波动率已经处于历史统计中偏高的位置，如果遭遇标的资产价格再度袭来的极限波动，那么隐含波动率继续上升 10 个点以上也并不罕见。比如，上证 50ETF 期权在 2022 年的两次极端波动。

➤　2022 年 3 月 4 日—15 日，50ETF 期权下月平值隐含波动率从 16.1% 大幅上升至 32.9%，50ETF 大幅下跌 11.79%。

➤　2022 年 4 月 15 日—25 日，50ETF 期权下月平值隐含波动率从 19.9% 大幅上升至 31.6%，50ETF 大幅下跌 8.65%。

在笔者个人的指数期权中性卖方策略经验中，隐含波动率的极限波动设置为 10 个点的波动率变化是合适的。非指数期权品种则需要对该品种本身的波动历史特征做统计分析，至少找到偏高的 75%分位波动率数字作为极端事件下的期权隐含波动率的参考。

对于标的资产价格反向运动的情况，虽然按照常规的情绪发酵趋势，隐含波动率的波动在大波动的反向趋势出现时，市场一般先有一个情绪回稳的过程，但是不排除有小概率直接因为大级别的事态逆转，标的资产价格反向运动非常迅速且幅度巨大，进而导致隐含波动率先跌后涨，最终出现隐含波动率在高位无法下跌的情况。所以经验上，标的资产价格反向运动时的隐含波动率极限至少应设置为无法下降，甚至可以设置隐含波动率可以继续升高。

以博弈时间消耗为主的期权中性卖方策略因为一般在隐含波动率不高的区域进行，所以在隐含波动率这个极限波动因子上应该更严格。因为标的资产价格上下两个方向的超预期波动都会带来市场情绪的膨胀，所以要在两个方向上都设置显著的隐含波动率波动。对于国内指数期权，笔者个人经验是双向都至少设置 10 个点的波动率的上行极限。

（3）账户允亏极限

这个模拟因子相对个性化，不同的投资者对收益的预期、波动的承受能力差距很大，可以根据自身的收益波动期望进行设置。

在遭遇极端风险事件时，并不意味着使用期权中性卖方策略就一定会失败。投资者还具有通过风险规避、敞口维持或转换等手段，维持到下一轮情绪的回稳周期，以实现账户回本甚至赚钱的机会，但是前提是头寸控制要足够严格，不能寄期望于一次性将账户的极限损失全部计提。

在已经有标的资产价格极限波动、期权隐含波动率极限波动、账户允亏极限三个模拟因子后，期权中性卖方策略投资者需要做的是，将标的资产价格极限波动、期权隐含波动率极限波动两个因子纳入前面步骤所选择的执行组合情景假设中，并利用期权组合压力测试工具进行模拟因子下的理论损益计算，若理论损失高于账户允亏极限，则应当缩小执行期权组合的数量。

（4）案例

如图 5.12 所示，2022 年 4 月市场崩跌回稳阶段，在上证 50 指数止跌的 2022 年 4 月 26 日，假设投资者决定构建比率认购价差策略来博弈隐含波动率的下行。

在建仓当日，上证 50ETF 的收盘价为 2.664 元，2022 年 6 月到期的行权价为 2.65 元的认购期权价格为 0.1247 元，行权价为 2.90 元的认购期权价格为 0.0343 元。投资者初始资金为 100 万元，标的资产价格极限波动、期权隐含波动率极限波动、账户允亏极限三个模拟因子分别为顺原趋势方向继续下跌至 2.60 元、隐含波动率再度上升 10 个点，逆原趋势方向大涨至 2.85 元、隐含波动率持平，允亏额均为 30 000 元。

将参数和组合要素输入期权组合压力测试工具进行计算，在 2022 年 6 月合约中按照买入 90 张行权价为 2.65 元的认购期权、卖出 220 张行权价为 2.90 元的认购期权建立初始组合，在保障 Delta 基本中性的情况下，当继续跌至 2.60 元时，损失最大，达到 30 517 元，基本达到预设极限允亏额。这意味着此时的组合数量就是最大可执行的期权中性卖方策略的头寸数量。期权组合压力测试工具的计算结果如图 5.15 所示。

从图 5.15 中可见，该组合初始时刻 Delta Cash 为−8446.7 元，这对于 100 万元的账户资产来说几乎为中性。Gamma Cash 为−84771.4 元，这意味着 1%的标的资产价格波动会带来大约 8.5%的反向 Delta 敞口。Vega Cash 为 3328.0 元，这意味着隐含波动率下行 1 个百分点对应盈利 3328 元，对应整体资产约有 0.3%的收益。Theta Cash 为 680.1 元，即每日可以通过时间自然消耗获得的收益。

策略头寸		头寸1	头寸2	头寸3	头寸4	头寸5	头寸6	头寸7	头寸8	头寸9	头寸10
资产种类		Spot	OpCall	OpCall	OpCall	OpPut	OpPut	OpCall	OpCall	OpCall	OpPut
头寸方向		1	1	-1	-1	-1	1	1	-1	-1	-1
持仓数量(张)		0	90	220	0	0	0	0	0	0	0
分红合约？(1=Y,0=N)		0	0	0	0	0	0	0	0	0	0
执行价格		2.65	2.65	2.9	2.85	2.75	3.4	3.2	3.3	3.4	3.2
期权到期时间		2022/5/18	2022/6/22	2022/6/23	2022/5/18	2022/12/28	2029/3/26	2029/3/27	2029/3/28	2029/3/29	2029/3/30
基本情况波动率		0.00%	26.83%	25.56%	30.92%	9.26%	0.00%	6.00%	4.96%	4.25%	0.85%
变化情况波动率		10.00%	36.83%	35.56%	40.92%	19.26%	10.00%	16.00%	14.96%	14.25%	10.85%
基本情况期权价格		2.6000	0.1247	0.0343	0.0222	0.1030	0.1575	0.1550	0.0928	0.0494	0.0397
变化情况期权价格		2.6000	0.1330	0.0516	0.0275	0.2243	0.4340	0.3967	0.3375	0.2893	0.3480
Delta	基本情况	1.0000	0.5555	0.2287	0.2029	-0.5629	-1.0000	0.5056	0.4020	0.2823	-0.6690
	变化情况	1.0000	0.4875	0.2510	0.1981	-0.5671	-0.5912	0.5511	0.5124	0.4738	-0.4910
Gamma	基本情况	0.0000	1.3987	1.1151	1.3964	1.9447	0.0000	0.9492	1.1120	1.1336	6.0802
	变化情况	0.0000	1.0537	0.8640	1.0655	0.9565	0.5680	0.3616	0.3895	0.4081	0.5370
Vega	基本情况	0.0000	0.0042	0.0032	0.0018	0.0086	0.0000	0.0280	0.0271	0.0237	0.0254
	变化情况	0.0000	0.0041	0.0033	0.0018	0.0084	0.0266	0.0271	0.0273	0.0272	0.0273
Theta	基本情况	0.0000	-0.0011	-0.0007	-0.0013	-0.0001	0.0002	-0.0001	-0.0001	-0.0001	0.0001
	变化情况	0.0000	-0.0014	-0.0011	-0.0017	-0.0002	0.0001	-0.0002	-0.0001	-0.0001	0.0001

策略头寸		头寸11	头寸12	头寸13	头寸14	头寸15	头寸16	头寸17	头寸18	头寸19	头寸20
资产种类		OpPut	OpPut	OpCall	OpPut	OpPut	OpPut	OpPut	OpPut	OpPut	OpPut
头寸方向		-1	-1	1	-1	-1	1	1	-1	-1	1
持仓数量(张)		0	0	0	0	0	0	0	0	0	0
分红合约？(1=Y,0=N)		0	0	0	0	0	0	0	0	0	0
执行价格		3.3	3.4	2.7	2.65	2.7	2.65	2.7	2.7	2.85	2.9
期权到期时间		2029/3/31	2029/4/1	2029/4/2	2029/4/3	2029/4/4	2029/4/5	2029/4/6	2029/4/7	2029/4/8	2029/4/9
基本情况波动率		0.00%	0.00%	0.00%	16.95%	18.10%	16.88%	18.08%	18.00%	21.50%	22.56%
变化情况波动率		10.00%	10.00%	10.00%	26.95%	28.10%	26.88%	28.08%	28.00%	31.50%	32.56%
基本情况期权价格		0.0770	0.1312	0.0023	0.2475	0.2933	0.2459	0.2927	0.2909	0.4398	0.4896
变化情况期权价格		0.3774	0.4335	0.4531	0.4980	0.5493	0.4971	0.5488	0.5471	0.7057	0.7578
Delta	基本情况	-1.0000	-1.0000	1.0000	-0.2664	-0.2829	-0.2661	-0.2827	-0.2825	-0.3188	-0.3274
	变化情况	-0.5459	-0.5903	0.7412	-0.2835	-0.2899	-0.2835	-0.2898	-0.2900	-0.3036	-0.3068
Gamma	基本情况	0.0000	0.0000	0.0000	0.2761	0.2662	0.2770	0.2664	0.2674	0.2364	0.2277
	变化情况	0.5788	0.5676	0.4724	0.1834	0.1777	0.1838	0.1778	0.1783	0.1618	0.1573
Vega	基本情况	0.0000	0.0000	0.0000	0.0231	0.0237	0.0230	0.0238	0.0238	0.0251	0.0254
	变化情况	0.0271	0.0266	0.0222	0.0232	0.0234	0.0232	0.0235	0.0235	0.0240	0.0241
Theta	基本情况	0.0002	0.0002	-0.0002	0.0000	0.0000	0.0000	0.0000	0.0000	0.0000	0.0000
	变化情况	0.0001	0.0001	-0.0001	0.0000	0.0000	0.0000	0.0000	0.0000	0.0000	0.0000

		理论总损益	Delta Cash	Gamma Cash	Vega Cash	Theta Cash	Rho Cash
总头寸（元）	基本情况	-30517.3	-8446.7	-84771.4	-3328.0	680.1	-105.3
	变化情况		-294670.3	-64385.8	-3573.2	1055.0	-506.2

图 5.15　期权组合压力测试工具的计算结果

4. Greeks控制目标

期权中性卖方策略构建之后，投资者面临的首要问题便是尽量维持 Greeks Cash 在符合初衷、对自己有利的范围以内，否则策略价格波动后的组合敞口可能发生改变。无论是博弈隐含波动率下行，主要得到负 Vega 敞口的组合，还是博弈时间消耗，主要得到正 Theta 的组合，在标的资产价格波动到一定程度后，初始的 Greeks Cash 都会发生动态偏离。投资者需要预设监控目标，以在策略持有期进行对冲交易。

（1）Delta Cash 控制目标

期权中性卖方策略之所以包含"中性"二字，核心在于尽量做到策略收益特征和标的资产价格不相关。从期权组合的直接风险敞口角度考虑，在 Delta Cash 偏离到一定程度后，组合的损益就和标的资产价格产生了显著关联。所以，一般来说投资者需要提前设置一个控制目标，在目标被超过后进行对冲，以让 Delta Cash 复原为中性。

选择更紧的控制目标意味着对冲的频率更高，选择更松的控制目标意味着对 Delta Cash 偏离的容忍更大，对冲频率更低，但和标的资产价格的相关性会增强。比如，对 Delta 承受能力低的投资者，可以设置资产的 10%为控制目标；对 Delta 承受能力高的投资者，可以设置资产的 20%为控制目标。

在实践中，如果期权组合的负 Gamma Cash 较大，则说明有较大的 Theta 收益补偿。此时若投资者决定维持该敞口，则建议最好允许更大的 Delta Cash 控制目标，或者以标的资产价格波动为标准进行监控。当标的资产在高波动时期时，因为标的资产价格经常反复无序大幅波动，所以也可以用类似的方式对控制目标进行监控。

比如，某位投资者持有一组负 Gamma Cash 达到资产 20%的期权组合，如此巨大的 Gamma Cash 意味着标的资产价格波动 1%就会让 Delta Cash 从中性变为 20%的敞口。在这种情况下，如果还将 Delta Cash 占资产的比例作为控制目标，就意味着需要高频次的对冲，此时可以直接观察标的资产价格的重要位置，比如重点压力位或支撑位，当价格未击穿这些位置时维持组合不动。

关于期权中性卖方策略的 Delta Cash 控制目标，有以下经验供读者参考：

➢ 常规时期，Delta Cash 占资产比例不超过 20%。

> 当持有巨大负 Gamma Cash 以赚 Theta 收益时，或者当标的资产价格本身处于高波动状态时，选择以标的资产关键价格为触发条件的方式进行 Delta Cash 控制。

（2）Gamma Cash 控制目标

如前所述，期权中性卖方策略的 Gamma Csah 一般为负，即便是笔者最推荐的少量买近月、大量卖远月的单向或双向对角比率组合在遭遇标的资产价格单向持续波动后，Gamma Cash 也会明显转负。而负 Gamma Cash 带来的就是一旦标的资产价格出现变动，原本呈中性的 Delta Cash 敞口就会变得不再为中性，进而需要做被动对冲。因此，对于期权中性卖方策略投资者来说，控制对冲成本的一种有效的方式就是将负 Gamma Cash 控制在一个合理的范围内。

这里依然以笔者的经验为参考，在过往这些年管理期权中性基金产品的过程中，一般将极端回撤控制目标设置在 5%，将负 Gamma Cash 占资产的比例极限设置在 20%。

（3）Vega Cash 控制目标

Vega Cash 敞口对博弈时间消耗的期权中性卖方策略来说意义不大，但对博弈隐含波动率下行的期权中性卖方策略则很关键。

在一轮显著的隐含波动率下行周期中，如果 Vega 敞口下降太快，则意味着原本预期的收益目标难以达到。如果 Vega Cash 在相对低的波动率得到了更多的负向敞口，而在高波动率时反而因为期权组合的动态波动持有更少的负向敞口，类似于对隐含波动率进行了低卖高买，那么显然是不合理的。在策略执行过程中，只要博弈隐含波动率下行的趋势未改变，Vega Cash 敞口的走低都不应该出现。

正常来说，在隐含波动率下行周期的前半段，即在未达到历史数据统计中该品种的隐含波动率中位数附近时，该敞口均应尽量保持稳定，除非预期发生了改变。

如图 5.16 所示，2022 年 4—6 月这一轮上证 50ETF 期权隐含波动率下行，在 22% 的隐含波动率中位数（图中红色横线）之上。除非预期发生改变，否则负 Vega Cash 应当保持在一个相对稳定的范围内。

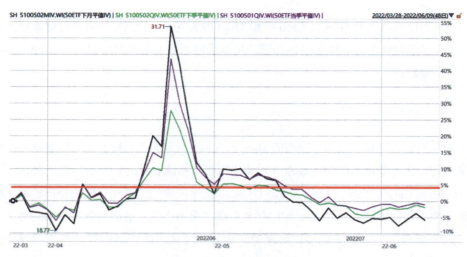

图 5.16　2021 年 4—6 月上证 50ETF 期权下月、当季、下季平值隐含波动率走势

◇　黑色、紫色、绿色线分别为上证 50ETF 期权下月、当季、下季平值隐含波动率走势。

5.1.3　期权中性卖方策略的事中风控

1. 对冲的一般方法

在期权中性卖方策略设置好 Greeks Cash 控制目标后，无论是关注 Greeks Cash 占资产的比例，还是关注标的资产的关键价格，只要发生了对冲事件，都应进行对冲操作，将 Delta Cash 归 0，将 Gamma Cash、Vega Cash 控制在目标敞口以内。

（1）以现货或现货替代物作为对冲标的执行 Delta 对冲

当对冲事件发生时，可以选择以现货或现货替代物作为对冲标的执行 Delta 对冲。现货替代物包括标的期货、标的期权（合成期货或偏实值期权合约），以及其他与标的资产高度相关且 Delta 接近于 1 的投资标的。

因为这类标的的 Gamma、Vega 极小，其中标的资产对应的现货、期货、合成期货除 Delta 外，无其他 Greeks 敞口，偏实值期权合约除 Delta 外的其他 Greeks 敞口很小，所以利用这类标的执行 Delta 对冲，对期权中性卖方策略原组合的 Greeks Cash 影响较小。

引入上一节的 2022 年 4 月 26 日期权中性卖方策略，投资者选择在上证 50ETF 期权 2022 年 6 月合约中买入 90 张 0.1247 元的行权价为 2.65 元的认购期权、卖出 220 张

0.0343 元的行权价为 2.90 元的认购期权建立比率认购组合。投资者的账户规模为 100 万元，建仓时上证 50ETF 的收盘价为 2.664 元，初始时刻组合的基本情况监视图表如图 5.17 所示。

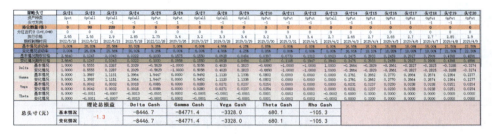

图 5.17　2022 年 4 月比率认购示例组合基本情况监视图表

组合初始时刻 Delta Cash 为-8446.7 元，Gamma Cash 为-84771.4 元，Vega Cash 为 3328.0 元，Theta Cash 为 680.1 元。假设投资者设置了以 Delta Cash 占资产比例 10% 或标的资产价格波动 3%为控制目标。

随后行情经过连续两日的大幅反弹，如图 5.18 所示，标的资产价格短线偏离超过了 3%，收至 2.749 元，触发了对冲事件。当日 2022 年 6 月行权价为 2.65 元的认购期权和行权价为 2.90 元的认购期权价格分别收于 0.1608 元和 0.0403 元。

图 5.18　上证 50ETF 与上证 50ETF 期权下月平值隐含波动率走势

❖　蜡烛图为上证 50ETF 走势，紫色线为 50ETF 期权下月平值隐含波动率走势；

❖　红框标记为组合建仓日，红色箭头标记为对冲事件发生日。

在对冲之前，2022 年 4 月比率认购示例组合对冲事件时的基本情况监视图表如图 5.19 所示。

策略头寸		头寸1	头寸2	头寸3	头寸4	头寸5	头寸6	头寸7	头寸8	头寸9	头寸10	头寸11	头寸12	头寸13	头寸14	头寸15	头寸16	头寸17	头寸18	头寸19	头寸20
资产种类		Spot	OpCall	OpCall	OpCall	OpCall	OpPut	OpCall	OpCall	OpCall	OpPut	OpPut	OpCall	OpCall	OpCall	OpPut	OpPut	OpPut	OpPut	OpPut	OpPut
头寸方向		1	1	-1	1	1	-1	1	1	1	-1	-1	1	1	1	-1	-1	-1	-1	-1	-1
持仓数量（张）		0	90	220	0	0	0	0	0	0	-1	-1	0	0	0	0	0	0	0	0	0
分红金额（t=0对象）		0	0	0	0	0	0	0	0	0	0	0	0	0	0	0	0	0	0	0	0
执行价格		2.65	2.65	2.9	2.5	2.5	2.7	3.0	3.4	2.9	3.4	2.65	2.9	2.85	2.7	2.85	2.7	2.7	2.9	2.85	2.9
期权到期时间		2022/5/18	2022/6/22	2022/6/22	2022/6/22	2022/6/22	2029/3/26	2029/3/28	2029/3/28	2029/3/29	2029/3/30	2029/4/1	2029/4/1	2029/4/2	2029/4/4	2029/4/5	2029/4/5	2029/4/6	2029/4/8	2029/4/8	2029/4/9
基本情况的价格		0.00%	23.19%	21.60%	24.85%	22.37%	3.10%	4.30%	3.64%	5.22%	2.20%	2.17%	2.07%	0.00%	17.90%	18.08%	17.83%	19.00%	18.98%	22.54%	23.62%
变化情况的价格		0.00%	23.19%	21.60%	24.85%	22.37%	3.10%	4.30%	3.64%	5.22%	2.20%	2.17%	2.07%	0.00%	17.90%	18.08%	17.83%	19.00%	18.98%	22.54%	23.62%
	基本情况到期时间	2.7490	0.1608	0.0603	0.2785	0.1575	0.1050	0.0928	0.0494	0.0897	0.0770	0.1312	0.0023	0.2475	0.2933	0.2459	0.2927	0.2909	0.4398	0.4896	
	变化情况到期时间	2.7490	0.1608	0.0603	0.2785	0.1575	0.1050	0.0928	0.0494	0.0897	0.0770	0.1312	0.0023	0.2475	0.2933	0.2459	0.2927	0.2909	0.4398	0.4896	
Delta	基本情况	1.0000	0.6895	0.2908	0.8580	0.6156	-0.6718	0.5951	0.4789	0.3358	-0.3494	-0.5544	-0.7555	1.0000	-0.2478	-0.2636	-0.2635	-0.2635	-0.2633	-0.2985	-0.3069
	变化情况	1.0000	0.6895	0.2908	0.8580	0.6156	-0.6718	0.5951	0.4789	0.3358	-0.3494	-0.5544	-0.7555	1.0000	-0.2478	-0.2636	-0.2635	-0.2635	-0.2633	-0.2985	-0.3069
Gamma	基本情况	0.0000	1.4289	1.4872	0.8473	1.6004	1.6100	1.2300	1.5114	1.5678	2.3046	2.5115	2.0929	0.0000	2.3441	2.2364	2.2448	2.2366	2.2374	2.1123	3.0052
	变化情况	0.0000	1.4289	1.4872	0.8473	1.6004	1.6100	1.2300	1.5114	1.5678	2.3046	2.5115	2.0929	0.0000	2.3441	2.2364	2.2448	2.2366	2.2374	2.1123	3.0052
Vega	基本情况	0.0000	0.0038	0.0037	0.0024	0.0041	0.0261	0.0280	0.0288	0.0264	0.0268	0.0286	0.0227	0.0000	0.0229	0.0237	0.0229	0.0237	0.0237	0.0251	0.0255
	变化情况	0.0000	0.0038	0.0037	0.0024	0.0041	0.0261	0.0280	0.0288	0.0264	0.0268	0.0286	0.0227	0.0000	0.0229	0.0237	0.0229	0.0237	0.0237	0.0251	0.0255
Theta	基本情况	0.0000	-0.0009	-0.0008	-0.0007	-0.0009	0.0001	-0.0001	-0.0001	-0.0001	0.0001	0.0001	0.0001	-0.0002	0.0000	0.0000	0.0000	0.0000	0.0000	0.0000	0.0000
	变化情况	0.0000	-0.0009	-0.0008	-0.0007	-0.0009	0.0001	-0.0001	-0.0001	-0.0001	0.0001	0.0001	0.0001	-0.0002	0.0000	0.0000	0.0000	0.0000	0.0000	0.0000	0.0000
总头寸（元）		理论总损益		Delta Cash		Gamma Cash		Vega Cash		Theta Cash		Rho Cash									
	基本情况		0.5	-53097.4		-150203.7		-4656.2		872.8		-164.5									
	变化情况			-53097.4		-150203.7		-4656.2		872.8		-164.5									

图 5.19　2022 年 4 月比率认购示例组合对冲事件时的基本情况监视图表

组合 Delta Cash 为-53 097.4 元，超过了 100 万元账户资产的 5%；Gamma Cash 为-150 203.7 元；Vega Cash 为-4656.2 元；Theta Cash 为 872.8 元。

由于隐含波动率整体下行，投资者已经实现了一定的收益（因为图 5.19 已经将最新价格当作基本情况，所以图中所展示的理论总损益不包含实际盈利）。此时，投资者在 Delta 对冲的执行上需思考以下几个问题：

➢ 当日上证 50ETF 期权下月平值隐含波动率位于 23%至 24%的中位数以上位置，应当保持负 Vega 敞口。但是比率认购组合在标的资产价格上行后，负 Vega 和负 Gamma 敞口均变大，是否将 Vega Cash 降低至初始区域，以部分落袋隐含波动率下行的利润？如果此刻隐含波动率并未下行，投资者甚至还承受着浮亏，那么当前的 Vega Cash 是不能降低的。

➢ 用什么投资标的进行对冲？

如果投资者决策不将 Vega Cash 复原到初始-3000 元左右的区域，则可以选择买入 Delta 接近 1 的深度实值认购期权进行对冲。当日 2022 年 6 月行权价为 2.50 元的认购期权的价格为 0.2785 元，买入 2 张即可将 Delta Cash 基本归 0，Gamm 和 Vega Cash 受影响较小。对冲后组合的 Greeks Cash 状态如图 5.20 所示。

对冲后，组合的 Delta Cash 为-5923.0 元，基本为中性；Gamma Cash 为-148 923.1 元；Vega Cash 为-4608.2 元；Theta Cash 为 859.1 元。

总头寸（元）	理论总损益	Delta Cash	Gamma Cash	Vega Cash	Theta Cash	Rho Cash
基本情况	0.6	−5923.0	−148923.1	−4608.2	859.1	−101.8
变化情况		−5923.0	−148923.1	−4608.2	859.1	−101.8

图 5.20　对冲后组合的 Greeks Cash 状态 1

如果投资者决策要将 Vega Cash 复原到初始 −3000 元左右的区域，以逐步落袋隐含波动率下行利润，则可以选择买入 Delta 距离 1 较远的平值甚至虚值认购期权进行对冲，或者通过直接减仓原有组合的方式达到对冲效果。比如，将 2.65 元、2.90 元认购期权的持有数量从 90 张、220 张分别降低至 63 张、150 张，对冲后组合的 Greeks Cash 状态如图 5.21 所示。

总头寸（元）	理论总损益	Delta Cash	Gamma Cash	Vega Cash	Theta Cash	Rho Cash
基本情况	0.3	−5187.8	−100647.1	−3113.0	580.1	−69.4
变化情况		−5187.8	−100647.1	−3113.0	580.1	−69.4

图 5.21　对冲后组合的 Greeks Cash 的状态 2

对冲后，组合的 Delta Cash 为 −5187.8 元，基本为中性；Gamma Cash 为 −100 647.1 元；Vega Cash 为 −3113.0 元；Theta Cash 为 580.1 元。最重要的负 Vega Cash 恢复至初始的 3000 元附近，Gamma Cash 也在可控范围内。

（2）将持仓合约跟随标的资产价格进行调整以完成 Delta 对冲

顾名思义，当标的资产价格波动产生对冲事件时，期权中性卖方策略投资者可以选择调整原组合跟随标的资产价格的方式完成 Delta 对冲。

如在上述示例对冲事件中，投资者可以选择将初始持有的行权价分别为 2.65 元、2.90 元的认购期权上行移动至行权价分别为 2.75 元和 2.95 元的认购期权。当日 2022

年 6 月行权价分别为 2.75 元和 2.95 元的认购期权价格分别为 0.0998 元、0.0276 元，在将原有组合全部平仓后，买入前者 90 张，卖出后者 218 张可实现对冲。对冲后组合的 Greeks Cash 状态如图 5.22 所示。

策略头寸		头寸1	头寸2	头寸3	头寸4	头寸5	头寸6	头寸7	头寸8	头寸9	头寸10	头寸11	头寸12	头寸13	头寸14	头寸15	头寸16	头寸17	头寸18	头寸19	头寸20
资产种类		Spot	OpCall	OpCall	OpCall	OpCall	OpCall	OpCall	OpCall	OpPut	OpPut	OpPut	OpCall	OpPut	OpPut	OpPut	OpPut	OpPut	OpPut	OpPut	OpPut
头寸方向		1	1	1	-1	1	-1	-1	-1	-1	-1	-1	1	-1	1	1	-1	-1	-1	-1	-1
持仓数量(张)		0	0	0	0	90	218	0	0	0	0	0	0	0	0	0	0	0	0	0	0
分紅前约分(1=Y,0=N)		0	0	0	0	0	0	0	0	0	0	0	0	0	0	0	0	0	0	0	0
执行价格(元)		2.65	2.65	2.9	2.5	2.75	2.95	3.2	3.3	3.4	3.3	3.4	2.7	2.65	2.7	2.65	2.7	2.7	2.85	2.9	
期权到期时间		2022/5/18	2022/6/22	2022/6/22	2022/6/22	2022/6/22	2022/6/22	2029/3/27	2029/3/28	2029/3/29	2029/3/30	2029/3/31	2029/4/1	2029/4/2	2029/4/3	2029/4/4	2029/4/5	2029/4/6	2029/4/7	2029/4/8	2029/4/9
基本情况标的价格		0.00%	23.19%	21.60%	24.65%	22.37%	21.22%	4.35%	3.04%	3.22%	2.29%	2.20%	2.178%	2.078%	17.90%	19.60%	17.90%	19.60%	18.36%	22.54%	22.62%
变化情况标的价格		2.7490	0.1908	0.0603	0.2785	0.0998	0.0276	0.1550	0.0938	0.0494	0.0397	0.0770	0.1312	0.0023	0.2475	0.2959	0.2459	0.2927	0.2909	0.4398	0.4895
变化情况隐含波动率		2.7490	0.1908	0.0603	0.2785	0.0998	0.0276	0.1550	0.0938	0.0494	0.0397	0.0770	0.1312	0.0023	0.2475	0.2959	0.2459	0.2927	0.2909	0.4398	0.4895
Delta	基本情况	1.0000	0.6895	0.2908	0.8580	0.5329	0.2208	0.5961	0.4789	0.3358	-0.3494	-0.5544	0.4770	-0.7555	1.0000	1.0000	-0.2478	-0.2636	-0.2475	-0.2635	-0.3069
	变化情况	1.0000	0.6895	0.2908	0.8580	0.5329	0.2208	0.5961	0.4789	0.3358	-0.3494	-0.5544	0.4770	-0.7555	1.0000	1.0000	-0.2478	-0.2636	-0.2475	-0.2635	-0.3069
Gamma	基本情况	0.0000	1.4299	1.4872	0.8473	1.3100	1.2300	1.8114	1.5678	2.2646	2.5115	2.0929	0.0000	2.1921	0.2364	0.2448	0.2366	0.2374	0.2123	0.3052	
	变化情况	0.0000	1.4299	1.4872	0.8473	1.6653	1.3300	1.8114	1.5678	2.2646	2.5115	2.0929	0.0000	2.2241	0.2384	0.2448	0.2366	0.2374	0.2123	0.3052	
Vega	基本情况	0.0000	0.0038	0.0037	0.0024	0.0042	0.0032	0.0280	0.0288	0.0294	0.0368	0.0286	0.0227	0.0306	0.0229	0.0237	0.0229	0.0237	0.0237	0.0251	0.0155
	变化情况	0.0000	0.0038	0.0037	0.0024	0.0042	0.0032	0.0280	0.0288	0.0294	0.0368	0.0286	0.0227	0.0306	0.0229	0.0237	0.0229	0.0237	0.0237	0.0251	0.0255
Theta	基本情况	0.0000	-0.0009	-0.0008	-0.0007	-0.0010	-0.0007	-0.0001	-0.0001	-0.0001	0.0001	-0.0001	0.0001	-0.0002	0.0000	0.0000	0.0000	0.0000	0.0000	0.0001	0.0000
	变化情况	0.0000	-0.0009	-0.0008	-0.0007	-0.0010	-0.0007	-0.0001	-0.0001	-0.0001	0.0001	-0.0001	0.0001	-0.0002	0.0000	0.0000	0.0000	0.0000	0.0000	0.0001	0.0000

总头寸(元)		理论总损益	Delta Cash	Gamma Cash	Vega Cash	Theta Cash	Rho Cash
	基本情况	-1.7	-4431.4	-102548.2	-3083.1	557.2	-51.4
	变化情况		-4431.4	-102548.2	-3083.1	557.2	-51.4

图 5.22 对冲后组合的 Greeks Cash 状态 3

对冲后，组合的 Delta Cash 为 -4431.4 元，基本为中性；Gamma Cash 为 -102 548.2 元；Vega Cash 为 -3083.1 元；Theta Cash 为 557.2 元。最重要的负 Vega Cash 恢复至初始的 3000 元附近，Gamma Cash 也在可控范围内。

（3）减仓逆势合约和控制顺势合约，以完成 Delta 对冲

虽然对冲事件出现未必代表风险加大，但毕竟标的资产价格已经开始波动。如果在单一方向持续出现对冲事件，则往往对应着极端"黑天鹅波动"事件。所以，对于期权中性卖方策略投资者来说，在出现对冲事件后，先选择将逆势的合约部分平仓，再利用顺势的合约做仓位调整以维持 Greeks 稳定的方法，是使用 Delta 对冲的另一个途径。

在前述示例中，比率认购组合这个期权中性卖方策略因为卖出认购期权的数量较大，如果遭遇标的资产价格持续上行，则这些合约可能会给账户造成极限损失，所以一个较好的做法是顺着标的资产价格上行的趋势，直接减仓卖出认购期权对冲 Delta Cash 敞口，同时对顺势端的买入认购期权进行同步减仓处理，以维持其他 Greeks Cash 的稳定。图 5.21 所示的就是这种情况。

如果持有的组合是双向都有卖出合约的期权组合，比如 2022 年 4 月 26 日当日投资者选择以双卖的形式构建期权中性卖方策略组合来博弈隐含波动率下行。在遭遇 2022 年 4 月 28 日的对冲事件时，可以以减仓逆势卖出认购期权合约，同时加仓顺势卖出认沽合约的方式将 Delta Cash 归 0，并维持其他 Greeks Cash 的稳定。

（4）增加近月买权以对冲超标负 Gamma Cash

当期权中性卖方策略组合的负 Gamma Cash 超标时，一般选择增加近月买权的方式将 Gamma Cash 控制回目标区。在实践中，负 Gamma Cash 初始时刻不会超标，但在持有过程中一般有两种情况会超标。

1）隐含波动率下行带来的 Gamma Cash 增加

同一期权合约在不同的隐含波动率条件下会有不同的 Gamma，高阶希腊字母 Zomma 就是对这种影响的量化。一般来说，平值和浅虚值部位期权合约的 Gamma 会随着隐含波动率的下行而增大，反之会减小。

对于以博弈隐含波动率下行为目标的期权中性卖方策略来说，由期权隐含波动率下行造成的 Gamma Cash 增加通常是"幸福的烦恼"，要控制负 Gamma Cash 超标，可通过落袋部分卖方合约盈利的方式完成。

2）标的资产价格波动带来的 Gamma Cash 增加

期权的 Greeks 是动态变化的，不同期权中性卖方策略组合的 Greeks Cash 显然也是变化的。比如图 5.22 所示的对冲之后的期权中性卖方策略组合，其 Gamma Cash 动态变动曲线图如图 5.23 所示。

如图 5.23 所示，如果上证 50ETF 价格继续上行，则该组合的 Gamma Cash 会继续增大。但若隐含波动率并未下行，甚至有所上行，且投资者决策继续坚守以负 Vega Cash 为主的博弈，则要面临在维持 Vega Cash 的同时降低负 Gamma Cash 的对冲事件。

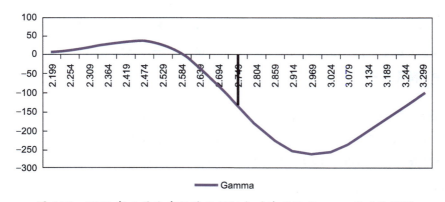

图 5.23　2022 年 4 月比率认购示例组合对冲后的 Gamma 变动曲线图

为了通过示例介绍这种情况下的负 Gamma 对冲，笔者假设投资者希望在维持 2022 年 6 月合约约 3000 元、负 Vega Cash 的同时，将负 Gamma Cash 从当前的 −102 548.2 元降低至−80 000 元内。

在对冲事件发生的 2022 年 4 月 28 日，上证 50ETF 期权市场上尚有距离到期不足半月的 2022 年 5 月合约。当日 2022 年 5 月行权价为 2.75 元的认购期权价格为 0.0674 元。利用距离到期日越近合约 Gamma 越大的特征，可以考虑利用将期权买入合约部分切换到 5 月合约的方式控制 Gamma Cash。将 2022 年 6 月 90 张行权价为 2.75 元的认购期权合约的一半（即 45 张）切换至 2022 年 5 月行权价为 2.75 元的认购期权合约后，组合的 Greeks Cach 状态如图 5.24 所示。

总头寸(元)	理论总盈亏	Delta Cash	Gamma Cash	Vega Cash	Theta Cash	Rho Cash
基本情况	−1.0	−22057.5	−77328.2	−3838.4	203.5	−642.1
变化情况		−22057.5	−77328.2	−3838.4	203.5	−642.1

图 5.24　2022 年 4 月比率认购示例组合情景变化后的 Gamma Cash 状态

对冲后，组合的 Delta Cash 为−22 057.5 元，敞口较小，在中性范围；Gamma Cash 为−77 328.2 元，达到控制目标；Theta Cash 为 203.5 元；将跨月 Vega Cash 简单相加后为−3838.4 元，比目标的 3000 元稍多。

很多人会忽略跨月期权组合 Vega Cash 的不稳定问题，但该问题对期权中性卖方策略却十分重要。涉及跨月的组合，需要考虑近月、远月期权合约在隐含波动率下行周期中下降空间不一致的问题。

在调仓的当日，5 月为当月合约，6 月为次月合约。从不同月份的整体隐含波动率观察，在当日收盘时刻，当月和下月合约隐含波动率基本持平在 23%附近。因为隐含波动率仍位于下行周期，按照过往经验，近月合约的隐含波动率会下行至远月的隐含波动率以下大约 1 至 2 个百分点之间，组合购买的近月合约在隐含波动率下行周期中损失的隐含波动率的绝对数稍大，所以如果采取上述示例只对跨月组合的 Vega Cash 进行简单加总，则应当将 Vega Cash 控制得比目标值稍多一些。

只考虑 Vega Cash，示例组合 5 月合约有约 1200 元 Vega Cash，6 月合约有约 -4900 元 Vega Cash。可对当前隐含波动率继续下行的空间进行大致估计。组合在 5 月合约的头寸损失约 3600 元，在 6 月合约的头寸盈利约 9800 元，加总为 6200 元，基本符合计划 2022 年 6 月合约约 3000 元、负 Vega Cash、盈利 2 个波动率百分点的目标。

这里示例的跨月期权组合 Vega 敞口估算方法适合所有的情景，经验上优于大部分采用数学方式优化的跨月 Vega 加总方法。

（5）小结

关于 Vega Cash 控制目标的对冲，上述示例展示了基本方法。在补正 Vega Cash 时，增加期权合约买方数量；在补负 Vega Cash 时，增加期权合约卖方数量，这里不单独展开讲解。从示例中可以发现，当 Delta、Gamma、Vega 等敞口在按照各自的控制目标进行管控时，实践中还要兼顾其他敞口是否符合总体目标，通常是复合操作。

值得重点补充的是，示例的策略在对冲事件发生时已经有了盈利，但更多的期权中性卖方策略在对冲事件发生时可能没有利润，甚至承受着浮亏。所以，在对冲前后的 Gamma 及 Vega Cash 敞口上，投资者往往需要保持敞口和心态的稳定，这意味着拥有一个合适的期权风险管理工具非常重要。

很多刚开始接触期权中性卖方策略的投资者，经常会遇到在不断对冲后隐含波动率下行目标达到了，但却没有盈利的情况。其核心原因在于没有对每次对冲前后的 Greeks Cash 进行监控和预算，每次对冲行为都导致组合 Vega 敞口发生变化，进而影响最终收益。

2. 对冲过程中的Delta修正

由于市场是实时变化的，而期权市场又具有更复杂的投资者情绪定价方式，因此当一个冲击性波动发生时，不仅期权市场整体定价会有跳动，不同月份、行权价的期权合约价格也可能会因为局部情绪表现出很大的差异。这样的临时或局部状况会给期权策略组合的 Greeks Cash 带来一定的冲击，投资者在做对冲时，需要结合持有的策略组合对等地考量这种冲击。

（1）期权隐含波动率整体波动带来的 Delta Cash 变化

在本书前面的章节曾介绍过不同期权合约 Delta 与隐含波动率的关系（即 Vanna），简单总结，即虚值期权合约 Delta 和隐含波动率呈正相关，实值期权合约 Delta 和隐含波动率呈负相关，同行权价远月期权合约 Delta 对隐含波动率变化的敏感度小于近月期权合约的。

在实践中，期权策略组合往往包含多个期权合约，当持有的期权合约行权价、月份差距较大时，一个较大的期权隐含波动率变动会给组合的 Delta Cash 带来较大的变化。

图 5.22 所示的比率认购组合，在示例当日持有平值期权合约和虚值期权合约，初始时刻 Delta Cash 为 -4431.4 元。不考虑其他因素的改变，假如各合约的隐含波动率均较当前时刻高 5 个百分点，则情景变化后组合的 Delta Cash 会发生明显变化，如图 5.25 所示。

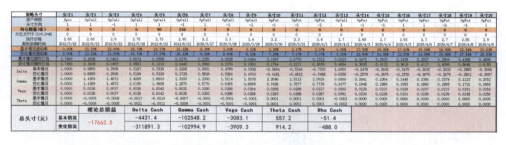

图 5.25　2022 年 4 月比率认购示例组合情景变化后 Delta Cash 的变化

由图 5.25 可知，做空隐含波动率的比率认购组合取得 17 662.5 元浮亏，组合 Delta Cash 从 -4431.4 元变化为 -311 891.3 元。对比 100 万元示例账户资金，Delta Cash 占资产的比例达到了 31.19%。Gamma Cash 变化不明显，由于隐含波动率走高，Vega Cash 大幅增加。Theta Cash 也由于隐含波动率上行带动期权价格上行而增加。

正常来说，5 个波动率百分点的上行必然会包含标的资产价格大幅度的变化，这里的情景设计稍不合理，但更纯粹地展示了隐含波动率变化带来的期权组合 Delta Cash

的变化，投资者在期权策略的对冲过程中应当重视。

这里 Vega Cash 变大的原因如上一节所述，即隐含波动率上行带来的浮亏被转化为 Vega 敞口的增大。在以隐含波动率下行为主要目标的期权中性卖方策略过程中，该敞口不是主要对冲项。在策略组合浮亏状态下，只要看空隐含波动率的观点未变，后续对冲就必须尽可能地保持该敞口稳定，不可减小，即只可维持或增加。

（2）对不合理隐含波动率的修正

在期权策略对冲的实践当中，如果明显遭遇了异常的隐含波动率波动，则一般有两种情况可以对这种异常隐含波动率进行修正。下面是两种异常隐含波动率情况。

➢ 市场整体情绪不理性，期权市场各合约隐含波动率全面超高或超低。

➢ 市场局部情绪不理性，期权市场局部合约隐含波动率相对超高或超低。

第一种情况对应的隐含波动率修正，需要更自信的期权隐含波动率预判能力。比如，在一轮风险事件带来的大波动进入明确的波动收敛周期，标的资产实际波动率已经大幅回落，但期权隐含波动率尚未跟随回落时，博弈期权隐含波动率下行的期权中性卖方策略组合可以选择用实际波动率代替隐含波动率，计算组合整体 Delta Cash。

第二种情况对应不同期权合约之间相对隐含波动率的异常修正，在实践中往往更容易把握。局部的期权合约隐含波动率明显异常，即期权波动率曲线偏度出现异常时进行局部修正。

比如，2019 年 3 月 5 日，由于市场看涨的情绪过度不理性，导致上证 50ETF 期权虚值认购期权隐含波动率较平值认购期权隐含波动率高很多。当日投资者可以对虚值认购期权的隐含波动率以平值隐含波动率为基准进行修正，进而计算该合约的 Delta。图 5.26 为事件发生前的上证 50 指数走势，红色箭头为事件发生日。

当日上证 50ETF 价格为 2.813 元，2019 年 3 月合约中行权价为 2.8 元的认购期权隐含波动率为 35%，行权价为 3.0 元的认购期权隐含波动率却达到 40.0%。前者的 Delta 约为 0.5，后者的 Delta 约为 0.25，从期权波动率曲线偏度的历史数据规律看，后者隐含波动率较前者隐含波动率高的范围为 0～10%，均值在 5% 左右。基于此可以先对 2019

年 3 月合约中行权价为 3.0 元的认购期权隐含波动率取 37.28%（计算过程为 35.5%×1.05=37.28%）计算其 Delta，然后加入期权整体组合的 Delta Cash 汇算。

图 5.26　2019 年 3 月 5 日事件发生前的上证 50 指数走势

（3）标的资产价格变动预估下的修正

　　如果投资者可以大概率地确定标的资产价格会在下一个交易周期呈现明显的波动，那么在期权策略的对冲实践中是可以进行提前修正的。一般情况也有如下两种情况。

➤　意外事件发生，可以较明确地估计事件对标的资产价格的影响方向和幅度。

➤　标的资产价格沿趋势运行，可以基本明确趋势延续的空间。

　　第一种情况需要投资者对意外事件的影响力有非常准确的预估，基于波动后的预估价格进行期权组合 Delta Cash 的计算。在实践中，发生在盘中的事件一般更考验投资者的预估能力，盘后发生的意外事件往往较容易预估。

　　第二种情况则相当于为期权组合增加了趋势跟踪子策略。如果投资者具备较强的趋势追踪能力，则可以先明确标的资产继续沿趋势运行的价格空间，然后在期权组合的对冲过程中，将预估的标的资产目标价格纳入对 Delta Cash 的计算，以"提前"对冲。

5.2　期权中性买方策略

5.2.1　期权中性买方策略的策略目标

1. 期权隐含波动率与标的资产实际波动率的波动率差

期权中性买方策略一般是指将初始 Delta Cash 控制在 0 附近、将 Gamma Cash 或 Vega Cash 控制为正的期权策略组合。主要裸露敞口为正 Gamma 的期权中性买方策略，与主要敞口为负 Gamma 的期权中性卖方策略相反，博弈的目标是期权隐含波动率较标的资产实际波动率偏低后，二者波动率差的回归。

在前边的章节中说过，期权隐含波动率反映的是市场参与者对在期权到期日之前标的资产实际波动率的预期，即对未实现波动率的定价。当投资者认为标的资产未来实际波动率会高于市场当前定价的隐含波动率时，可以介入以正 Gamma 为主要敞口的期权中性买方策略，并在隐含波动率达到预期的实际波动率后了结策略。

2. 事件驱动逻辑下期权隐含波动率的上行及标的资产价格的波动放大

在标的资产价格有明确波动且有影响大事件的背景下，投资者可以基于第 4.2 节中有关事件驱动逻辑下的隐含波动率预测范式内容进行期权中性买方策略的布局。如图 5.27 所示，在临近大事件揭晓的第一阶段，由于不确定性的存在，期权隐含波动率通常呈现震荡上行态势。这些事件包括长假、重要数据、重点会议，甚至技术图形分析的收敛选向窗口等。

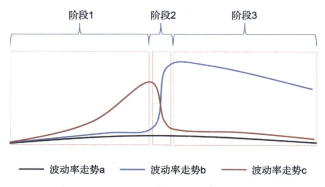

图 5.27　事件驱动周期下期权隐含波动率的一般走势规律

利用大事件前市场通常犹豫不定的情绪特征，可以采用期权中性买方策略进行布局。此时，通常博弈两种可能性：一是随着事件临近，对大波动的预期愈加高涨，期权隐含波动率持续上行。二是在隐含波动率大概率持稳小升的情况下，博弈标的资产价格在大事件来临前的意外波动。从期权组合敞口裸露的角度来看，此情况下的期权中性买方策略可以留明显的正 Vega 敞口和正 Gamma 敞口。

在获得期权隐含波动率上行或标的资产价格波动任意敞口收益后，期权中性买方策略应及时兑现了结。还需要注意的是，如果投资者不希望承担事件兑现后的价格波动不确定性，则最佳的头寸了结时间是事件兑现前夕。

5.2.2 期权中性买方策略的执行要点

1. 期权中性买方策略的事前风控

相较于期权中性卖方策略"风险无限，收益有限"的特征，期权中性买方策略一般呈现"风险有限，收益无限"的特征。在风险控制环节，期权中性买方策略的要求相对更低，但是这并不意味着不需要，参照期权中性买方策略的主要风险敞口，事前风控一般按照如下经验考量。

➢ 以正 Gamma 为主要敞口的期权中性买方策略，投资者应重点关注负 Theta 敞口的承受能力。比如，资金为 100 万元的投资账户，如果 Theta Cash 为 −10 000.0 元，则意味着投资者每天的时间损耗占账户资金的比例达 1%；若逾期，策略持有周期可能会大于 10 天，基础的损耗便会达到账户资金的 10%。投资者应当基于自身对时间损耗的极限损失额做策略执行数量的约束。

➢ 如果是既有正 Gamma 敞口，也有正 Vega 敞口的期权中性买方策略，那么除负 Theta 敞口应参照上述原则进行约束外，还应关注期权隐含波动率超预期大跌带来的正 Vega 敞口损失。比如，资金为 100 万元的投资账户，如果 Vega Cash 为 10 000.0 元，在策略布置时期权隐含波动率不低，有一定概率会继续大幅下行 5 个百分点，则当事件发生时 Vega 敞口带来的损失会达到账户资金比例的 5%。投资者同样应基于对隐含波动率下行空间极限的预期，以及自身对策略极限损失额的设置进行策略执行数量上的约束。

➢ 对于涉及跨月期权合约的期权策略，除上述事前风控安排外，也要考量期权跨月合约之间的隐含波动率差，需要明确跨月期权合约之间隐含波动率差的变化对策略造成的影响可控，具体方式可以参见前文涉及跨月组合的期权中性卖方策略示例组合在图 5.24 所示时刻的预算方法。

➢ 对于涉及不同行权价期权合约的期权策略，除上述事前风控安排外，同样需要考量不同行权价期权合约之间的隐含波动率差，应明确隐含波动率差的变化对策略造成的影响可控。

2. 期权中性买方策略的执行策略选择

期权中性买方策略的执行策略选择主要和策略目标有关，主要的策略形式基本都以第 3.4.2 节所列举的几个组合为基础。

➢ 买入跨式/宽跨式策略：买入平值认购期权和平值认沽期权，初始 Delta 为中性；或买入虚值认购期权和虚值认沽期权，初始 Delta 为中性。

➢ 买入蝶式/铁鹰式策略：买入平值认购期权和平值认沽期权，同时卖出虚值认购期权和虚值认沽期权，初始 Delta 为中性；或买入虚值认购期权和虚值认沽期权，同时卖出更虚值认购期权和更虚值认沽期权，初始 Delta 为中性。

➢ 反向日历策略：买入近月平值认购期权，卖出远月平值认购期权；或买入近月平值认沽期权，卖出远月平值认沽期权；或买入近月跨式期权，卖出远月跨式期权，初始 Delta 为中性。

➢ 卖近买远双向对角反比率策略：少量卖出近月跨式/宽跨式期权，大量买入远月跨式/宽跨式期权，初始 Delta 为中性。

每个策略具体的 Greeks Cash 特征和实践要点可以回看前文，这里不重复叙述。简要地说，如果投资者只希望裸露正 Gamma 敞口，不想持正 Vega 敞口，则反向日历策略是合适之选。如果投资者希望 Gamma 和 Vega 两个敞口都为正，则买入跨式/宽跨式策略是最简单的执行策略。如果投资者希望在控制 Theta 消耗的基础上，留下正 Vega 敞口，则可以选择卖近买远双向对角反比率策略。

3. Gamma Scalping

期权中性买方策略大部分的组合都具有正 Gamma 敞口，对应着负 Theta 敞口，即时间消耗。这一方面是为了对冲时间消耗，另一方面也是为了在标的资产价格波动时兑现波动收益，Gamma Scalping 是期权中性买方策略的必需动作。

所谓 Gamma Scalping，是指拥有正 Gamma 的期权买方策略组合在标的资产价格波动带来 Delta Cash 变动后，将 Delta Cash 对冲归于初始值的操作。

不考虑其他期权价格影响条件的变化，不同于拥有负 Gamma 的期权中性卖方策略组合在 Delta Cash 被动变化时往往亏损，拥有正 Gamma 的期权中性买方策略组合在 Delta Cash 被动变化时通常是盈利的，所以 Gamma Scalping 其实是期权中性买方策略兑现标的资产价格实际波动收益的一种方式。如果投资者此时不做对冲，标的资产价格随后回归原位，则对应周期的 Theta 消耗便没有获得对冲。

这里用示例展示期权中性买方策略的决策与持有期的 Gamma Scalping 过程。

如图 5.28 所示，2023 年 2 月 15 日，上证 50ETF 在经历了持续一周的震荡行情后，上证 50ETF 期权隐含波动率连续下行至 16%左右。因为还有半个月就是一年一度的"全国两会"，市场非常关注的 2023 年 GDP 发展目标及经济刺激政策将在会议中呈现，所以投资者基于期权隐含波动率偏低与标的资产影响大事件的事件驱动逻辑，选择在当日构建具备正 Gamma 与正 Vega 敞口的期权中性买方策略。

图 5.28　2023 年 1—2 月上证 50ETF 与上证 50ETF 期权下月平值隐含波动率走势

❖　蜡烛图为上证 50ETF 走势，紫色线为 50ETF 期权下月平值隐含波动率走势。

当日上证 50ETF 收盘价为 2.760 元，2023 年 3 月 22 日到期的行权价为 2.75 元的认购期权价格为 0.0681 元，同月行权价为 2.75 元的认沽期权价格为 0.0482 元。投资者账户初始规模为 100 万元，希望构建一组 Vega Cash 占资产比为 0.3%的正敞口来博弈可能的隐含波动率上升，同时希望将 Theta Cash 控制在资产 0.1%以内，以控制时间消耗。于是构建了买入 40 张行权价为 2.75 元的认购期权和 50 张行权价为 2.75 元的认沽期权的跨式组合，初始 Greeks Cash 状态如图 5.29 所示。

总头寸(元)	理论总损益	Delta Cash	Gamma Cash	Vega Cash	Theta Cash	Rho Cash
基本情况	17.0	1442.2	187109.8	3038.2	-732.2	-47.9
变化情况		1442.2	187109.8	3038.2	-732.2	-47.9

图 5.29　2023 年 2 月跨式示例组合初始 Greeks Cash 状态

组合初始时刻的 Delta Cash 为 1442.2 元，基本为中性；Gamma Cash 为 187 109.8 元；Vega Cash 为 3038.2 元，占比约 0.3%；Theta Cash 为-732.2 元，自然日消耗占比不到 0.1%。这里假设投资者以 10 000 元（即资产的 1%）为策略盈利目标，将隐含波动率上行 3 个百分点为重要情绪指标修复目标，同时以标的资产价格波动 1%为 Gamma Scalping 触发阈值。

2023 年 2 月 17 日，上证 50ETF 价格较初始价格下跌超过 1%，至 2.721 元。如图 5.30 所示，期权隐含波动率整体上行只有不到 0.5 个百分点，尚未达到全部了结的目标。

2023 年 3 月 22 日到期的行权价为 2.75 元的认购期权价格为 0.0450 元，同月行权价为 2.75 元的认沽期权价格为 0.0681 元。Gamma Scalping 前的组合 Greeks Cash 状态如图 5.31 所示。

行情变化后，初始组合有了 708.5 元的收益，Delta Cash 变为-269 710.9 元；Gamma Cash 为 188 953.5 元，基本持稳；Vega Cash 为 2910.1 元，基本持稳；Theta Cash 为-729.0 元，基本持稳。

图 5.30　2023 年 1—2 月上证 50ETF 与上证 50ETF 期权下月平值隐含波动率走势

❖ 蜡烛图为上证 50ETF 走势，紫色线为 50ETF 期权下月平值隐含波动率走势。

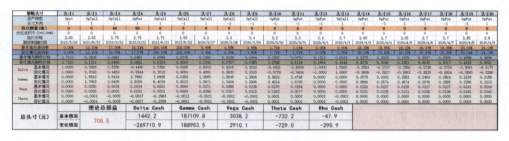

图 5.31　Gamma Scalping 前的组合 Greeks Cash 状态

　　因为隐含波动率上行未达目标，所以其他 Greeks Cash 尽可能不动。但是在标的资产价格波动超过 1%后，Delta Cash 需要做归 0 处理，目前投资者需要选择最低成本或最占优的方式做对冲。

　　如果注意两个持仓合约隐含波动率的前后变化，则可以发现认购期权的隐含波动率是小幅下行的，从初始的 17.50%下行至 16.99%；认沽期权的隐含波动率则从 16.51%上行至 17.07%。因为这两日上证 50ETF 期权 3 月合约整体隐含波动率的上行空间不到 0.5 个百分点，所以两个持仓合约隐含波动率的前后变化主要是由波动率曲线的平移带来的。所谓波动率平移，即在隐含波动率曲线形态不变的情况下，由于标的资产价格波动带来平值合约的改变，进而使得所有期权合约在波动率曲线所处的位置发生变化，并引发隐含波动率发生相对变化。波动率曲线的常规形态图如图 5.32 所示。

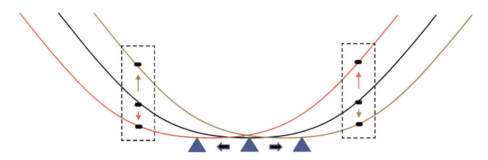

图 5.32　波动率曲线常规形态图

❖　三角形位置对应平值期权。

❖　黑色线为初始波动率曲线，红色线为向左平移，咖啡色线为向右平移。

　　基于波动率曲线平移带来的持仓合约变化，投资者可以通过选择在隐含波动率上行的合约减仓、在隐含波动率下行的合约加仓进行对冲，将认购期权的数量增加 10 张至 50 张，将认沽期权的数量减少 10 张至 40 张，对冲调整后的 Greeks Cash 状态如图 5.33 所示。

图 5.33　2023 年 2 月跨式示例组合行情对冲调整后的 Greeks Cash 状态

　　对冲后，Delta Cash 变为 2279.7 元，基本为中性；Gamma Cash 为 189 063.8 元，基本持稳；Vega Cash 为 2910.0，基本持稳；Theta Cash 为-747.4 元，基本持稳。

　　完成 Gamma Scalping 对冲后的第 1 个交易日，即 2023 年 2 月 20 日，上证 50ETF价格较对冲时刻变动再次超过 1%，至 2.798 元。如图 5.34 所示，期权隐含波动率继续微涨，未达 3 个百分点的目标。

图 5.34　2023 年 1—2 月上证 50ETF 与上证 50ETF 期权下月平值隐含波动率走势

❖　蜡烛图为上证 50ETF 走势，紫色线为 50ETF 期权下月平值隐含波动率走势。

2023 年 3 月 22 日到期的行权价为 2.75 元的认购期权价格为 0.0901 元，同月行权价为 2.75 元的认沽期权价格为 0.0327 元。Gamma Scalping 前的组合 Greeks Cash 状态如图 5.35 所示。

策略头寸		头寸1	头寸2	头寸3	头寸4	头寸5	头寸6	头寸7	头寸8	头寸9	头寸10	头寸11	头寸12	头寸13	头寸14	头寸15	头寸16	头寸17	头寸18	头寸19	头寸20
资产种类		Spot	OpCall	OpCall	OpPut	OpCall	OpCall	OpPut	OpCall	OpCall	OpPut	OpCall	OpPut	OpCall	OpPut	OpCall	OpPut	OpCall	OpPut	OpCall	OpPut
头寸方向			1	1	1	-1	-1	-1	-1	1	-1	-1	-1	-1	1	-1	-1	-1	-1	-1	-1
持仓数量（张）		0	0	50	40	0	0	0	0	0	0	0	0	0	0	0	0	0	0	0	0
价内价外（1=T,0=W）			0	1	0	0	0	0	0	0	0	0	0	0	0	0	0	0	0	0	0
执行价格		2.65	2.65	2.75	2.75	2.75	2.75	3.3	3.4	3.3	3.3	3.3	2.7	2.65	2.7	2.7	2.65	2.9
期权到期时间		2023/5/18	2023/6/22	2023/3/22	2023/3/22	2022/6/22	2022/6/22	2029/3/27	2029/3/28	2029/3/29	2029/3/31	2029/4/1	2029/4/2	2029/4/3	2029/4/4	2029/4/5	2029/4/6	2029/4/7	2029/4/8	2029/4/9
基本隐含波动率		0.00%	17.24%	16.90%	17.00%	200.00%	200.00%	6.22%	5.17%	4.45%	0.93%	0.00%	17.82%	19.00%	17.76%	18.00%	18.92%	22.55%	23.62%
变化隐含波动率		0.00%	17.24%	18.70%	18.70%	200.00%	200.00%	6.22%	5.17%	4.45%	0.53%	0.00%	18.02%	18.95%	18.00%	18.00%	18.00%	22.55%	23.62%
基本隐含期权价格		2.7980	0.1508	0.0450	0.0681	0.0998	0.0276	0.1350	0.0928	0.0484	0.0097	0.0770	0.1312	0.0085	0.2475	0.2631	0.2459	0.2927	0.2909	0.4398
变化隐含期权价格		2.7980	0.2135	0.0037	0.0529	0.0001	0.1964	0.1267	0.0742	0.0076	0.0344	0.1200	0.4809	0.2135	0.2722	0.2549	0.2717	0.2690	0.4159	0.4649
Delta	基本情况	1.0000	0.5544	0.4452	-0.5544	0.5015	0.0000	0.5063	0.4810	-0.6559	-1.0000	-0.3810	-0.5559	-1.0000	-0.3051	-0.3618	0.2648	-0.2817	-0.3815	-0.3187	-0.3277
	变化情况	1.0000	0.7514	0.6506	-0.3406	0.8093	0.0042	0.5778	0.6998	-0.3713	-0.3077	-1.0000	-1.0000	-0.2248	-0.3819	-0.1445	-0.3012	-0.3819	-0.3312	
Gamma	基本情况	0.0000	1.3438	2.8443	1.8387	6.4039	0.0022	0.9533	1.1110	1.1255	5.8997	0.0000	0.0000	0.2727	0.2634	2.75	0.2636	0.2646	0.2350	0.2357
	变化情况	0.0000	1.3950	2.4611	6.6118	4.8802	0.2215	0.9102	1.1148	1.2277	4.4428	0.0000	0.0000	0.2346	0.2473	0.2353	0.2475	0.2484	0.2231	0.2157
Vega	基本情况	0.0000	0.0059	0.0032	0.0032	0.0001	0.0000	0.0298	0.0050	0.0227	0.0000	0.0000	0.0000	0.0221	0.0228	0.0225	0.0228	0.0229	0.0228	0.0244
	变化情况	0.0000	0.0051	0.0030	0.0001	0.0000	0.0000	0.0276	0.0270	0.0270	0.0000	0.0000	0.0000	0.0218	0.0226	0.0217	0.0226	0.0230	0.0241	0.0245
Theta	基本情况	0.0000	-0.0005	-0.0009	-0.0007	-0.2599	-0.0001	-0.0001	-0.0001	-0.0001	0.0000	0.0002	0.0002	-0.0002	0.0000	0.0000	0.0000	0.0000	0.0000	0.0000
	变化情况	0.0000	-0.0005	-0.0010	-0.0095	-0.3086	-0.0001	-0.0001	-0.0001	-0.0001	0.0000	0.0002	0.0002	-0.0002	0.0000	0.0000	0.0000	0.0000	0.0000	0.0000

总头寸(元)		理论总损益	Delta Cash	Gamma Cash	Vega Cash	Theta Cash	Rho Cash			
	基本情况		2279.7	189063.8	2910.0	-747.4	-42.9			
	变化情况	8373.0	529072.8	178125.1	2661.0	-839.3	387.1			

图 5.35　Gamma Scalping 前的组合 Greeks Cash 状态

行情变化后，组合较上次对冲时有了 8373.0 元的收益，Delta Cash 变为 529 072.8 元；Gamma Cash 为 178 125.1 元，基本持稳；Vega Cash 为 2661.0 元，小幅下行；Theta Cash 为−839.3 元，微幅上行。

投资者选择以平仓部分认购期权、加仓认沽期权的方式再次进行对冲。通过测算，最终将 50 张认购期权减仓至 32 张，将 40 张认沽期权加仓至 60 张。对冲调整后的 Greeks Cash 状态如图 5.36 所示。

策略头寸	头寸1	头寸2	头寸3	头寸4	头寸5	头寸6	头寸7	头寸8	头寸9	头寸10	头寸11	头寸12	头寸13	头寸14	头寸16	头寸17	头寸18	头寸19	头寸20
期权种类	Spot	OpCall	OpCall	OpPut	OpCall	OpCall	OpCall	OpCall	OpCall	OpPut	OpPut	OpPut	OpPut	OpCall	OpCall	OpCall	OpCall	OpCall	OpCall
头寸方向		1	1	1	1	1	1	-1	1	-1	-1	-1	-1	1	1	1	-1	-1	1
持仓数量(张)	0	0	32	60	0	0	0	0	0	-1	0	0	0	0	0	0	0	0	1
分红含YTD(-I平, 0-AW)		0	0	0	0	0	0	0	0	0	0	0	0	0	0	0	0	0	0
执行价格		2.65	2.75	2.75	2.95	3.2	3.2	3.2	3.4	2.7	2.65	2.65	2.65	2.7	2.7	2.7	2.7	2.85	2.9
期权剩余时间	2023/5/18	2023/6/22	2023/3/22	2023/3/22	2022/6/22	2021/6/22	2023/3/27	2023/3/28	3.4	2023/3/30	2023/3/31	2023/4/1	2023/4/2	2023/4/3	2023/4/5	2023/4/6	2023/4/7	2023/4/8	2023/4/9

			Delta Cash	Gamma Cash	Vega Cash	Theta Cash	Rho Cash	
总头寸(元)	理论总损益		10792.4	184326.2	2714.8	-809.1	-31.0	
	基本情况		10792.4	184326.2	2714.8	-809.1	-31.0	
	变化情况	-0.5	10792.4	184326.2	2714.8	-809.1	-31.0	

图 5.36　对冲调整后的 Greeks Cash 状态

对冲后，Delta Cash 变为 10 792.4 元，基本中性；Gamma Cash 为 184 326.2 元，基本持稳；Vega Cash 为 2714.8，较对冲前基本持稳；Theta Cash 为-809.1 元，较对冲前基本持稳。

完成第二轮 Gamma Scalping 对冲后的第 4 个交易日，即 2023 年 2 月 24 日，上证 50ETF 价格较对冲时刻变动再次超过 1%，至 2.736 元。如图 5.37 所示，期权隐含波动率继续微涨，未达 3 个百分点的目标。

图 5.37　2023 年 1—2 月上证 50ETF 与上证 50ETF 期权下月平值隐含波动率走势

❖　蜡烛图为上证 50ETF 走势，紫色线为 50ETF 期权下月平值隐含波动率走势。

2023 年 3 月 22 日到期的行权价为 2.75 元的认购期权价格为 0.0480 元，同月行权价为 2.75 元的认沽期权价格为 0.0565 元。Gamma Scalping 前的组合 Greeks Cash 状态如图 5.38 所示。

策略头寸	头寸1	头寸2	头寸3	头寸4	头寸5	头寸6	头寸7	头寸8	头寸9	头寸10	头寸11	头寸12	头寸13	头寸14	头寸15	头寸16	头寸17	头寸18	头寸19	头寸20
资产种类	Spot	OpCall	OpCall	OpPut	OpCall	OpCall	OpCall	OpCall	OpPut	OpCall	OpPut	OpPut	OpCall	OpCall	OpPut	OpPut	OpPut	OpPut	OpPut	OpPut
执行价格		2.65	2.65	2.75	2.75	2.75	2.95	3.2	3.3	3.4	3.2	3.5	3.4	2.7	2.65	2.7	2.65	2.7	2.7	2.85	2.9

图 5.38　Gamma Scalping 前的组合 Greeks Cash 状态

总头寸(元)		理论总损益	Delta Cash	Gamma Cash	Vega Cash	Theta Cash	Rho Cash
	基本情况	782.6	10792.4	184326.2	2714.8	-809.1	-31.0
	变化情况		-429292.9	210884.4	2677.3	-884.9	-340.9

行情变化后，组合较上次对冲时有了 782.6 元的收益，Delta Cash 变为-429 292.9 元；Gamma Cash 为 210 884.4 元，小幅上升；Vega Cash 为 2677.3 元，基本稳定；Theta Cash 为-884.9 元，小幅上行。

至此，虽然隐含波动率并未较初始时刻上升 3 个百分点，持仓的认购期权合约隐含波动率从初始的 17.50%仅上升至 17.96%，认沽期权合约隐含波动率从初始的 16.51%上升至 17.75%，整体上升只有约 1 个百分点，但是由上证 50ETF 价格反复波动带来的 Gamma 收益已经弥补了隐含波动率上升不足的部分，整体收益超过期权中性买方策略初始盈利目标，所以策略可以选择了结处理。

在认购期权端，初始时以 0.0681 元购买 40 张行权价为 2.75 元的认购期权，第一次对冲在 0.0450 元增购 10 张，第二次对冲在 0.0901 元减仓 18 张，并在最终日以 0.0490 元全部平仓，不考虑手续费与冲击成本，累积获得 158 元收益。在认沽期权端，初始以 0.0482 元购买 50 张行权价为 2.75 元的认沽期权，第一次对冲在 0.0681 元平仓 10 张，第二次对冲在 0.0327 元增购 20 张，并在最终日以 0.0565 元全部平仓，可以获得 10 470 的收益。两端加总，投资者在本轮期权中性买方策略执行中获得 10 628 元的收益，占 100 万元账户资金的 1.06%。

值得补充的一点是，这里做的 Gamma Scalping 示例主要是选择用持仓期权合约的加减仓进行 Delta 对冲，核心原因在于示例周期上证 50ETF 期权市场隐含波动率、基差相对稳定，如果出现较大幅度的隐含波动率或者基差变动，则投资者在做对冲时应该基于成本优选原则决策更好的对冲方式。

　　比如，当期权合成价格较现货升水较大时，可以选择用现货进行负 Delta Cash 的对冲；反之，当期权合成价格较现货贴水较大时，正 Delta Cash 的对冲应当优先选用现货。隐含波动率的变动同理，原则是在隐含波动率偏低时，以增加买权为主进行对冲；反之，则以增加卖权为主进行对冲，通过诸如此类符合期权波动率曲面套利、期权基差套利原则的方式进行 Gamma Scalping 的操作。

第6章

期权波动率曲面交易策略

6.1　期权月内波动率偏度策略

6.1.1　期权月内波动率偏度基础

1. 期权波动率曲面和波动率曲线

所谓期权波动率曲面，是指标的资产所有期权合约的波动率以隐含波动率、行权价、到期剩余时间分别为 X、Y、Z 轴进行对应排列和铺画的图。图 6.1 所示为 Wind 金融终端上证 50ETF 期权 2023 年 3 月 31 日波动率曲面。

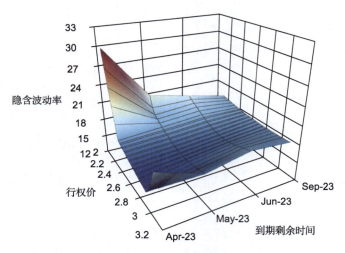

图 6.1　Wind 金融终端上证 50ETF 期权 2023 年 3 月 31 日波动率曲面

期权波动率曲线一般是指月内波动率曲线，就是将波动率曲面沿着到期剩余时间做横向切割后，由相同到期月份、不同行权价期权合约隐含波动率连线而成的曲线。

2. 期权波动率曲线的变化

在期权交易实践中，期权波动率曲线有三个维度的变化。

垂直方向的变化，即期权波动率曲线整体上行或下行，对应期权市场整体隐含波动率的上升或下降，如图 6.2 所示。如果没有标的资产价格的波动，则所有期权合约隐含波动率都会同向变化。

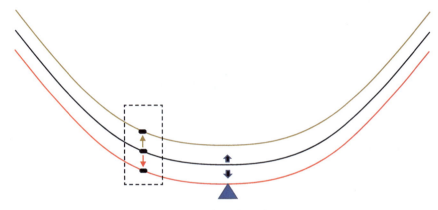

图 6.2　波动率曲线垂直变化图

❖　三角形位置对应平值期权；

❖　黑色线为初始的波动率曲线，红色线为向下移动后的曲线，咖啡色线为向上移动后的曲线。

水平方向的变化，是指由标的资产价格变化带来的期权波动率曲线整体水平移动。前面的章节提过，在期权波动率曲线形态没有变化的情况下，标的资产价格波动会导致所有期权合约的 Delta 发生变化。从图形角度理解，即平值期权合约发生了改变，则新的期权波动率曲线要以其为原点，按照原期权波动率曲线特征在两端期权合约上重新规划。如图 6.3 所示，顺着标的资产价格变化方向的期权合约隐含波动率通常下行，逆着标的资产价格变化方向的期权合约隐含波动率通常上行。

顺时针或逆时针方向的旋转变化，是指由期权市场参与者对标的资产价格预期或情绪所带来的期权波动率曲线顺时针或逆时针方向的旋转变化。

如图 6.4 所示，期权波动率曲线顺时针方向的旋转，是指虚值认购端波动率曲线向下变化，虚值认沽端波动率曲线向上变化，对应交易者定价更多标的资产价格下行方向的需求。反之，当期权波动率曲线逆时针方向旋转时，虚值认购端波动率曲线向上变化，虚值认沽端波动率曲线向下变化，对应交易者定价更多标的资产价格上行方向的需求。

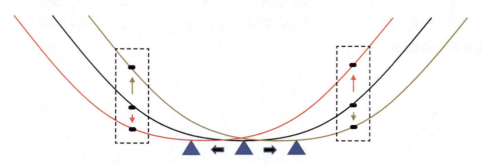

图 6.3　波动率曲线水平变化图

❖　三角形位置对应平值期权；
❖　黑色线为初始的波动率曲线，红色线为向左平移后的曲线，咖啡色线为向右平移后的曲线。

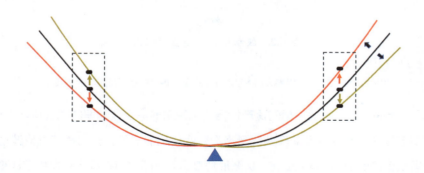

图 6.4　波动率曲线旋转变化图

❖　三角形位置对应平值期权；
❖　黑色线为初始的波动率曲线，红色线为逆时针旋转后的曲线，咖啡色线为顺时针旋转后的曲线。

3. 期权月内波动率Skew

期权月内波动率 Skew，是指期权波动率曲线第三个维度的变化。因为这个变化包含市场参与者的情绪（从演绎法逻辑推敲，情绪虽难以控制，但必然往复），所以在期权实践中，专业交易者可以利用该特性进行套利交易。

在第 5 章更详细地展示了期权波动率曲线第三个维度的变化，如图 6.5 所示。

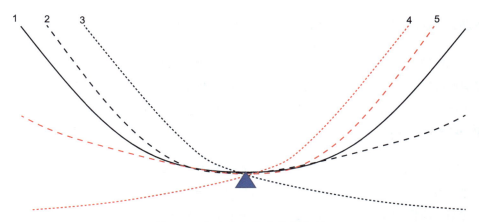

图 6.5　波动率曲线旋转变化图

✧　三角形位置对应平值期权，编号对应 5 种月内波动率曲线形态。

在上证 50ETF 期权上市至 2022 年年底的 8 年时间里，该期权波动率曲面的主要形态有 5 种：波动率微笑中性形态、微笑正偏形态、单调正偏形态、单调负偏形态、微笑负偏形态。"在平值区域隐含波动率高，在虚值区域隐含波动率低"的波动率哭泣形态在国内尚未出现过。

如前文所述，波动率微笑中性形态对应虚值认购端和虚值认沽端期权合约隐含波动率对称上升；微笑正偏形态对应虚值认购端期权合约的隐含波动率上升速度快于虚值认沽端期权合约的相应上升速度；单调正偏形态对应虚值认购端期权合约隐含波动率上升和虚值认沽端期权合约隐含波动率下降；单调负偏形态对应虚值认购端期权合约隐含波动率下降和虚值认沽端期权合约隐含波动率上升；微笑负偏形态对应虚值认购端期权合约的隐含波动率上升速度慢于虚值认沽端期权合约的相应上升速度。

6.1.2　期权月内波动率 Skew 的度量

1. 无模型Skew指数

经验上，如果期权波动率曲线是单调正偏形态或单调负偏形态，则基本意味着该期权月内波动率 Skew 处于历史极值区域。但是在更多的时间里，因为期权波动率曲线在波动率微笑中性形态、微笑正偏形态、微笑负偏形态这三个状态中，投资者很难通过目测曲线形态得出期权月内波动率 Skew 是否偏高或偏低的结论，所以，在实践中需要有具体的算法来度量期权月内波动率 Skew 的偏斜程度，以将历史行情中的期权月内波动率 Skew 变化过程整体展示出来，并最终辅助于期权波动率曲线来进行交易。

无模型 Skew 指数，即业内人士戏称的"黑天鹅指数"，是一种度量期权市场整体偏度情况的指数。它之所以被戏称为"黑天鹅指数"，源于成熟市场投资者会在风险预期较大时，大幅增加认沽期权的配置，从而导致无模型 Skew 指数可以轻松展示市场对黑天鹅事件的防范情绪。

无模型 Skew 指数最初由美国芝商所（CBOE）提出，旨在量化期权市场整体的 Skew 状态。该指数是在交易最活跃的两个近期期权交易月份中对称选出的虚值认购期权和认沽期权，通过固定算法得出的。芝商所在其官网上长期公示无模型 Skew 指数的算法，此处将其展示如下。

第一步：计算残差调整项 ε_1、ε_2、ε_3。

$$\varepsilon_1 = -\left(1 + \ln\left(\frac{F_0}{K_0}\right) - \frac{F_0}{K_0}\right)$$

$$\varepsilon_2 = 2\ln\left(\frac{K_0}{F_0}\right)\left(\frac{F_0}{K_0} - 1\right) + \frac{1}{2}\ln^2\left(\frac{K_0}{F_0}\right)$$

$$\varepsilon_3 = 3\ln^2\left(\frac{K_0}{F_0}\right)\left(\frac{1}{3}\ln\left(\frac{K_0}{F_0}\right) - 1 + \frac{F_0}{K_0}\right)$$

公式中，F_0 为由公式 $F_0 = e^{rT}(C - P) + K$ 计算得出的标的资产远期价格，其中，K 为认购期权和认沽期权中间价差绝对值的最小值所对应的期权行权价（一般对应平值期权），C 为认购期权价格，P 为认沽期权价格。K_0 为低于 F_0 的第一个行权价。

第二步：计算中间项 P_1、P_2、P_3。

$$P_1 = e^{rT}\left(-\sum_i^n \frac{1}{K_i^2} Q_{K_i} \Delta_{K_i}\right) + \varepsilon_1$$

$$P_2 = e^{rT}\left(\sum_i^n \frac{2}{K_i^2}\left(1 - \ln\left(\frac{K_i}{F_0}\right)\right) Q_{K_i} \Delta_{K_i}\right) + \varepsilon_2$$

$$P_3 = e^{rT}\left(\sum_i^n \frac{3}{K_i^2}\left(2\ln\left(\frac{K_i}{F_0}\right) - \ln^2\left(\frac{K_i}{F_0}\right)\right) Q_{K_i} \Delta_{K_i}\right) + \varepsilon_3$$

K_i 为虚值期权行权价，Δ_{K_i} 为相邻两个行权价之差，Q_{K_i} 为行权价为 K_i 的期权合约买卖价格均值。T 为到期时间，r 为无风险利率，n 为计算无模型 Skew 指数所取的虚值期权单方向合约数量。

第三步：计算期权单月合约 Skew S_m。

$$S_m = \frac{P_3 - 3P_1P_2 + 2P_1^3}{(P_2 - P_1^2)^{3/2}}$$

第四步：将近月与远月 Skew S_{m1}、S_{m2} 通过时间加权计算得出总体 Skew S。

$$S = wS_{m1} + (1-w)S_{m2}$$

$$w = \frac{T_{m2} - T_{30}}{T_{m2} - T_{m1}}$$

T_{m2} 为远月到期时间，T_{m1} 为近月到期时间，T_{30} 为到期时间剩余 30 日时的时间，S_{m1} 为近月 Skew，S_{m2} 为远月 Skew。

第五步：将市场总体 Skew 转换为无模型 Skew 指数。

$$\text{Skew} = 100 - 10S$$

作为期权市场整体 Skew 的度量指标，当 Skew 等于100时，意味着期权波动率曲线呈微笑中性形态；当 Skew 大于100时，意味着期权波动率曲线呈负偏形态，当 Skew 小于100时，呈正偏形态。

按照芝商所无模型 Skew 指数算法，上证 50ETF 期权自 2015 年 2 月 9 日上市到 2022 年 12 月 31 日的无模型 Skew 指数走势如图 6.6 所示。

从图 6.6 中很容易发现，无模型 Skew 指数呈现很明显的均值回复特征，大多数时间在 90～110 之间波动。在 2015 年—2017 年，上证 50ETF 期权无模型 Skew 指数的波动范围明显加大，这一方面源于 2015 年大级别牛熊转换波动带来的市场极端情绪。另一方面源于该期权上市初期合约只设计了上下各两个档位的虚值期权。标的资产价格稍大的单向波动便形成认购端或认沽端无虚值合约的情况，进而使得该指数对 Skew 的定价过度。

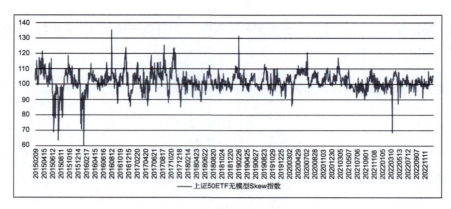

图 6.6　上证 50ETF 期权无模型 Skew 指数走势

自 2018 年开始，随着上海证券交易所从规则上增加上证 50ETF 期权虚值档位新挂数量，以及市场参与者更加成熟，该指数的波动明显稳定。

作为度量期权市场交易者对标的资产价格预期与情绪的整体指标，无模型 Skew 指数每次临近 90 的历史统计正偏极限或临近 110 的历史统计负偏极限，往往都对应标的资产行情的关键转折区。如图 6.7 所示，走势对比虽不能作为充分条件判断行情，但起码可以作为可选条件。

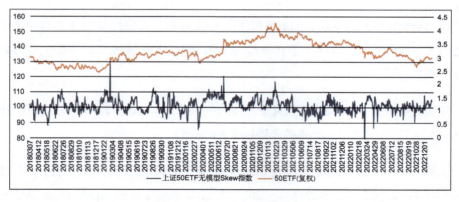

图 6.7　上证 50ETF 期权无模型 Skew 指数和上证 50ETF 走势对比

❖　黑色线为上证 50ETF 期权无模型 Skew 指数走势；
❖　橙色线为上证 50ETF 期权走势。

在期权波动率曲线不同月份 Skew 的跟踪实践中，可以将无模型 Skew 指数计算过程中所包含的 S_{m1} 和 S_{m2} 作为跟踪具体月份 Skew 指数的指标。但是对期权交易者来说，在执行上还需要将该数字转换为实践中更容易理解的隐含波动率差。为了看起来更直观，需要有更为简洁、有效的方式来度量 Skew。

2. Skew指数的隐含波动率度量法

相较于无模型 Skew 指数的复杂算法，基于不同期权合约隐含波动率差度量 Skew 的方法更适合交易者在实践中运用。基于不同期权合约的隐含波动率，计算 Skew 有三种简便公式。

第一种：

$$Skew = IV_{0.25Delta} - IV_{0.5Delta}$$

第二种：

$$Skew = \frac{IV_{0.25Delta} - IV_{0.5Delta}}{IV_{0.5Delta}}$$

第三种：

$$Skew = \frac{IV_{Put0.25Delta} - IV_{Call0.25Delta}}{IV_{0.5Delta}}$$

公式中，$IV_{0.25Delta}$ 对应 Delta 绝对值等于 0.25 时的期权隐含波动率，$IV_{0.5Delta}$ 对应 Delta 绝对值等于 0.5 时的期权隐含波动率，$IV_{Put0.25Delta}$ 对应 Delta 绝对值等于 0.25 时的认沽期权隐含波动率，$IV_{Call0.25Delta}$ 对应 Delta 绝对值等于 0.25 时的认购期权隐含波动率。

不难发现，第一种公式直接取虚值期权隐含波动率与平值期权隐含波动率的波动率差作为 Skew。第二种公式考虑到当隐含波动率处于不同水平时，虚值期权与平值期权隐含波动率差所代表的比例不同，所以增加了分母项剔除该不利影响。第三种公式考虑到虚值认沽期权端隐含波动率较虚值认购期权端隐含波动率的波动率差。

现实的期权市场总会存在基差，当期权合成标的资产价格较标的资产价格高时，将标的资产价格代入 B-S 公式计算的隐含波动率会有认购期权明显高于认沽期权的状况，反之亦然。所以，虽然第三种公式更能说明波动率曲线的整体 Skew 情况，但需要在计算期权合约隐含波动率时，将 B-S 公式中的标的资产价格替换为由期权合约合成的标的资产远期价格，以规避这个情况。

从经验来说，运用第二种公式更简洁、有效。在使用时，为了规避基差给认购期权和认沽期权带来的隐含波动率差异,可以分别跟踪认购期权和认沽期权的 Skew 数据。

$$\mathrm{CSkew} = \frac{\mathrm{IV}_{\mathrm{Call0.25Delta}} + \mathrm{IV}_{\mathrm{Call0.5Delta}}}{\mathrm{IV}_{\mathrm{Call0.5Delta}}}$$

$$\mathrm{PSkew} = \frac{\mathrm{IV}_{\mathrm{Put0.25Delta}} + \mathrm{IV}_{\mathrm{Put0.5Delta}}}{\mathrm{IV}_{\mathrm{Put0.5Delta}}}$$

公式中, CSkew 对应虚值认购端的 Skew 指数, PSkew 对应虚值认沽端的 Skew 指数。

根据这两个算法（公式）,上证 50ETF 期权上市至 2022 年 12 月 31 日的下月 CSkew 走势如图 6.8 所示。

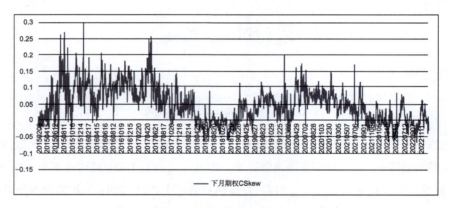

图 6.8　上证 50ETF 期权下月 CSkew 走势

同时期上证 50ETF 期权下月 PSkew 走势如图 6.9 所示。

从图 6.8 与图 6.9 中可以得出几条上证 50ETF 期权历史 Skew 走势的规律:

➢ 和无模型 Skew 指数一样,2015 至 2017 年因为上证 50ETF 期权本身的波动, 以及期权市场合约的限制,指数波动较其他时期变化偏大。

➢ CSkew 指数自 2018 年开始往后的主要运行区间为−0.05 至 0.1,即 Delta 为 0.25 的虚值认购期权隐含波动率相较 Delta 为 0.5 的平值认购期权隐含波动率的主 要波动范围为低 5%至高 10%。2021 年至 2022 年该波动区间进一步收敛为 −0.05 至 0.05,对应低 5%至高 5%的波动范围。

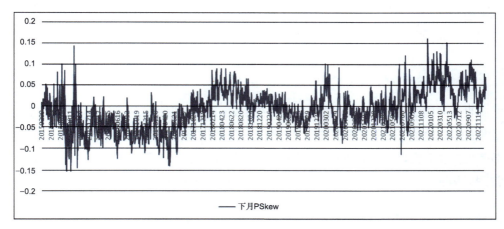

图 6.9　上证 50ETF 期权下月 PSkew 走势

➢ PSkew 指数自 2018 年开始往后的主要运行区间为-0.05 至 0.1，即 Delta 为-0.25 的虚值认沽期权隐含波动率相较 Delta 为-0.5 的平值认沽期权隐含波动率的主要波动范围为低 5%至高 10%。2021 年至 2022 年该波动区间进一步收敛为 0 至 0.1，对应低 0%至高 10%的波动范围。

➢ CSkew 指数和 PSkew 指数的走势呈明显的负相关，这由算法决定。当偏度向正偏方向变化时，期权波动率曲线逆时针旋转，对应的 CSkew 走高，对应的 PSkew 走低。

虽然这里说的是上证 50ETF 期权的数据，但算法可以被迁移至任意期权品种。值得重点补充的是，自 2021 年以后上证 50ETF 期权 CSkew 和 PSkew 的波动变化可能是一个长期变化。

随着国内指数期权市场的成熟，越来越多的机构参与进来，各种雪球类场外期权品种也间接参与进来。个人交易者往往追求偏短期的投资博弈，而权益类机构交易者往往更倾向于风险防范和收益增强，即使用保险策略和备兑策略。这两种策略占期权市场的权重越来越大会使得 CSkew 的上行更难，PSkew 的下行更难。因此，在对指数期权的实践上，建议不要将上证 50ETF 期权上市之初的数据以过大的权重纳入决策当中。

6.1.3　期权月内波动率 Skew 交易执行要点

1. 期权月内波动率Skew交易的一般执行策略

期权月内波动率 Skew 交易其实就是在 Skew 历史数据跟踪的基础上，选择"卖出偏贵的期权合约，买入偏便宜的期权合约"，以赚取二者波动率差回归的交易。很多期权专业投资者会以维持 Delta Cash 中性的方式构建组合来捕捉这个 Skew 修复的收益。这里以构建 Delta 中性组合为例，介绍 Skew 交易的一般执行策略。

- 博弈正偏修复的 Skew 交易

如图 6.10 所示，当期权波动率曲线从正偏状态顺时针旋转至中性状态时，虚值认购端高行权价部位的隐含波动率下行，期权合约的行权价越高，其隐含波动率下行幅度越大，虚值认沽端低行权价部位的隐含波动率上行；期权合约的行权价越低，其隐含波动率上行的幅度越大。

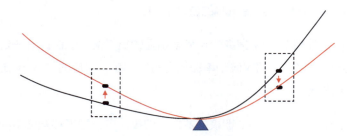

图 6.10　波动率曲线正偏形态的修复过程

✧　三角形的位置对应平值期权；
✧　黑色线为初始时呈微笑正偏状态的波动率曲线；
✧　红色线为波动率曲线修复为微笑中性状态时的情景。

如果想在维持 Delta 中性的情况下构建组合来获取这个 Skew 修复的收益，则可以有如下几个组合。

- ➢ 比率认购组合：大量卖出高行权价认购期权，少量买入低行权价认购期权，将初始的 Delta 控制为 0。该组合的初始 Gamma 敞口为负，Vega 敞口为负，Theta 敞口为正。

➢ 反比率认沽组合：大量买入低行权价认沽期权，少量买入高行权价认沽期权，将初始的 Delta 控制为 0。该组合的初始 Gamma 敞口为正，Vega 敞口为正，Theta 敞口为负。

➢ 比率认购组合与反比率认沽组合的结合体：将初始的 Delta 控制为 0，比例得当，也可以将初始的 Gamma 敞口、Vega 敞口、Theta 敞口控制在 0 附近。

策略的具体示例可以回看本书第 3 章内容，这里不再举例。此处虽然介绍的是将初始 Delta 控制为 0 的组合，实际上如果投资者本身有基础的 Delta 敞口诉求，则可以将这几个策略做一定变化。比如，将比率认购组合变换为认购牛市价差组合，这样在同样交易了 Skew 的情况下，可以维持一定的正 Delta 敞口。

● 博弈负偏修复的 Skew 交易

如图 6.11 所示，当期权波动率曲线从负偏状态逆时针旋转至中性状态时，在虚值认购端高行权价部位的隐含波动率上行时，期权合约的行权价越高，其隐含波动率上行幅度越大；在虚值认沽端低行权价部位的隐含波动率下行时，期权合约的行权价越低，其隐含波动率下行幅度越大。

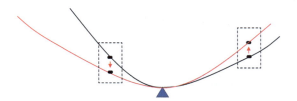

图 6.11　波动率曲线负偏形态的修复过程

❖　三角形的位置对应平值期权；
❖　黑色线为初始时呈微笑负偏状态的波动率曲线；
❖　红色线为波动率曲线修复为微笑中性状态时的情景。

如果想在维持 Delta 中性的情况下构建组合来获取这个 Skew 修复的收益，则可以有如下几个组合。

➢ 比率认沽组合：大量卖出低行权价认沽期权，少量买入高行权价认沽期权，将初始 Delta 控制为 0。该组合的初始 Gamma 敞口为负，Vega 敞口为负，Theta 敞口为正。

➢ 反比率认购组合：大量买入高行权价认购期权，少量买入低行权价认购期权，将初始 Delta 控制为 0。该组合的初始 Gamma 敞口为正，Vega 敞口为正，Theta 敞口为负。

➢ 比率认沽组合与反比率认购组合的结合体：将初始 Delta 控制为 0，比例得当，也可以将初始的 Gamma 敞口、Vega 敞口、Theta 敞口控制在 0 附近。

同样，投资者可以基于讲述的组合，做适当比例的改变，将初始 Delta 敞口控制为自身希望的大小。

2. 期权月内波动率Skew交易的基本流程

在实际的 Skew 交易过程中，在不同的场景下需要对一些执行策略进行选择与优化，具体的交易决策及执行流程如下。

第一步：维护 Skew 数据，观察数据是否异常。

计算和跟踪无模型 Skew 指数，先从该指数的走势观测出市场整体 Skew 是否偏大的初始印象。再从每个期权月度合约对应的 CSkew 指数和 PSkew 指数数据中验证 Skew 最极端的期权月度合约，并确认是认购期权方向推动的 Skew 异常，还是认沽期权方向推动的 Skew 异常。如果没有无模型 Skew 指数，那么直接观测 CSkew 指数和 PSkew 指数同样有效。

第二步：确认标的资产价格当前运行的状态。

确认标的资产价格当前是处于趋势运行还是区间震荡运行，主要目的是在执行 Skew 策略前，规避和预防期权波动率曲线平移给策略造成的不利影响。当标的资产价格明显呈趋势运行时，要对具体执行的策略组合做相应的取舍。

如果标的资产价格有明显的上行趋势，则波动率曲线向高行权价方向平移，会带来高行权价部位期权合约隐含波动率下行、低行权价部位期权合约隐含波动率上行。

如果标的资产价格有明显的下行趋势，则波动率曲线向低行权价方向平移，会带来低行权价部位期权合约隐含波动率下行、高行权价部位期权合约隐含波动率上行。

如图 6.12 所示，一个初始呈微笑正偏状态的期权波动率曲线，在遭遇标的资产价格趋势下行后，即便是曲线回到了微笑中性状态，高行权价部位的期权合约隐含波动率甚至也会反向上行。

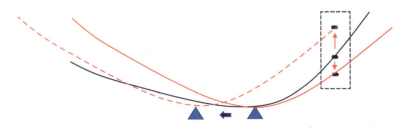

图 6.12　波动率曲线平移给 Skew 策略带来的干扰

❖　三角形的位置对应平值期权；
❖　黑色线为初始呈微笑正偏状态的波动率曲线；
❖　红色线为在标的资产价格不波动的情况下，波动率曲线修复为微笑中性状态的情景；
❖　红色虚线为标的资产价格下行带来波动率曲线向下平移，同时修复为微笑中性状态的情景。

图 6.12 中展示了高行权价期权合约隐含波动率的变化。在无期权波动率曲线平移的情况下，当 Skew 形态从微笑正偏形态修复为微笑中性形态时，初始位置的高行权价期权合约隐含波动率会显著下降。但是在出现期权波动率曲线向低行权价部位平移的事件后，初始位置的高行权价期权合约隐含波动率可能会不降反升。

这就是在做 Skew 交易时，投资者需要提前预判标的资产价格趋势的原因，要避免"标的资产价格移动带来的波动率曲线平移效应抵消 Skew 收益"的情景。当然，图 6.12 所示的是不利的波动率曲线平移，如果波动率曲线向高行权价部位平移，则 Skew 策略除可以获得 Skew 修复的收益外，还能带来额外的收益。

图 6.13 所示为一个初始呈微笑正偏状态的期权波动率曲线，在遭遇标的资产价格趋势上行，波动率曲线回到了微笑中性状态时，高行权价部位的期权合约隐含波动率下行的幅度比 Skew 修复本身带来的幅度要大很多。

如上所述，波动率曲线 Skew 交易最好的介入时机应该是，Skew 数据显示 Skew 足够大，修复的需求强烈，同时标的资产价格呈趋势运行，且趋势带来的波动率曲线平移对偏度策略是增益的。反过来，如果波动率曲线的预期平移方向和 Skew 回归的方向产生了对冲，那么此时投资者对 Skew 偏离的要求要更高，否则无法达成收益。

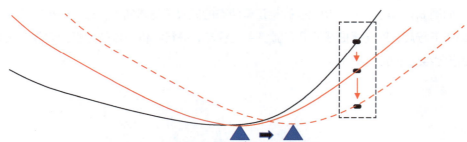

图 6.13　波动率曲线平移给 Skew 套利带来的干扰

◇　三角形的位置对应平值期权；
◇　黑色线为初始呈微笑正偏状态的波动率曲线；
◇　红色线为在标的资产价格不波动的情况下，波动率曲线修复为微笑中性状态的情景；
◇　红色虚线为标的资产价格上行带来波动率曲线向上平移，同时修复为微笑中性状态的情景。

第三步：确认隐含波动率的走势预期。

基于前面章节介绍的期权波动率预测方法体系，对期权隐含波动率的走势进行大致预判。其主要目的是在执行 Skew 策略前，规避和预防期权隐含波动率的变化给策略造成不利影响。当对隐含波动率有明显的上行或下行预期时，同样要对具体执行策略组合做一定的取舍。

当对隐含波动率有明显的下行预期时，可以优选 Vega 敞口偏负的组合，反之可以选 Vega 敞口偏正的组合。如果没有明确预期，则可以将 Vega 敞口控制在 0 附近。

第四步：确认 Skew 交易执行组合，基于事前压力测试以决定执行数量。

到这一步大家应该都很熟悉了，和第 5 章的原则一样，一旦优选了执行的 Skew 交易组合，那么最重要的一步就是进行事前压力测试。

如果是隐含波动率空头，则一般卖出期权的数量多于买入的数量，投资者需要类比期权中性卖方的思路来进行极限压力测试，以决定最终执行的策略对应的 Greeks 敞口和数量。

如果是买入期权数量更多的期权组合，则投资者需要类比期权中性买方的思路来进行事前压力测试，以决定最终执行的策略对应的 Greeks 敞口和数量。

第五步：执行 Skew 交易，合理对冲，以维持敞口，待目标达到时了结。

在进入具体执行后，Skew 交易策略的后续对冲也类比期权中性卖方策略和期权中性买方策略。

需要补充的一点是，因为标的资产价格波动的存在，Skew 交易策略在波动率曲线 Skew 本身没有修复为中性时，有可能因为波动率曲线的平移产生堪比 Skew 修复为中性时的利润。此时，Skew 交易策略可以因为目标盈利达到而提前平仓。

3. 期权月内波动率Skew交易示例

2022 年 12 月 7 日，投资者对上证 50ETF 期权下月 CSkew 指数和 PSkew 指数进行了观测，下月期权波动率曲线处于近两年正偏较严重的区域。如图 6.14 所示，当日 CSkew 指数 0.0514 位于 2021 年 10 月以后的高值区；如图 6.15 所示，当日 PSkew 指数-0.0124 同样位于近 1 年的低值区。

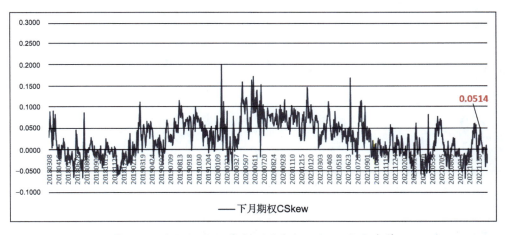

图 6.14 上证 50ETF 期权下月期权 CSkew 指数走势

于是，投资者观察标的资产上证 50ETF 的走势，以及上证 50ETF 期权隐含波动率的状态，如图 6.16 所示。

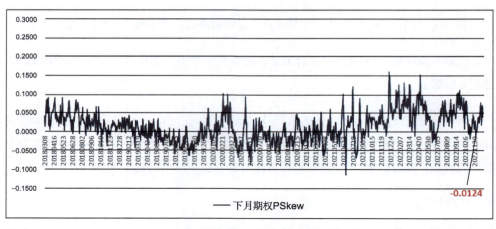

图 6.15　上证 50ETF 期权下月期权 PSkew 指数走势

图 6.16　2022 年 10 月～12 月上证 50ETF 与上证 50ETF 期权下月平值隐含波动率走势

❖　蜡烛图为上证 50ETF 走势，紫色线为 50ETF 期权下月平值隐含波动率走势。

上证 50ETF 显然处于阶段性上行过程中，短期行情正迎来持续上升以后的短暂整理阶段。期权隐含波动率则处于持续的区间震荡走势中，整体的隐含波动率位于 20% 附近，在历史中处于比中位数略低水平，且存在继续走低的可能性。

宏观上，当时正处于新冠疫情政策、房地产融资政策全面转向的初始阶段，投资者虽然对中期行情很乐观，但是也认为即将到来的新冠疫情感染高峰会给行情带来一定压力。综合下来，投资者倾向于认为随后的行情或许会上下震荡，但在新冠疫情感染高峰后市场会继续走好。

因此，结合行情来看，投资者对后续波动率曲线平移方向的预期，倾向于"先维持平稳，后向上运行"。对隐含波动率的预期，则倾向于小幅下行。

最终投资者认为，比率认购组合相对更优，在维持 Delta 中性的同时，适度保留一定的负 Vega 敞口，以博弈隐含波动率走低。

当日上证 50ETF 期权的收盘价为 2.671 元，2023 年 1 月 30 日到期的期权合约为下月合约。在该月合约中，行权价为 2.65 元和 2.80 元的认购期权的价格分别为 0.0956元和 0.0356 元。投资者账户的初始规模为 100 万元，因为隐含波动率本身不高，所以要得到账户 0.1%左右的负 Vega 敞口即可。最终投资者买入 40 张行权价为 2.65 元的认购期权、卖出 80 张行权价为 2.80 元的认购期权，通过构建比率认购组合捕捉该次偏度回归。组合的基本情况监视图如图 6.17 所示。

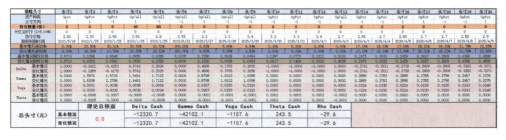

图 6.17　2022 年 12 月 Skew 交易示例组合的基本情况监视图

相较于 100 万元的账户来说，组合初始时刻，Delta Cash 为 -12320.7 元，基本中性；Gamma Cash 为 -42102.1 元，占比不到 5%；Vega Cash 为 -1157.6 元，占比略高于 0.1%；Theta Cash 为 243.5 元。

持有过程中的对冲参照期权中性卖方策略的事中风控原则进行，这里不再展开介绍。截至 2022 年 12 月 28 日，从数据上看 CSkew 指数和 PSkew 指数基本回归到偏低区域，如图 6.18 所示，当日 CSkew 指数回归到 -0.0305。

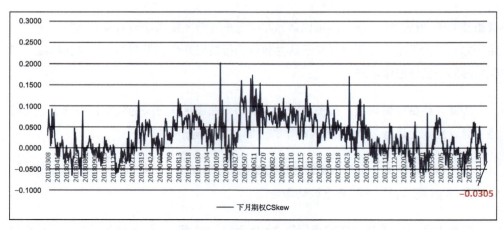

图 6.18　上证 50ETF 期权下月期权 CSkew 指数走势

　　从 Wind 金融终端上观察偏度曲线，2023 年 1 月到期的期权合约波动率曲线在 2022 年 12 月 7 日和 2022 年 12 月 28 日的 Skew 变化状态如图 6.19 所示。

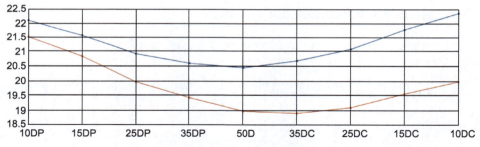

图 6.19　上证 50ETF 期权 2023 年 1 月合约波动率曲线 Skew 变化图

❖　蓝色线为 2022 年 12 月 7 日的期权波动率曲线；

❖　橙色线为 2022 年 12 月 28 日的期权波动率曲线。

　　2022 年 12 月 28 日，上证 50ETF 期权的价格变化为 2.649 元，较建仓时微幅下跌；隐含波动率则有所下行，从初始的 20%，下行至 19%。因此，投资者的本次 Skew 交易除获得 Skew 修复的收益外，还获得了隐含波动率下行的收益。

　　策略了结日，2023 年 1 月 30 日到期行权价为 2.65 元和 2.80 元的认购期权价格分别为 0.0580 元和 0.0109 元。对比建仓时 0.0956 元和 0.0356 元的价格，不考虑手续费及冲击成本，投资者可以获得约 4700 元的收益。

6.2　期权跨月波动率Skew策略

6.2.1　期权跨月波动率 Skew 基础

1. 期权跨月波动率曲线

　　期权月内波动率曲线，是指将期权隐含波动率曲面沿着剩余到期时间做横向切割，由相同到期月份、不同行权价的期权合约隐含波动率连线而成的曲线。期权跨月波动率曲线，则是指将期权隐含波动率曲面沿着行权价做纵向切割，由相同行权价、不同到期月份的期权合约隐含波动率连线而成的曲线。

　　因为平值期权的市场流动性最为充足，所以跨月波动率曲线更能代表市场的整体结构。图 6.20 为上证 50ETF 期权 2023 年 4 月 3 日的跨月波动率曲线。

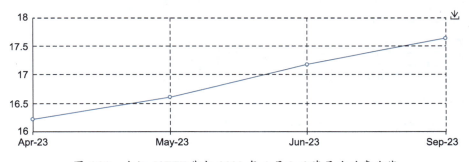

图 6.20　上证 50ETF 期权 2023 年 4 月 3 日跨月波动率曲线

2. 期权跨月波动率的变化

　　在期权交易实践中，期权跨月波动率曲线会随着期权市场参与者对标的资产价格波动预期的改变而变化。一般来说有三种状态：

> ➢ 标的资产价格波动预期较大，对应期权隐含波动率较高，近月隐含波动率高于远月，跨月波动率曲线呈近高远低形态。

> ➢ 标的资产价格波动预期在临界区，对应期权隐含波动率适中，近月隐含波动率持平于远月，跨月波动率曲线呈近远持平形态。

> 标的资产价格波动预期较低，对应期权隐含波动率较低，近月隐含波动率低
> 于远月，跨月波动率曲线呈近低远高形态。

图 6.21 为上证 50ETF 期权 2018 年初至 2022 年底的下月平值期权隐含波动率走势。图 6.21 中标记了三个交易日：2022 年 3 月 14 日，隐含波动率为 25.6%，市场处于对下跌的波动恐慌当中；2022 年 10 月 20 日，隐含波动率为 19.9%，市场处于对下跌波动可能加大的情绪临界区域；2022 年 12 月 22 日，隐含波动率为 17.8%，市场处于对标的资产价格震荡整理的预期当中。

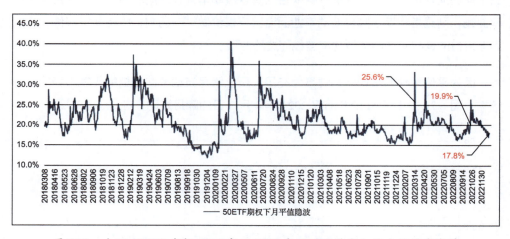

图 6.21　上证 50ETF 期权 2018 年至 2022 年下月平值期权隐含波动率走势

2022 年 3 月 14 日，期权跨月波动率曲线呈近高远低形态，如图 6.22 所示。

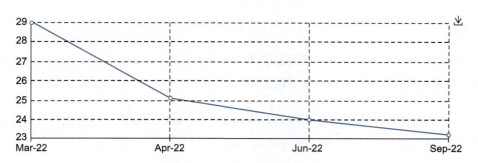

图 6.22　上证 50ETF 期权 2022 年 3 月 14 日跨月波动率曲线

2022 年 10 月 20 日，期权跨月波动率曲线基本呈近远持平形态，如图 6.23 所示。当日除最远月的合约隐含波动率异常偏高外，其他期权月份的隐含波动率都接近。

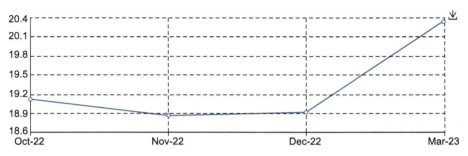

图 6.23　上证 50ETF 期权 2022 年 10 月 20 日跨月波动率曲线

2022 年 12 月 22 日，期权跨月波动率曲线基本呈近低远高形态，如图 6.24 所示。

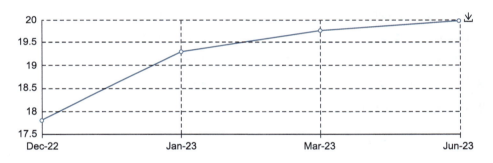

图 6.24　上证 50ETF 期权 2022 年 12 月 22 日跨月波动率曲线

如果市场预期某时间点有事件会对标的资产价格形成波动影响，则在跨月波动率曲线中会出现该月份隐含波动率突出（明显偏高或偏低）的形态。

比如 2022 年 12 月 20 日，当时市场对 2023 年 3 月期权合约拥有更高的波动率，这与该期权合约到期之前需经历春节长假和全国"两会"拥有有关。2022 年 12 月期权合约作为前一个季月合约刚好在这两个事件前到期，这意味着彼时只有 2023 年 3 月期权合约具备对事件的定价能力。

期权跨月波动率结构，即期权跨月波动率 Skew，指的是跨月波动率曲线的变化。期权跨月波动率 Skew 交易，就是通过对历史跨月期权合约波动率差进行统计，找到偏差异常的时机，买入相对被低估的到期月份隐含波动率，卖出相对被高估的到期月份隐含波动率，以博弈 Skew 回归的交易。

6.2.2　期权跨月波动率 Skew 度量与交易执行要点

1. 跨月期权隐含波动率差

在实践中，投资者需要细致地度量相邻期权月份之间的隐含波动率差异，并基于该差异的历史波动规律范围，确定跨月期权波动率 Skew 交易的时机。

计算不同期权月份之间隐含波动率差的步骤如下。

第一步：计算各到期月份的平值期权隐含波动率。

第二步：处理期权合约临到期与换月问题。在当月期权合约临近到期时，因为时间权重不同，隐含波动率会因为细微的期权价格变动而大幅波动，造成数据不稳定，所以此阶段应规避临到期合约。在当月期权合约到期后，下月合约会变为当月合约，季月合约也可能变为次月合约，所以在当月期权合约到期日出现隐含波动率差的突变时也需要进行标记或过滤。

第三步：计算期权合约不同月份之间的隐含波动率差。

图 6.25 为上证 50ETF 期权下月合约与当月合约的平值隐含波动率差在 2018 年年初至 2022 年年底的走势图。

在这份隐含波动率差数据当中，隐含波动率差值的计算公式为

$$隐含波动率差值 = \frac{下月期权平值隐含波动率 - 当月期权平值隐含波动率}{当月期权平值隐含波动率}$$

同时，在当月期权合约临近到期的最后 7 个自然日内会默认将差值归 0，以规避临到期期权隐含波动率的不稳定。每一次差值归 0 即是换月时间，也可作为提示投资者的换月标记。

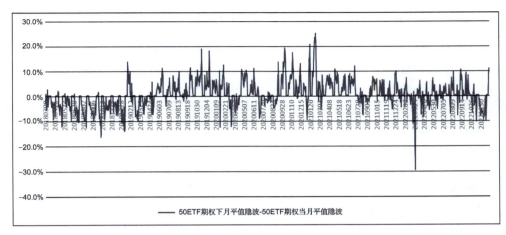

图 6.25　上证 50ETF 期权下月合约与当月合约的平值隐含波动率差

2018 年年初至 2022 年年底的走势

　　从图 6.25 中上不难看出，过去 5 年时间里，上证 50ETF 期权当月与下月合约隐含波动率差值的主要波动范围为−10%～10%。即不论跨月波动率曲线形态如何，当月与下月期权合约平值隐含波动率的差都应在正负 10% 以内。即在标的资产价格波动预期较大的高隐含波动率区内，当月期权合约平值隐含波动率比下月高出超过 10% 时，跨月 Skew 异常；在标的资产价格波动预期较稳定的低隐含波动率区内，当月期权合约平值隐含波动率比下月低于 10% 时，跨月 Skew 异常。

　　这样的期权合约跨月隐含波动率差度量方式相对简单，可以跟踪到实践中大部分的跨月异常值。该方法可以被复制到其他跨月合约组合，以及具有连续到期月份期权合约设置的期权品种中，适合绝大多数的投资者。

　　客观来说，这种简单的度量方式忽略了以下两个典型问题。

➤　尽管当月期权合约平值隐含波动率在临到期时做了归 0 处理，但依然未能做到时间维度上的稳定，即没有维持两个相比较的期权合约到到期剩余时间差的稳定，未在时间维度上进行标准化。比如，在"当月合约临到期 20 日、下月合约临到期 50 日"时，二者时间的比例关系与"当月临到期 10 日、下月临到期 40 日"时有明显差距。

➤ 未更精细地将相似行情背景下的跨月期权合约的隐含波动率差进行分类。比如，在隐含波动率偏低的区域内，隐含波动率的上升周期和下行周期的差值表现会有一定差异。

目前，对期权合约隐含波动率进行时间标准化没有特别普适的方法。在实践中可以通过规避近月合约，主要关注远月合约、季月合约的方式来降低不同到期月份期权合约对时间敏感有差异的影响。

事实上，之所以选择平值而非虚值或实值期权合约隐含波动率进行跨月对比，也是因为时间差异给不同到期月非平值期权合约带来的影响会成倍增加。当选择非平值期权合约做对比时，还需要额外处理不同的剩余时间周期、标的资产价格波动分布差异带来的虚值期权合约期望不同的问题。比如，月度周期的标的资产价格波动 5% 的概率肯定是远远小于年度周期的，这意味着月度和年度期权合约虚值程度为 5% 的虚值合约在历史分布中的概率差异很大。

如果希望更进一步减小时间的干扰，投资者可以尝试基于远期合约隐含波动率的跨月差做交叉验证。利用两个期权合约月份隐含波动率，计算它们的到期日之间远期隐含波动率的计算公式如下：

$$IV_{T_1 \to T_2} = \sqrt{\frac{IV_2^2 T_2 - IV_1^2 T_1}{T_2 - T_1}}$$

公式中，$IV_{T_1 \to T_2}$ 指在"期权到期剩余时间为 T_1 的合约到期日"至"期权到期剩余时间为 T_2 的合约到期日"之间，标的资产的市场预测远期波动率；IV_1、IV_2 分别指到期剩余时间为 T_1、T_2 的期权合约隐含波动率。

2. 期权跨月波动率Skew交易的执行要点

同期权月内波动率 Skew 交易，期权跨月波动率 Skew 交易同样是在跟踪历史数据的基础上，选择卖出偏贵的期权合约，买入偏便宜的期权合约，以赚取二者波动率差回归的交易。一般都是以"平值合约为主的日历或反日历价差"策略执行 Skew 交易，具体如下：

➤ 卖出隐含波动率偏高月份的跨式组合，买入隐含波动率偏低月份的跨式组合。

> 卖出隐含波动率偏高月份的认购期权，买入隐含波动率偏低月份的认购期权。

> 卖出隐含波动率偏高月份的认沽期权，买入隐含波动率偏低月份的认沽期权。

策略的具体示例可以回看本书第 3 章内容。一般来说，以平值期权构建日历组合，等比例构建即可将初始 Delta 敞口基本控制为 0。如果因为标的资产价格未准确落在平值期权行权价上，则可以允许适度存在微小的比例差异，或者选择在现货资产价格上下最近的两档期权合约来同步构建，以控制初始 Delta 敞口，但本身有初始 Delta 敞口诉求的除外。

这里需要补充说明以下几点：

> 如果近月期权合约的隐含波动率偏高，期权跨月波动率 Skew 交易的组合为卖出近月期权合约，买入远月期权合约，则组合的 Gamma 敞口为负，补偿是 Theta 敞口为正，此时策略不喜欢标的资产价格大幅波动，投资者需要类比期权中性卖方策略进行过程控制。

> 如果近月期权合约的隐含波动率偏低，期权跨月波动率 Skew 交易的组合为买入近月期权合约，卖出远月期权合约，则组合的 Gamma 敞口为正， Theta 敞口为负（这是缺点），此时策略担心时间消耗，投资者需要类比期权中性买方策略做 Gamma Scalping，以对冲时间消耗。

> 当平值认购期权隐含波动率和认沽期权隐含波动率差距较大时，往往对应的期权合成的现货价格有显著基差。此时，投资者应尽量选择以跨式期权构建日历组合，以规避基差波动给跨月认购期权隐含波动率差、跨月认沽期权隐含波动率差带来的干扰。有关基差对认购期权隐含波动率和认沽期权隐含波动率影响的内容，随后章节会详细阐述，此处暂不展开。

> 根据经验，利用跨月平值合约之间的 Vega 敞口基本可以实现买卖对冲，但是如果涉及非平值合约的跨月组合，比如同时存在跨月波动率 Skew 机会与月内波动率 Skew 机会，则投资者应选择在月内波动率 Skew 大的到期月合约中建仓虚值期权合约，在配对到期月合约中建仓平值期权合约。此时便存在跨月期权合约 Vega 敞口不可累加的问题。风险测算需要以先根据各到期月期权隐含波动率本身波动的预期进行独立预算，再将不同月份对应的损益进行加总。

> ➤ 在涉及当月期权合约的期权跨月波动率 Skew 交易组合时，如果未能在当月期权临到期前达成收益目标，则不得不对策略进行止损。在止损后，投资应根据视换月调整后的跨月隐含波动率差是否异常来决策是否新建组合。所以在涉及当月的组合时，建议在距离到期时间较长时进行交易，否则容易因临近到期而被迫止损。

基于实践经验，对于涉及跨月期权合约的组合，Vega 敞口的最好处理方式是：先按照到期月份独立预算损益，再将不同月份对应的损益进行加总。但如果投资者希望采取相对简洁的方式进行大致估算，则可以先将各到期月期权合约的 Vega 进行时间标准化处理，再进行加总预估。在可以承受一定误差的情况下，下述公式可以作为参考。

$$\text{Vega}_t = \text{Vega}\sqrt{\frac{90}{T}}$$

公式中，Vega_t 为时间标准化处理后的期权合约，T 为期权合约到期剩余时间。

3. 期权跨月波动率Skew交易示例

2022 年 9 月 9 日，投资者对上证 50ETF 期权当月与下月平值隐含波动率差进行观测，下月期权隐含波动率较当月期权隐含波动率高出超过 10%，属于历史偏高的区域。如图 6.26 所示，该差值达到 10.5%。

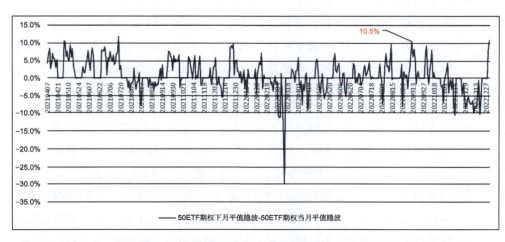

图 6.26　上证 50ETF 期权 2021 年至 2022 年当月与下月平值隐含波动率差的走势

在观察到数据异常的当日，上证 50ETF 期权当月期权合约为 9 月合约，到期日为 2022 年 9 月 28 日，距离到期尚有大半个月的时间。投资者认为有充分的时间可以博弈跨月隐含波动率差的回归，决定通过"买入 2022 年 9 月期权合约跨式组合、卖出 2022 年 10 月期权合约跨式组合"的方式博弈该次跨月波动率 Skew 回归。

当日上证 50ETF 期权的价格为 2.80 元，2022 年 9 月 28 日到期行权价为 2.80 元的认购和认沽期权合约的价格分别为 0.0405 元、0.0350 元，2022 年 10 月 26 日到期、行权价为 2.80 元的认购和认沽期权合约的价格分别为 0.0706 元、0.0610 元。以平值合约构建的日历组合可以忽略 Vega 敞口，但是买近月、卖远月的组合有负 Theta 敞口，对于有 100 万元的账户投资者希望将 Theta Cash 控制在 0.05%以内。基于此构建了 85 组近月买入跨式组合和 85 组远月卖出跨式组合，以进行跨月波动率 Skew 交易，组合基本情况监视图如图 6.27 所示。

策略头寸	头寸1	头寸2	头寸3	头寸4	头寸5	头寸6	头寸7	头寸8	头寸9	头寸10	头寸11	头寸12	头寸13	头寸14	头寸15	头寸16	头寸17	头寸18	头寸19	头寸20
资产种类	Spot	OpCall	OpPut	OpCall	OpPut	OpCall	OpPut	OpCall	OpPut	OpCall	OpPut	OpCall	OpPut	OpCall	OpPut	OpCall	OpPut	OpCall	OpPut	OpPut
头寸方向	0	1	1	-1	-1	-1	-1	-1	-1	-1	-1	-1	-1	-1	-1	-1	-1	-1	-1	-1
持仓数量(张)	0	85	85	85	85	0	0	0	0	0	0	0	0	0	0	0	0	0	0	0
分红含约T(1+T,0+8)																				
执行价格	2.65	2.8	2.8	2.8	2.9	2.95	3.2	3.3	3.4	3.2	3.3	3.4	2.7	2.65	2.7	2.65	2.7	2.7	2.85	2.9
期权到期周	2023/5/18	2022/9/28	2022/9/28	2022/10/26	2022/10/26	2029/3/27	2029/3/27	2029/3/27	2029/3/28	2029/3/29	2029/3/30	2029/3/31	2029/4/1	2029/4/2	2029/4/3	2029/4/4	2029/4/5	2029/4/6	2029/4/7	2029/4/8
基本情况波动率	0.0%	15.18%	14.45%	16.70%	16.24%	3.84%	3.27%	2.95%	2.64%	2.68%	2.46%	2.87%	18.57%	18.79%	18.50%	18.75%	19.67%	23.31%	24.40%	
变化情况波动率	0.0%	15.18%	14.45%	16.70%	16.24%	3.84%	3.27%	2.95%	2.64%	2.68%	2.46%	2.87%	18.57%	18.79%	18.50%	18.75%	19.67%	23.31%	24.40%	
基本情况行权价格	2.8000	0.0405	0.0350	0.0706	0.0610	0.0276	0.1550	0.0928	0.0494	0.0397	0.0770	0.1312	0.2475	0.2933	0.2459	0.2927	0.2909	0.4398	0.4895	
变化情况标的价格	2.8000	0.0405	0.0350	0.0705	0.0610	0.2956	0.1550	0.0928	0.0494	0.0397	0.0770	0.1312	0.5086	0.2475	0.2933	0.2459	0.2927	0.2909	0.4398	0.4895
Delta 基本情况	1.0000	0.5219	-0.4777	0.5335	-0.4664	1.0000	0.6363	0.5145	0.3984	-0.3139	-0.4878	-0.6488	0.0025	-0.2424	-0.2581	-0.2420	-0.2577	-0.2930	-0.3015	
Delta 变化情况	1.0000	0.5219	-0.4777	0.5335	-0.4664	1.0000	0.6363	0.5145	0.3984	-0.3139	-0.4878	-0.6488	0.0024	-0.2424	-0.2581	-0.2420	-0.2577	-0.2930	-0.3015	
Gamma 基本情况	0.0000	4.1085	4.3159	3.3986	2.4206	0.0000	1.1988	1.7019	1.7866	1.8789	2.0758	1.8430	0.0000	0.2345	0.2276	0.2352	0.2277	0.2385	0.2054	0.1988
Gamma 变化情况	0.0000	4.1085	4.3159	3.3986	2.4206	0.0000	1.1988	1.7019	1.7866	1.8789	2.0758	1.8430	0.0000	0.2345	0.2276	0.2352	0.2277	0.2385	0.2054	0.1988
Vega 基本情况	0.0000	0.0025	0.0025	0.0040	0.0040	0.0000	0.0258	0.0296	0.0368	0.0254	0.0395	0.0285	0.0000	0.0224	0.0232	0.0224	0.0232	0.0232	0.0247	0.0250
Vega 变化情况	0.0000	0.0025	0.0025	0.0040	0.0040	0.0000	0.0258	0.0296	0.0368	0.0254	0.0395	0.0285	0.0000	0.0224	0.0232	0.0224	0.0232	0.0232	0.0247	0.0250
Theta 基本情况	0.0000	-0.0011	-0.0009	-0.0008	-0.0008	0.0000	-0.0002	-0.0001	-0.0001	-0.0002	-0.0002	-0.0003	0.0000	0.0000	0.0000	0.0000	0.0000	0.0000	0.0000	0.0000
Theta 变化情况	0.0000	-0.0011	-0.0009	-0.0008	-0.0008	0.0000	-0.0002	-0.0001	-0.0001	-0.0002	-0.0002	-0.0003	0.0000	0.0000	0.0000	0.0000	0.0000	0.0000	0.0000	0.0000

总头寸(元)		理论总损益	Delta Cash	Gamma Cash	Vega Cash	Theta Cash	Rho Cash
	基本情况	-0.1	-54304.1	240251.7	-2464.3	-499.6	-40.0
	变化情况		-54304.1	240251.7	-2464.3	-499.6	-40.0

图 6.27　2022 年 9 月跨月 Skew 交易示例组合基本情况监视图

组合初始时刻的 Delta Cash 为-54304.1 元，接近中性；Gamma Cash 为 240251.7 元，波动有利，可以容忍适度的 Delta 敞口偏差。在未经跨月 Vega 归一化处理前，Vega Cash 为-2464.3 元，此处因为是平值合约，所以一般可以将其近似算为 0；Theta Cash 为-499.6 元，未超过投资者初始的时间消耗控制目标。

投资者持有合约至 2022 年 9 月 16 日，当月与下月平值隐含波动率差数据图显示回归至 0 附近，如图 6.28 所示，当日差为 0.8%。

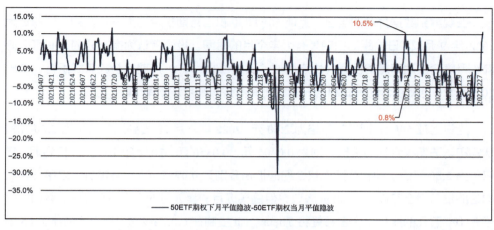

图 6.28　上证 50ETF 期权 2021 年至 2022 年当月与下月平值隐含波动率差的走势

从 Wind 金融终端上观察 Skew 曲线，2022 年 9 月 9 日与 2022 年 9 月 16 日，上证 50ETF 期权跨月波动率曲线的 Skew 变化情况如图 6.29 所示。

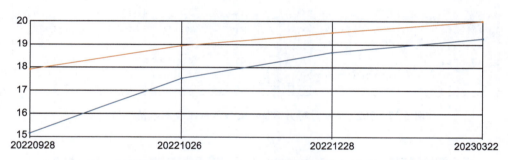

图 6.29　上证 50ETF 期权 2023 年 9 月跨月波动率曲线 Skew 变化情况

◇　蓝色线为 2022 年 9 月 9 日的期权波动率曲线；

◇　橙色线为 2022 年 9 月 16 日的期权波动率曲线。

2022 年 9 月 16 日，当日上证 50ETF 期权的价格下跌至 2.724 元，2022 年 9 月 28 日到期、行权价为 2.80 元的认购和认沽期权合约的价格分别为 0.0118 元、0.0810 元，2022 年 10 月 26 日到期、行权价为 2.80 元的认购和认沽期权合约的价格分别为 0.0374 元、0.1014 元。如果不考虑手续费和冲击成本，则投资者可获得 8585 元的收益。

6.3　期权跨品种波动率统计套利策略

6.3.1　期权跨品种波动率统计套利策略基础

期权跨品种波动率统计套利策略，是在不同标的资产期权合约之间寻找隐含波动率的相对波动规律，以获取收益的一种策略。

一般来说，两个价格走势完全独立的资产，其分别对应的现货、期货、期权合约均无法获得稳定的对冲关系。期权跨品种波动率统计套利策略需要不同品种间相对稳定的价格关系，所以在运用该策略前，要先确定所涉及的不同标的资产价格走势有较高的相关性。

作为典型的统计套利策略，两个标的资产的相关性越高，则其对应的期权合约之间的隐含波动率规律越符合统计述求。比如，上证 50 指数和沪深 300 指数的相关性很高，这意味着上证 50ETF 期权可以和沪深 300ETF 期权、沪深 300 指数期权进行跨品种统计套利配对。因为沪深 300ETF 和沪深 300 指数本身是一个标的资产的不同资产形式，其相关性很高，所以沪深 300ETF 期权和沪深 300 指数期权之间跨品种统计套利配对的约束性很强。

既然是统计套利策略，那么数据是必不可少的。对于期权跨品种波动率统计套利策略来说，一般需要通过如下步骤建立数据。

第一步：验证进行配对交易的两个标的资产走势的相关性。

这里以示例说明方法，图 6.30 为 Wind 金融终端论证的上证 50 指数与沪深 300 指数相关性论证图表。

基于上证 50 指数与沪深 300 指数的历史价格数据，投资者选择了 2013 年至 2022 年、2021 年至 2022 年两个时间段进行相关性论证。从图 6.30 右侧的回归分析结论可见，无论近十年，还是近两年，二者的相关性系数都达到 0.95 以上。

第二步：根据历史数据，计算配对交易的两个标的资产历史波动率差的波动范围。

图 6.31 为上证 50 指数与沪深 300 指数 2013 年至 2022 年的 20 日历史波动率走势对比图。

图 6.30　上证 50 指数与沪深 300 指数相关性论证图表

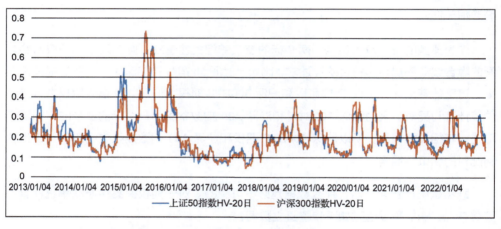

图 6.31　上证 50 指数与沪深 300 指数 20 日历史波动率走势对比

❖　蓝色线为上证 50 指数 20 日历史波动率走势；

❖　橙色线为沪深 300 指数 20 日历史波动率走势。

从图 6.31 中不难发现，历史价格走势的高度相关使得实际波动率也高度相关。在未对期权合约隐含波动率本身的跨品种差值进行统计之前，或者当新期权品种无充足的隐含波动率数据时，可以将历史实际波动率之间的差作为跨品种期权合约之间隐含波动率差的参考。

通过对上证 50 指数与沪深 300 指数 2013 年至 2022 年的 20 日历史波动率做差，可以得到对应时间段二者波动率差的范围，如图 6.32 所示。

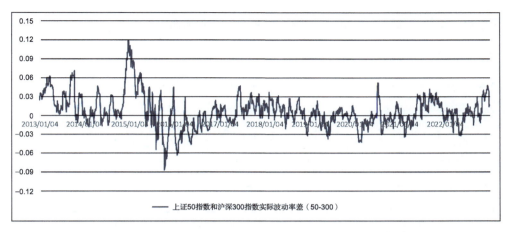

图 6.32 上证 50 指数与沪深 300 指数 20 日历史波动率差走势

2015 年 A 股市场的大波动造成二者实际波动率差的波动较大，2017 年以来，上证 50 指数和沪深 300 指数之间的波动率差大多数时间都在 3 个波动率以内。在未进一步统计上证 50ETF 期权和沪深 300ETF 期权隐含波动率差的情况下，这个数据已经给出了二者极限隐含波动率差的范围。

上述差值用的是直接相减的方法，在实践中也可以参考跨月隐含波动率差的算法将该差值除以波动率，用以规避不同波动率水平下差值比例不同的问题。

第三步：若有充分的期权隐含波动率数据，则计算出隐含波动率差的波动范围。

图 6.33 为上证 50ETF 期权下月平值隐含波动率与沪深 300ETF 期权下月平值隐含波动率差走势与实际波动率差走势的对比。

显然，跨品种期权合约间隐含波动率差走势的基本节奏与实际波动率差走势的基本节奏一致，但是期权隐含波动率差的波动范围较实际波动率差偏小。从图 6.33 可见，实际波动率差的波动范围为正负 3 个波动率，而隐含波动率差的波动范围收缩为不到 2 个波动率。

从经验上来说，因为期权隐含波动率包含期权市场参与者的情绪和对未来趋势的预估，所以信息反馈的平滑度在大多数时间会较实际波动率更大。而在沪深 300ETF 期权上市后的这段时间，恰好是国内指数期权市场成熟和参与者结构变迁导致波动率定价更为收敛的几年，所以形成了图 6.33 所示的客观局面。

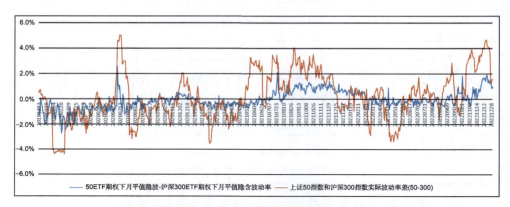

图 6.33　期权隐含波动率差与实际波动率差走势对比图

◆　图中沪深 300ETF 期权为上海证券交易所上市的品种；
◆　蓝色线为期权隐含波动率差走势；
◆　橙色线为实际波动率差走势。

6.3.2　期权跨品种波动率统计套利交易执行要点及示例

1. 执行要点

在期权跨品种波动率统计套利交易的实践过程中，当从跨品种隐含波动率差数据上发现套利机会时，有下述几个执行要点。

● 　一般执行策略

针对隐含波动率被低估的期权品种做买入跨式期权组合，针对隐含波动率被高估的期权品种做卖出跨式期权组合。如果某个期权品种有跨月波动率曲线 Skew 或者月内波动率曲线 Skew 的交易机会，则可在对应期权品种上选择符合 Skew 套利原则的非同到期月，或者非平值跨式组合进行布置。

比如，当隐含波动率偏低的期权品种的波动率微笑曲线明显正偏，即在虚值认购期权的隐含波动率偏高，且虚值认沽期权的隐含波动率偏低时，可以通过买入虚值认沽期权结合买入平值认购期权的方式构建初始组合。其他情景同理扩展思路。

● 维持 Vega Cash 敞口刚好抵消

不同期权品种的标的资产价格不一致，使得每张期权合约对应的名义市值规模也会有差异。在波动率统计套利敞口相互对冲的情况下，投资者要特别注意控制不同期权品种的 Vega Cash 敞口绝对值基本相同，且符号相反。

比如，当进行上证 50ETF 期权和沪深 300 指数期权波动率统计套利交易时，因为前者每张合约对应的名义市值只有几万元，而后者每张合约对应的名义市值达到几十万元，所以在执行时需要对两个品种进行独立的 Vega Cash 计算和维持，以保障跨品种波动率统计套利交易组合波动率敞口总体中性。

波动率套利交易最重要的敞口就是 Vega Cash，其他的 Greeks 敞口一般来说均尽量维持中性，特别是 Delta Cash，否则难以称为套利策略。

和前文所有的策略一样，如果投资者只是将跨品种波动率套利当作核心敞口外的辅助增益策略，那么在某个品种上应独立保持 Delta 敞口或者 Gamma 敞口符合其原有核心敞口诉求，比如，在指数长期多头时会实时保有较大的正 Delta Cash。

● 应知晓波动率差的变化可能和行情风格预期有关

尽管做跨品种波动率统计套利的品种之间有很强的长期相关性，但是这不影响在短期视角下，二者的价格波动走势差距较大。从历史经验来说，在长期强相关的两个标的资产每一轮波动率差出现较大偏差的时间，往往都是市场整体波动较大，且期权参与者对市场行情风格分化预期较大的时间。

比如，2022 年 11 月至 2023 年 2 月，上证 50ETF 期权隐含波动率较沪深 300ETF 期权隐含波动率更高，这段时间 A 股行情风格偏向宏观和权重版块。

因此，在执行跨品种波动率统计套利交易时，虽然有长期相关性的约束与支持，但投资者也应知晓该交易本质上是博弈短期市场行情风格分化预期的继续或收敛。

● 各期权品种独立进行持有期对冲交易

因为当出现相对较大的波动率差时，对应市场行情风格分化的预期往往较大，所以为了应对可能的极端分化，涉及套利的两个标的资产价差存在越拉越大的可能。建议投资者在执行跨品种统计套利交易的过程中，对各期权品种独立进行持有期对冲交易，特别是隐含波动率偏高、期权组合为卖方的品种，应参照第 5.1 节的对冲方法进行极限波动时的风险对冲。

● 需要规避临到期合约

因为跨品种波动率统计套利交易还有可能存在期权临到期时波动差尚未回归的情况，所以一般建议所选择的跨品种波动率统计套利交易的合约要兼顾剩余到期时间足够长、交易流动性足够高的条件，通常选择下月合约比当月合约更好。

2. 交易示例

2022 年 10 月 24 日，上证 50 指数和沪深 300 指数下跌加速，上证 50ETF 期权和沪深 300ETF 期权隐含波动率差达到异常高值，前者下月平值期权隐含波动率较后者高出 1.9 个波动率。至 2022 年 11 月 1 日，指数企稳回升，二者的隐含波动率差回归到 –0.1 个波动率。图 6.34 中标记出了这两个交易日对应的隐含波动率差值。

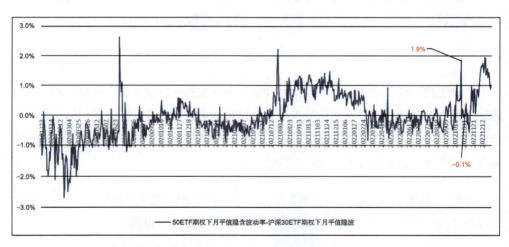

图 6.34　上证 50ETF 期权与 300ETF 期权下月平值隐含波动率差走势

投资者在 100 万元的账户中，选择 0.5%（即 5000 元）的 Vega Cash 布局这次跨品种波动率套利交易。在上证 50ETF 期权品种中，构建初始 Delta 为 0、初始 Vega Cash 为–5000 元的组合；在沪深 300ETF 期权品种中，构建初始 Delta 为 0、初始 Vega Cash 为 5000 元的组合。

2022 年 10 月 24 日，上证 50ETF 价格为 2.439 元。2022 年 12 月 28 日到期行权价为 2.45 元的认购期权和认沽期权价格分别为 0.0910 元、0.1046 元。沪深 300ETF 价格为 3.704 元，2022 年 12 月 28 日到期行权价为 3.70 元的认购期权和认沽期权价格分别为 0.1416 元、0.1468 元。

投资者利用上证 50ETF 期权行权价为 2.45 元的认购期权和认沽期权构建卖出跨式期权组合，分别卖出 60 张、65 张。完成后的组合卖出端基本情况监视图，如图 6.35 所示。

策略头寸	头寸1	头寸2	头寸3	头寸4	头寸5	头寸6	头寸7	头寸8	头寸9	头寸10	头寸11	头寸12	头寸13	头寸14	头寸15	头寸16	头寸17	头寸18	头寸19	头寸20
资产种类	Spot	OpCall	OpPut	OpCall	OpPut	OpCall	OpCall	OpCall	OpCall	OpPut	OpPut	OpPut	OpCall	OpPut	OpPut	OpPut	OpPut	OpPut	OpPut	OpPut
头寸方向	1	-1	-1	-1	-1	-1	1	-1	-1	-1	-1	-1	1	-1	-1	1	1	-1	-1	1
持仓数量(张)	0	60	65	0	0	0	0	0	0	0	0	0	0	0	0	0	0	0	0	0
分红合约? (1=Y,0=N)	0	0	0	0	0	0	0	0	0	0	0	0	0	0	0	0	0	0	0	0
执行价格	2.65	2.45	2.45	3.7	3.7	2.95	3.2	3.3	3.4	3.2	3.3	3.4	2.7	2.65	2.7	2.65	2.7	2.7	2.85	2.9
期权到期时间	2023/5/18	2022/12/28	2022/12/28	2022/12/28	2022/12/28	2029/3/27	2029/3/27	2029/3/28	2029/3/29	2029/3/30	2029/3/31	2029/4/1	2029/4/2	2029/4/3	2029/4/4	2029/4/5	2029/4/6	2029/4/7	2029/4/8	2029/4/9
基本情况波动率	0.00%	22.18%	25.47%	110.34%	0.00%	2.27%	10.56%	8.80%	7.44%	0.00%	0.00%	0.00%	0.00%	14.01%	15.07%	13.94%	15.05%	14.97%	18.28%	19.29%
变化情况波动率	0.00%	22.18%	25.47%	110.34%	0.00%	2.27%	10.56%	8.80%	7.44%	0.00%	0.00%	0.00%	0.00%	14.01%	15.07%	13.94%	15.05%	14.97%	18.28%	19.29%
基本情况期权价格	2.4390	0.0910	0.1046	0.1416	0.1468	0.0276	0.1550	0.0928	0.0494	0.0397	0.0770	0.1312	0.0023	0.2475	0.2933	0.2459	0.2927	0.2909	0.4398	0.4896
变化情况期权价格	2.4390	0.0910	0.1046	0.1416	1.2446	0.0276	0.1550	0.0928	0.0494	0.2854	0.3704	0.4553	0.1407	0.2475	0.2933	0.2459	0.2927	0.2909	0.4397	0.4896
Delta 基本情况	1.0000	0.5185	-0.4787	0.2570	-1.0000	0.3141	0.3896	0.3005	0.2077	-1.0000	-1.0000	-1.0000	1.0000	-0.3454	-0.3643	-0.3452	-0.3642	-0.3642	-0.4033	-0.4123
Delta 变化情况	1.0000	0.5185	-0.4787	0.2570	-1.0000	0.3141	0.3896	0.3005	0.2077	-1.0000	-1.0000	-1.0000	1.0000	-0.3454	-0.3643	-0.3452	-0.3642	-0.3642	-0.4033	-0.4123
Gamma 基本情况	0.0000	1.7454	1.5195	0.2839	0.0000	2.5275	0.5875	0.6394	0.6225	0.0000	0.0000	0.0000	0.0000	0.4249	0.4023	0.4267	0.4027	0.4047	0.3417	0.3254
Gamma 变化情况	0.0000	1.7454	1.5195	0.2839	0.0000	2.5275	0.5875	0.6394	0.6225	0.0000	0.0000	0.0000	0.0000	0.4249	0.4023	0.4267	0.4027	0.4047	0.3417	0.3254
Vega 基本情况	0.0000	0.0041	0.0041	0.0033	0.0000	0.0219	0.0237	0.0215	0.0177	0.0000	0.0000	0.0000	0.0000	0.0228	0.0233	0.0228	0.0233	0.0233	0.0240	0.0241
Vega 变化情况	0.0000	0.0041	0.0041	0.0033	0.0000	0.0219	0.0237	0.0215	0.0177	0.0000	0.0000	0.0000	0.0000	0.0228	0.0233	0.0228	0.0233	0.0233	0.0240	0.0241
Theta 基本情况	0.0000	-0.0008	-0.0007	-0.0029	0.0003	-0.0001	-0.0001	-0.0001	-0.0001	0.0002	0.0002	0.0002	-0.0002	0.0000	0.0000	0.0000	0.0000	0.0000	0.0000	0.0000
Theta 变化情况	0.0000	-0.0008	-0.0007	-0.0029	0.0003	-0.0001	-0.0001	-0.0001	-0.0001	0.0002	0.0002	0.0002	-0.0002	0.0000	0.0000	0.0000	0.0000	0.0000	0.0000	0.0000

总头寸(元)		理论总损益	Delta Cash	Gamma Cash	Vega Cash	Theta Cash	Rho Cash
	基本情况	-0.4	262.0	-121052.0	-5126.2	933.8	218.8
	变化情况		262.0	-121052.0	-5126.2	933.8	218.8

图 6.35　2022 年 10 月跨品种波动率交易示例组合卖出端基本情况监视图

组合初始时刻 Delta Cash 为 262.0 元，基本中性；Gamma Cash 为-121052.0 元，Theta Cash 为 933.8 元；最重要的 Vega Cash 为-5126.2 元，基本符合投资者的敞口需求。

投资者利用沪深 300ETF 期权行权价为 3.70 元的认购期权和认沽期权构建买入跨式期权组合，分别买入 38 张、44 张。完成后的组合卖出端基本情况监视图，如图 6.36 所示。

策略头寸	头寸1	头寸2	头寸3	头寸4	头寸5	头寸6	头寸7	头寸8	头寸9	头寸10	头寸11	头寸12	头寸13	头寸14	头寸15	头寸16	头寸17	头寸18	头寸19	头寸20
资产种类	Spot	OpCall	OpPut	OpCall	OpPut	OpCall	OpCall	OpCall	OpCall	OpPut	OpPut	OpPut	OpCall	OpPut	OpPut	OpPut	OpPut	OpPut	OpPut	OpPut
头寸方向	1	-1	-1	1	1	-1	1	-1	-1	-1	-1	-1	1	-1	-1	1	1	-1	-1	1
持仓数量(张)	0	0	0	38	44	0	0	0	0	0	0	0	0	0	0	0	0	0	0	0
分红合约? (1=Y,0=N)	0	0	0	0	0	0	0	0	0	0	0	0	0	0	0	0	0	0	0	0
执行价格	2.65	2.45	2.45	3.7	3.7	2.95	3.2	3.3	3.4	3.2	3.3	3.4	2.7	2.65	2.7	2.65	2.7	2.7	2.85	2.9
期权到期时间	2023/5/18	2022/12/28	2022/12/28	2022/12/28	2022/12/28	2029/3/27	2029/3/27	2029/3/28	2029/3/29	2029/3/30	2029/3/31	2029/4/1	2029/4/2	2029/4/3	2029/4/4	2029/4/5	2029/4/6	2029/4/7	2029/4/8	2029/4/9
基本情况波动率	0.00%	0.00%	99.47%	21.09%	25.23%	0.00%	0.00%	0.00%	0.00%	9.71%	11.05%	12.59%	0.00%	26.26%	27.68%	26.18%	27.65%	27.57%	31.69%	32.91%
变化情况波动率	0.00%	0.00%	99.47%	21.09%	25.23%	0.00%	0.00%	0.00%	0.00%	9.71%	11.05%	12.59%	0.00%	26.26%	27.68%	26.18%	27.65%	27.57%	31.69%	32.91%
基本情况期权价格	3.7040	0.0910	0.1046	0.1416	0.1468	0.0276	0.1550	0.0928	0.0494	0.0397	0.0770	0.1312	0.0023	0.2475	0.2933	0.2459	0.2927	0.2909	0.4398	0.4896
变化情况期权价格	3.7040	1.2649	0.1046	0.1416	0.1468	1.1919	0.9790	0.8940	0.8091	0.0397	0.0770	0.1312	1.4057	0.2475	0.2932	0.2459	0.2927	0.2909	0.4398	0.4896
Delta 基本情况	1.0000	1.0000	-0.1141	0.5425	-0.4581	1.0000	1.0000	1.0000	1.0000	-0.0854	-0.1301	-0.1758	1.0000	-0.1407	-0.1514	-0.1404	-0.1513	-0.1510	-0.1765	-0.1830
Delta 变化情况	1.0000	1.0000	-0.1141	0.5425	-0.4581	1.0000	1.0000	1.0000	1.0000	-0.0854	-0.1301	-0.1758	1.0000	-0.1407	-0.1514	-0.1404	-0.1513	-0.1510	-0.1765	-0.1830
Gamma 基本情况	0.0000	0.0000	0.1241	1.2031	1.0061	0.0000	0.0000	0.0000	0.0000	0.1711	0.2037	0.2184	0.0000	0.0904	0.0901	0.0905	0.0901	0.0903	0.0869	0.0856
Gamma 变化情况	0.0000	0.0000	0.1241	1.2031	1.0061	0.0000	0.0000	0.0000	0.0000	0.1711	0.2037	0.2184	0.0000	0.0904	0.0901	0.0905	0.0901	0.0903	0.0869	0.0856
Vega 基本情况	0.0000	0.0000	0.0030	0.0062	0.0062	0.0000	0.0000	0.0000	0.0000	0.0147	0.0199	0.0243	0.0000	0.0210	0.0221	0.0210	0.0221	0.0220	0.0244	0.0250
Vega 变化情况	0.0000	0.0000	0.0030	0.0062	0.0062	0.0000	0.0000	0.0000	0.0000	0.0147	0.0199	0.0243	0.0000	0.0210	0.0221	0.0210	0.0221	0.0220	0.0244	0.0250
Theta 基本情况	0.0000	-0.0002	-0.0023	-0.0011	-0.0011	-0.0002	-0.0002	-0.0002	-0.0002	0.0000	0.0000	0.0000	-0.0002	-0.0001	-0.0001	-0.0001	-0.0001	-0.0001	-0.0001	-0.0001
Theta 变化情况	0.0000	-0.0002	-0.0023	-0.0011	-0.0011	-0.0002	-0.0002	-0.0002	-0.0002	0.0000	0.0000	0.0000	-0.0002	-0.0001	-0.0001	-0.0001	-0.0001	-0.0001	-0.0001	-0.0001

总头寸(元)		理论总损益	Delta Cash	Gamma Cash	Vega Cash	Theta Cash	Rho Cash
	基本情况	-0.4	16930.7	123460.0	5084.8	-904.9	-180.7
	变化情况		16930.7	123460.0	5084.8	-904.9	-180.7

图 6.36　2022 年 10 月跨品种波动率交易示例组合卖出端基本情况监视图

组合初始时刻 Delta Cash 为 16930.7 元，基本中性；Gamma Cash 为 123460.0 元，Theta Cash 为-904.9 元，和上证 50ETF 期权端基本对冲；最重要的 Vega Cash 为 5084.8 元，和上证 50ETF 期权端基本对冲，基本符合投资者的敞口需求。

至 2022 年 11 月 1 日，隐含波动率差值基本回归。上证 50ETF2022 年 12 月 28 日到期行权价为 2.45 元的认购期权和认沽期权价格分别为 0.0811 元、0.847 元。沪深 300ETF 2022 年 12 月 28 日到期行权价为 3.70 元的认购期权和认沽期权价格分别为 0.1333 元、0.1181 元。在不考虑手续费及交易冲击成本的情况下，投资者可在这次交易中获得 3093 元的收益。

值得一提的是，这里的盈利似乎不到 1 个百分点，而跟踪的下月平值隐含波动率差接近 2 个百分点。原因在于隐含波动率差值出现机会的时刻，就是随后两个交易日 2022 年 10 月合约到期的时间，2022 年 11 月合约马上从下月合约转换为当月合约，同理 12 月合约从下季合约切换为下月合约。因此，在涉及数据换月时段时，数据大幅下行有一半的因素是期权合约的变化。

第7章

期权基差交易策略

7.1 期权基差交易基础

7.1.1 期权基差的定义和计算

在本书第 1.2 节中提到，目前全球主流的期权定价模型均是基于无套利原则进行定价的，如前文重点介绍的 Black-Scholes 期权定价模型，在该定价假设中最重要的一条便是市场中不存在无风险套利机会，即期权是由其标的资产基于无风险套利原则衍生出来的投资工具，期权定价和标的资产价格之间有硬约束关系。

这个从理论出发的硬约束关系，即期权平价公式（Put-Call Parity）：

$$C - P = S - Ke^{-rT}$$

公式中，C 为看涨期权价格，P 为看跌期权价格，S 为标的资产价格，K 为期权合约行权价，r 为无风险利率，T 为期权到期剩余时间。

在前文无模型 Skew 指数计算的相关内容中，提过标的资产远期价格 F_0 的计算公式为 $F_0 = e^{rT}(C - P) + K$，该公式是由平价公式推导得出的。基于平价公式，标的资产即时价格 $S = C - P + Ke^{-rT}$。

这个理论是完美的，但不现实。在现实的期权市场中，因为存在参与者情绪、投资者结构、做多/做空机会成本和流动性支持不对等多个因素，所以标的资产即时价格 S 和期权合约合成标的资产即时价格 S_a 只有少数时间相等。S 和 S_a 的差即为基差。S_a 的计算公式为

$$S_a = C - P + Ke^{-rT}$$

在实践中，因为国内期权合约距离到期时间不长，即 T 不大，所以追求简单的投资者也可以选择直接用下面的公式计算 S_a。

$$S_a = C - P + K$$

比如，上证 50ETF 期权通常有 4 个期权月，最远的季月合约大约 9 个月，近月、下月合约则只有 1 至 2 个月，对行权价贴现的影响不大。但是如果计算的是长期期权合约，则应当按照公式客观地将行权价贴现。

在计算出期权合约合成标的资产即时价格 S_a 后，便可以进一步计算期权基差 Basis_a。

$$\mathrm{Basis}_a = S_a - S$$

从现货角度看，你可能认为这个基差公式违反习惯，但是本书是从衍生品角度来理解与参与的基差，所以选择将期权合约合成标的资产即时价格 S_a 放在减号的前方。

基于基差的 Basis_a 公式，上证 50ETF 期权下月合约从 2015 年 2 月 9 日上市至 2022 年年底的基差历史信息如图 7.1 所示。

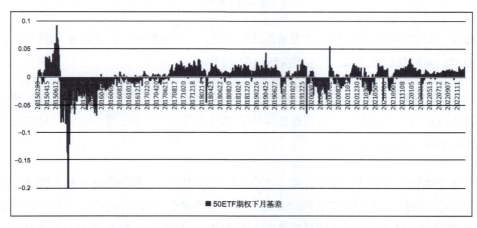

图 7.1　2015 年 2 月至 2022 年年底上证 50ETF 期权下月基差历史信息

从图 7.1 中可以很容易看到理论和现实的差距，历史上上证 50ETF 下月基差等于 0 的情况极少，也正是因为实现了基差不为 0 的波动，所以期权基差交易策略才有机会。

7.1.2　基差对期权隐含波动率的影响

在本书前边的章节中提到过，期权合成基差会给认购期权和认沽期权的隐含波动率计算带来影响，这从基差公式理解起来并不复杂。

当 $Basis_a$ 为正，即期权合约合成标的资产即时价格大于标的资产即时价格时，$C-P+K>S$ 公式中的期权合约行权价 K 和标的资产即时价格 S 都是确定的，不等式能成立的基础是：认购期权价格 C 高于理论价格，认沽期权价格 P 低于理论价格。

在这种情况下，如果依然将标的资产即时价格 S 代入 B-S 定价公式中计算隐含波动率，则认购期权的隐含波动率势必会高于无基差时的隐含波动率，认沽期权的隐含波动率则势必低于无基差时的隐含波动率。在有正利率的金融市场中，最终展示的结果均是认购期权的隐含波动率显著高于认沽期权的隐含波动率。

比如，2022 年 12 月 30 日，上证 50ETF 期权各月的 $Basis_a$ 均为正，期权合约合成标的资产价格较标的资产价格呈升水状态。当日 2023 年 1 月到期的当月平值认购期权合约隐含波动率在 17%附近，而同月平值认沽期权合约隐含波动率却不到 16%。

反之，当 $Basis_a$ 为负时，上述结论则相反。不过因为金融市场通常拥有正的无风险利率，在无基差影响时认购期权的价格会略高于认沽期权的价格，这会导致出现更严重的贴水状态，所以认沽期权隐含波动率才会显著高于认购期权隐含波动率。

为了应对由基差波动带来的认购期权和认沽期权隐含波动率差异扰动，很多专业期权交易者将 B-S 定价公式中的标的资产即时价格 S 替换为期权合约合成标的资产即时价格 S_a 来优化。因为如果用期权合约进行期权组合的对冲，那么基差便是每笔对冲都包含的成本，所以专业期权交易者认为用 S_a 代替 S 计算出来的隐含波动率更符合实际的期权交易状态。

这种优化和改进是无可厚非的，不过未必适合大部分期权交易者：首先，交易者需要有支持算法优化的工具软件，或者自身具备这方面的能力；其次，如果期权策略集合中本身有一组独立的针对基差交易的策略，则可以模糊地对上述问题进行对冲。

7.1.3 指数分红对指数类期权的影响

在对期权基差进行跟踪的过程中，指数类期权需要特别关注上市公司分红季的基差修正。每年的 4 至 9 月是 A 股上市公司对股东进行分红的周期，其中 6 月、7 月、8 月、9 月是高峰期。目前，国内主要的宽基指数，包括上证 50 指数、沪深 300 指数、中证 500 指数等，在编制方案中已经明确不包含分红。因此，每年的 4 至 9 月，宽基指数都会较包含分红的全收益宽基指数（甚至跟踪宽基指数的 ETF 基金）相对走弱。

图 7.2 是上证 50 指数与上证 50 全收益指数的绩效对比走势，在红框中对应于每年的分红季，可以明显地发现前者明显跑输后者。

图 7.2　上证 50 指数与上证 50 指数全收益指数绩效对比

对于指数类衍生品（包括期货和期权），交易者都会对对应到期月份的合约进行指数分红的计提。体现在期货基差、期权基差上，即对于 4 月后到期的合约均匹配市场预估的指数分红率，并提前表达为负基差。而指数 ETF 期权因为指数 ETF 基金份额可以获得成分股分红，所以不会出现此类负基差问题。

比如，2023 年 3 月 30 日，已经临近 A 股上市公司分红季。在上海证券交易所上市的沪深 300ETF 期权 2023 年 6 月到期合约的基差，应该比在中国金融交易所上市的沪深 300 指数期权 2023 年 6 月到期合约的基差更高，高的比率即为当下市场参与者定价的，从当日至 6 月期权到期日沪深 300 指数成分股的分红率（这里暂时忽略 ETF 期权和指数期权到期日会有几天差距）。

　　当日沪深 300ETF 的价格为 4.040 元，沪深 300 指数为 4038.53 点。沪深 300ETF 期权 2023 年 6 月的合约基差为 0.0270 元，升水率约为 0.67%。沪深 300 指数期权 2023 年 6 月的合约基差为 4.67 点，升水率约为 0.12%。显然二者的差距不小，约 0.55% 的差距可以被理解为至 2023 年 6 月合约到期时沪深 300 指数的分红率，换算为指数大约为 23 个指数点。

　　如果将自 2019 年 12 月上市以来沪深 300ETF 期权下月基差与沪深 300 指数期权下月基差对比（如图 7.3 所示），则可以更直观地看到在红框对应的分红季中 ETF 期权基差阶段性高于指数期权。

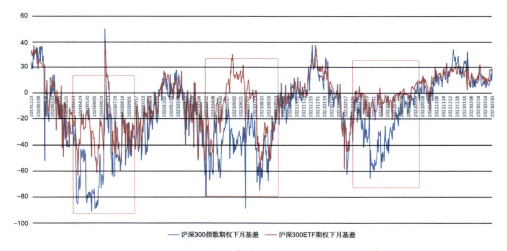

图 7.3　沪深 300ETF 期权基差与沪深 300 指数期权基差对比

❖　因为沪深 300ETF 价格和沪深 300 指数价格相差约 1000 倍，所以图中将沪深 300ETF 期权基差乘以 1000 后和沪深 300 指数期权对比；

❖　蓝色线为沪深 300 指数期权下月基差走势；

❖　红色线为沪深 300ETF 期权下月基差走势。

　　由图 7.3 可以看到，在每年 4 月至 9 月期权合约上，期权投资者显然需要对指数期权进行分红干扰的剔除。

　　一种常规的分红预估方法是，先根据指数成分股公司当年年报利润、当年公司公告、往年分红比例、往年分红时间等信息进行个体预估，再根据成分权重汇总至指数。

这个方法相对复杂，因为存在上市公司分红进度异常等情况，准确率不高，不适合大部分普通期权交易者，所以在此不展开叙述。

另一种相对简洁的方法是直接通过上证 50 指数过往几年的分红规律，基于宏观经济状况大致预估今年的分红总数和节奏。比如，利用 Wind 金融终端中上证 50 指数股息点数、沪深 300 指数股息点数等数据，预估下一年上证 50 指数的分红点数和分红节奏。图 7.4 为上证 50 指数 2018 年至 2022 年分红点数历史走势。

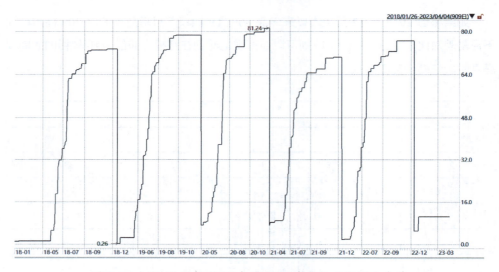

图 7.4   上证 50 指数 2018 年至 2022 年分红点数历史走势

如果上述两种预估的方法都难以达成，则建议投资者在分红季观察期权基差时，重点跟踪 ETF 期权基差，而忽略指数期权基差。

7.2   期权基差交易策略实务

7.2.1   期权基差形成的原因

7.1 节笼统地解释了期权基差形成的原因，包括参与者情绪、投资者结构、A 股市场多空机制不健全等，对这些因素的剖析可以从历史基差数据与标的资产行情数据的对比开始。

通过将自 2015 年上证 50ETF 期权上市至 2022 年年底的期权基差数据与上证 50ETF 价格数据进行对比，可以发现国内指数期权基差主要受市场看涨或看跌的牛熊预期，以及量化机构对冲需求的影响。如图 7.5 所示，2015 年至 2019 年，上证 50ETF 期权下月基差走势基本上和标的资产价格走势呈正相关；2020 年至 2022 年，二者的相关性开始出现显著波动。

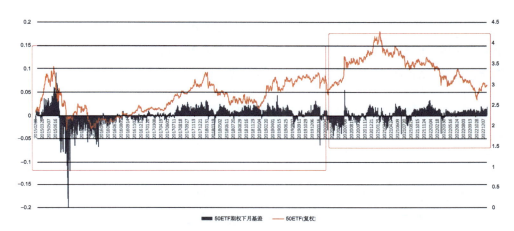

图 7.5　上证 50ETF 期权下月基差走势与标的资产价格走势对比

❖　黑色柱状图为上证 50ETF 期权下月基差，坐标轴靠左；
❖　橙色线为上证 50ETF 标的资产价格走势，坐标轴靠右。

牛熊预期影响期权基差很容易理解。当市场极度看涨时，期权等衍生品会因为强烈看涨情绪体现出正基差；当市场极度看跌时，期权等衍生品会因为看跌情绪体现出负基差。

量化机构对冲需求对基差的影响，则需要从量化机构超额收益率期望的角度理解。只要量化机构认为自己的投资可以显著跑赢指数，其构建算法权益多头并做空指数以对冲风险的需求就可以持续。

在不考虑非市场因素介入的情况下，当市场活跃且内部分化较大时，量化机构通过算法择股的方式较指数获得超额收益率的概率大，指数对冲风险的需求增强。反之，当市场冷清且内部无明显热点时，量化机构通过算法择股的方式较指数获得超额收益率的概率小，此时，量化机构构建算法权益多头的积极性不够，甚至可能了结多头，这样指数对冲风险的需求便会减弱。

在进入 2020 年以后，A 股市场很明显进入了远超过去 20 年的分化行情时代。加上量化技术的发展和推广，量化机构对冲需求成为了指数期权市场最重要的影响因素之一。从图 7.5 中可以看出，在 2020 年以后不止一次出现"指数上行，期权基差却下行"的走势，该段时间牛熊预期无疑是助推上行的，那么实际的下行可以归因为量化机构的对冲需求。

因此，在预测国内指数期权的基差时，要复合考虑市场牛熊预期与量化机构对冲需求两个因素的影响。对其他非指数类期权的基差分析，投资者同样可以参照历史数据进行对比，结合标的资产的价格走势，以及其价格波动的背景逻辑做扩展。

7.2.2 期权基差交易的执行要点

1. 基差的边界

虽然拥有历史基差数据且能够预估基差当期成因的投资者可以在执行基差交易时更从容，但没有这类基础支持的投资者未必不能做基差交易，因为：基差交易策略很容易被构建，当期权基差为正时，做多标的资产，期权合成标的资产空头；当期权基差为负时，做空标的资产，期权合成标的资产多头。如果标的资产的做多和做空机制流畅，期权流动性高，则基差交易策略几乎是无风险的。

源于可以几乎无风险地构建基差交易策略，基差的边界是金融市场基础收益率述求，超过该述求便会因为有超额收益率而吸引资金介入套利。图 7.6 为将上证 50ETF 期权下月基差除以上证 50ETF 期权价格并换算为基差率以后，2018 年至 2022 年的走势。

从图 7.6 中可见，基差率的上限较为明确地落在 1%附近，每次基差率达到 1%后就会很快回落，而基差率的下限则出现在持续低于–1%的时候，标的资产价格相对不稳定。

为何上证 50ETF 期权下月基差率为正时总不能超过 1%？

因为下月期权合约的剩余到期时间基本在 1 至 2 个月，所以 1%的基差率意味着6%至 12%的年化收益率。过往几年，在信托资产暴雷、银行理财净值化的影响下，金融资本的基础收益率诉求已然变低。当出现年化 6%以上收益率的无风险投资机会时，市场必然受到青睐，所以形成了这个必然约束。投资者如果没有基差数据的支持，那么只需要通过对基差率的跟踪就可以找到交易决策的关键。

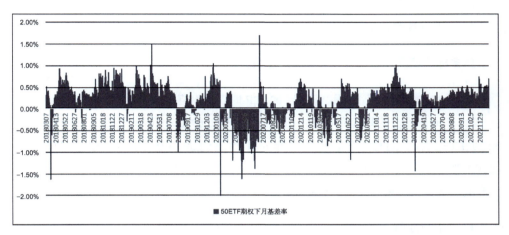

图 7.6　2015 年至 2022 年上证 50ETF 期权下月基差率历史走势

但是当期权基差为负（贴水）时，因为国内缺乏完整的做空机制，所以做多基差的策略执行起来相对困难。比如，当需要做空指数时，往往缺乏券源融出，这就造成了负基差时的回归力量难以大规模涌入。

不过，这并不意味着期权负基差没有下限。如前文所述，基差率为负往往有两方面的成因：一是市场看空情绪浓厚，以踩踏式对冲防守；二是市场火热且分化，量化投资机构做空指数对冲需求量大增。如果因为前者形成超强的负基差率，则可以参照过往最惨烈的熊市踩踏场景找到下限。

如果是因为量化机构对冲需求产生的负基差率，则可以通过该指数对应的指数增强基金市场平均超额收益率来估计极限。比如，沪深 300 指数的指数增强基金，从私募排排网、天天基金网等平台可以了解平均超额收益率水平只有约 10%，那么对应到下月期权基差率为负时大概率不会超过 2%。因为如果超过 2%，则意味着这类指数增强基金参与者可以直接通过期权合成标的资产，轻松实现超过 10% 的超额收益率。

目前，国内已经有了和中证 500 指数、中证 1000 指数相关的期权品种，由于成分股更分散和更分化，所以主流的指数增强基金大部分分布在这两个指数上，市场平均超额收益率也更高。由此可以观察到，相关期权品种的负基差率下限会更低。

2. 基差交易的执行策略

● **期权基差为正（升水）时的执行策略**

做多标的资产，期权合成标的资产空头。

比如，2023 年 3 月 30 日，沪深 300ETF 期权的价格为 4.040 元，沪深 300ETF 期权 2023 年 6 月的合约基差为 0.0270 元，升水率为 0.67%。投资者选择买入 10000 股沪深 300ETF 期权，同时卖出 1 张 2023 年 6 月 28 日到期行权价为 4.00 元的认购期权，买入 1 张 2023 年 6 月 28 日到期行权价为 4.00 元的认沽期权，构建对应 10000 股标的资产的合成空头做基差回归的交易。

● **期权基差为负时的执行策略**

做空标的资产，期权合成标的资产多头。

比如，2021 年 8 月 27 日，上证 50ETF 期权的价格为 3.159 元，上证 50ETF 期权 2021 年 10 月的合约基差为 -0.0107 元，贴水率为 0.34%。投资者选择融券卖出 10000 股上证 50ETF 期权，同时买入 1 张 2021 年 10 月 27 日到期行权价为 3.1 元的认购期权，买入 1 张 2021 年 10 月 27 日到期行权价为 3.1 元的认沽期权，构建对应 10000 股标的资产的合成多头做基差回归的交易。

● **指数期权基差为负时的替代策略**

在国内权益市场中，融券是一种不能完全满足现货做空需求的工具。在市场出现负基差套利机会时，融券的券源往往非常有限。这导致投资者无法通过上述融券卖出标的资产，也无法通过期权合成标的资产多头的方式进行基差套利交易。

这里介绍一种有理论风险的负基差套利的替代策略，该替代策略利用的是期权跨月基差之间的基差差波动同整体基差走势正相关的规律。如图 7.7 所示，将上证 50ETF 期权下季基差减下月基差形成的差值，同上证 50ETF 期权下季基差走势做对比。

可以发现，期权跨月基差差的走势与远月期权基差的走势高度正相关，当负基差有明显强烈的修复预期时，投资者可以利用构建基差差多头的方式做基差回归交易。

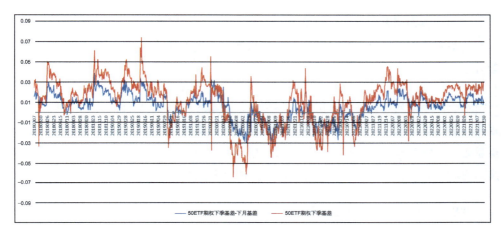

图 7.7　上证 50ETF 期权下季基差走势和下季与下月基差差的走势对比

◇　　蓝色线为上证 50ETF 期权下季与下月基差差走势；

◇　　红色线为上证 50ETF 期权下季基差走势。

比如，2020 年 6 月 15 日，上证 50ETF 期权 2020 年 9 月下季合约基差达到-0.0609 元，贴水率超过 2%。投资者想做负基差回归套利却无法融券卖出上证 50ETF，于是选择在 2020 年 9 月下季合约构建期权合成标的资产多头，在 2020 年 7 月下月合约构建期权合成标的资产空头，形成下季与下月基差差多头布局基差的回归。在组合构建日，上证 50ETF 期权下季与下月基差差为-0.0276 元。

至 2020 年 7 月 7 日，上证 50ETF 期权 2020 年 9 月下季合约基差被修复为 0.0318 元的正基差，上证 50ETF 期权下季与下月基差差则被修复为 0.0101 元。

用跨月期权基差差组合进行基差交易应当注意以下几点：

➢　因为涉及跨月合约，所以跨月波动率曲线偏度交易应尽量控制近月期权合约距离到期日较远一些，否则当临近到期日还未获得基差回归时，便有止损或者向远月移仓的需求。

➢　相较期权本身的基差，因为跨月基差差的波动范围更小，所以当本身基差交易的收益空间偏小时，该策略不合适。

7.2.3 期权定价约束策略

作为一本为读者提供期权进阶内容的图书，在介绍完基于期权定价约束策略延伸出来的基差策略后，有必要对基于 B-S 期权定价模型下的所有期权定价约束模型做简要介绍。

对于做市商来说，这些定价约束模型是其在面对期权合约询价和铺排期权合约时最基础的约束算法之一。国内期权市场经过多年的积累和发展，做市商已经不会在这类基础报价约束模型上犯错，普通期权市场参与者更难以获得基于这些约束模型的无风险套利机会。源于此，本章只对这些定价约束模型做简要梳理。

期权存在的定价约束模型如下：

- 期权定价上下限约束

约束公式如下：

$$\text{Max}\left(S-Ke^{-rT},0\right)\leqslant C\leqslant S$$

$$\text{Max}\left(Ke^{-rT}-S,0\right)\leqslant P\leqslant S$$

其中，$\text{Max}(a, b)$ 函数的结果为 a、b 中的较大值。公式的含义可以解读为同月认购期权价格恒小于或等于标的资产价格，恒大于或等于该期权的内在价值；同月认沽期权价格恒小于或等于标的资产价格，恒大于或等于该期权的内在价值。

- 期权买卖权平价约束

约束公式如下：

$$C-P=S-Ke^{-rT}$$

公式的含义可以解读为同月认购期权与认沽期权合成的标的资产价值应等于标的资产的当前真实价值。

● 期权价格箱型约束

约束公式如下：

$$K_1 < K_2$$

$$C_{K_1} - P_{K_1} - C_{K_2} + P_{K_2} = (K_2 - K_1)e^{-rT}$$

其中，C_{K_1}、P_{K_1} 分别为行权价 K_1 的认购期权价格和认沽期权价格，C_{K_2}、P_{K_2} 分别为行权价 K_2 的认购期权价格和认沽期权价格。公式的含义可以解读为同月不同行权价认购与认沽期权合成的标的资产价值应该相等。

● 期权价格偏度约束

约束公式如下：

$$K_1 < K_2$$

$$0 \leqslant C_{K_1} - C_{K_2} \leqslant (K_2 - K_1)e^{-rT}$$

$$0 \leqslant P_{K_2} - P_{K_1} \leqslant (K_2 - K_1)e^{-rT}$$

公式的含义可以解读为同月低行权价认购期权的价格与高行权价认购期权的价格之差恒大于或等于 0，恒小于或等于行权价间距；高行权价认沽期权的价格与低行权价认沽期权的价格之差恒大于或等于 0，恒小于或等于行权价间距。

● 期权价格凸性约束

约束公式如下：

$$K_1 < K_2 < K_3$$

$$\frac{C_{K_2} - C_{K_3}}{K_3 - K_2} \leqslant \frac{C_{K_1} - C_{K_2}}{K_2 - K_1}$$

$$\frac{P_{K_2} - P_{K_1}}{K_2 - K_1} \leqslant \frac{P_{K_3} - P_{K_2}}{K_3 - K_2}$$

进一步得到:

$$C_{K_2} \leqslant \lambda C_{K_1} + (1-\lambda) C_{K_3}$$

$$P_{K_2} \leqslant \lambda P_{K_1} + (1-\lambda) P_{K_3}$$

$$\lambda = \frac{K_3 - K_2}{K_3 - K_1}$$

公式的含义可以解读为同月低行权价、中行权价、高行权价认购期权价格应符合一定的比例关系,该比例关系和行权价距离相关;同月低行权价、中行权价、高行权价认沽期权价格同理。

第三部分
升华篇

升华篇是本书最后的篇章，也是笔者认为最重要的篇章。虽然从篇幅上看，升华篇远不如入门篇和进阶篇，但是好比"画龙点睛"的典故，升华篇就是本书的"睛"，是绝对的精华部分。

本书入门篇是让读者对期权形成基本交易能力，进阶篇是让读者对期权形成专业交易素质，两个篇章的内容皆是对期权投资技巧的讲解，旨在提高期权投资者的战术素养。但是单纯地将投资技巧练习到极致只能保障在同等条件下可以获得比对手更好的收益，并不能保障长期投资收益的稳定。

投资者需要从更高的维度思考和审视投资世界，先从战略层面确定投资大框架，然后才能基于战术素养，利用各类投资技巧进行具体的投资执行。先战略，后战术，方可获得长期稳定的投资收益。

在升华篇，笔者希望通过分享自己对投资世界的一些认知，特别包含笔者在公众号"发鹏期权说"分享过的一些投资感悟和方法论，引导读者思考并最终形成自己的投资战略框架思想。

第 8 章

笔者的投资观

8.1 资本市场充满博弈

从博弈的角度，资本市场中投资标的价格的变化同菜市场中瓜果、肉蛋的价格变化原理别无二致。想想菜市场中的商贩会如何给大蒜定价？他们理论上会思考两部分内容。

第一，成本价，包含进货成本与损耗成本。比如，大蒜丰产则年供给多，商贩进货成本低；大蒜减产则年供给少，商贩进货成本高。自然天气、储存条件等因素会影响损耗成本。这一部分价格可以被相对准确地估算，通常会作为商贩的心理底价。

第二，市场溢价，包含商贩至少要挣到的费用，以及市场销售结果反馈给商贩带来的额外溢价。如果大蒜的销量超越常规，商贩担心赚少了，肯定会抬高溢价。反之，则会担心卖不出去，担心大蒜烂在手里而降低溢价。

市场溢价的形成机制就是典型的博弈。假设一下，如果社会上突然出现"大蒜可治百病"的传言，菜市场商贩们完整的大蒜经营反应过程会如何？

初始阶段，菜市场商贩并没有听到这个传言，即使有人听到了，大部分商贩也可能不会相信其可以引发大蒜销量狂热。因此，他们还是像往常一样，以正常的价格购进大蒜，以合理的溢价出售大蒜。

直到某一刻开始，商贩们发现买大蒜的人明显增多，而且每次买大蒜的量都远超过往，大部分商贩心里开始嘀咕、揣测。接着，有一个摊位商贩开始调高大蒜的卖出价格，接着第二个调高、第三个调高、第四个也跟着调高，最终引发整个菜市场商贩跟风提高大蒜售价。

　　此时，商贩们无疑都听到了传言，虽然不知道"大蒜可治百病"是否真实，但传言引起了大蒜销量的暴增是确定的。此刻所有商贩统一提高了大蒜的市场溢价，这属于对该事件的合理应对。

　　此刻真正考验菜市场，他们面临一个选择与一个疑问。选择是要不要趁着大蒜量价齐升时，大幅囤货以得到更多利润？疑问是如果传言是假的，那么如何承担大蒜价格暴跌导致所囤货物砸在手里的风险？

　　从人性的角度来看，毕竟"大蒜可治百病"的事有些违背常理，在大蒜量价上涨的开始阶段，犹豫的商贩会占更多数。初期就敢于增加大蒜囤货量的菜市场商贩不会特别多，但这些商贩都会选择相信传言，也一定会在大蒜销售的过程中向顾客和同行传递"大蒜可治百病"的事。即便他们心底还有一丝对传言的疑惑，也会存在侥幸心理，想着自己囤的货一定能在传言被证明为假前卖完。

　　随着第一批增加囤货量的商贩们卖力地扩大传言影响力，菜市场大蒜的价格和销量越来越高，"大蒜可治百病"的传言在趋势的加持下越来越"真"。从人性的角度来看，此时，很多最初谨慎不敢囤货的商贩，已经选择跟风增加大蒜囤货数量，极端的商贩甚至可能出现只囤不卖的行为。

　　这个阶段，顾客基本上都已经通过实践得出"大蒜可治百病"的传言并不不实，社会上也开始有专业的学者出来讲述大蒜有杀菌、抗病等功能，但"大蒜可治百病"却无法证伪。

　　最后阶段，"大蒜可治百病"的传言被越来越多的实践者证伪，大蒜的价格开始下跌。看到囤货亏损端倪的菜市场商贩们纷纷拿出囤货降价售卖，部分商贩甚至直接大幅降价倾销，导致大蒜价格下跌加速；接着更多商贩担心囤货卖不出去而加入倾销大军，导致大蒜价格暴跌。最终，大蒜价格回到了和当年产量约束有关的成本价附近，甚至在倾销的时刻大幅低于成本价。

　　如上就是一个典型的关于市场博弈的故事。故事中菜市场商贩是大蒜这个博弈故事的主要参与者，对"大蒜可治百病"这个传言，较早囤货、提前出场的商贩最终可以收获一笔不菲的博弈利润，但较晚囤货、倾销出场的商贩最终可能血本无归。故事中大蒜的顾客算是次要参与者，之所以次要，是因为他们虽然对大蒜有超过常规生活的购买量，但毕竟不是大规模囤货，所以即便花高价买入大蒜，总体损失也很有限。

故事中其实还存在一个核心参与者，即"大蒜可治百病"传言的发起者或者利用者。他有可能是大蒜的核心生产商，因为大蒜大丰收，正愁价格低迷，不能赚更多钱。正巧该生产商老板参股了一个保健品医疗机构，而该机构也正好研究出大蒜某些成分可预防很多重大疾病的成果。于是该机构利用研究成果向外推广大蒜保健品，而该生产商顺势传出了"大蒜可治百病"的谣言，希望借此提高大蒜价格、保障收益。

这样的故事在资本市场上并不鲜见。博弈的参与者更远不止个体，上至企业，甚至国家。博弈的故事也涵盖股票、债券、外汇等。

从 A 股市场内部观察，几乎每一年都会出现热点板块和大牛股，而且大部分大牛股的终局都是回归原点，如中公教育（原名亚夏汽车）、恒立实业、华数传媒、英科医疗等，数不胜数。

除周度、月度级别的博弈外，其实资本市场的任意标的资产在日度，甚至小时、分钟行情中无时无刻不包含博弈。比如，2021 年至 2022 年年底，A 股市场整体震荡下跌，新冠疫情的袭扰与经济的转型让我国经济复杂度明显提高。市场参与者也在这样的背景下不断地将投资的视野缩短，将交易的短期博弈性无限加强，让"内卷"成为最流行的市场词汇。

如上所述，虽然资本市场形成的初衷之一是通过充分有效的流通为标的资产找到更合理的定价，但是在现实中不存在完全有效的资本市场。资本市场上的任何标的资产都会在相对合理的定价区间基础上，面对博弈周期的影响，产生更大的波动，如图 8.1 所示。

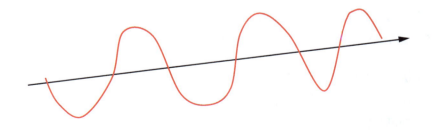

—— 事物本身的定价趋势　　—— 博弈轮回下事物实际的走势

图 8.1　博弈给事物定价带来的干扰

8.2 归纳与演绎的取舍

资本市场波动的本质是博弈，参与者想要持久地在资本市场存活和成长，需要对笔者的投资道路做追本溯源的思考和取舍。就像前文菜市场商贩们经历大蒜博弈周期的例子，无论是嗅觉敏感、功成身退的商贩，还是控制舆情、"神佛通吃"的老板，资本市场的每个参与者都认为自己可以成为他们，但绝大多数人都无法成为他们。其核心在于对博弈周期中蕴含的规律本质认识不够深刻，进而无法做到最有利于自身的取舍。

人类探寻事物规律本质的方法有归纳法和演绎法两种，百度词条对两种方法分别做了解释。

归纳法，又称归纳推理，是指人们以一系列经验事物或知识素材为依据，寻找其服从的基本规律或共同规律，并假设同类事物也服从这些规律，从而将这些规律作为预测同类事物基本原理的一种认知方法。归纳法是一种由个别到一般的推理方法。

演绎法，又称演绎推理，是指人们以一定的反映客观规律的理论认识为依据，从服从该认识的已知部分推知事物的未知部分的一种认知方法。演绎法是一种由一般到个别的推理方法。

简单来说，归纳法就是基于对过去的统计，当发现具有高重复性的规律时，便将其作为未来同类事件发生的运行规律。演绎法则是从事件为何导致过去这类规律出发，找到引发规律的本质问题，进而基于该问题的未来发展推测事件运行。

在充满博弈的资本市场中，归纳法与演绎法皆有各自的簇拥者，但立足长存者一定是基于演绎法对投资思想和方法论进行整理。

归纳法的最大优势在于可复制、易传播，如果投资者所归纳的数据包含足够长的历史，那其得出的规律在未来大概率也是可用的，原因在于世界的变迁与发展未改变人类在博弈场中的基本人性规律，冷静、兴奋、贪婪、担忧、恐慌、恐惧的情绪博弈周期亘古未变。

归纳法最大的劣势在于"过去的已知不代表未来的已知"，即便基于历史统计拥有

100%胜率的投资策略，也不敢妄下"下一次一定对"的结论。未来的每一次投资，都是大概率正确，而不是一定正确。这就造成了归纳法下的投资方法论都面临"对 99 次，输 1 次出局"的局面。

演绎法下的投资方法论则不同，它基于事件发展的演绎推理，投资者虽然无法控制过程中因为参与者博弈形成的市场波动，但可以推断下一步的结论，进而在投资上利用推断的结论进行布局。

回到菜市场商贩们经历大蒜博弈周期的例子。

从归纳法的角度来看，过往这种类似传言发生在瓜果、肉蛋的身上时，引起的价格波动是怎样的？这种传言一般流传多久才会被证实或证伪？如果能够拿到这两个问题的答案，菜市场商贩们的决策显然可以更坦然，不过因为过往不代表未来，再多的数据也无法保障一定准确。

从演绎法的角度来看，这种传言一定有出处，想办法从出处判断传言的真实性。同时，这种传言一定会带来大蒜价格的向上波动，只是幅度未知。因为人性使然，如果传言短时间内不能被证伪，那么大蒜价格一旦开启了量价齐升，大概率就有囤货现象，可以确定随后的大蒜价格下跌也必然来自这些商贩的倾销。

如果证实了传言真实性，就可知道价格上涨是可持续的，虽然不知道新的供需价格平衡点在哪里。如果发现了传言只是供应商老板的"计划"，则看是否可以知悉其时间规划，以供应商货物大部分出清为极限囤货周期。

如果这两件事情都无法做到，那么最佳的方案应是初期不囤货，但减慢存货销售，以便价格上行可以获得更多收益。如果价格已经疯涨，则想办法在价格下行阶段，找到可以利用大蒜价格下跌赚钱的方法，获得博弈周期中情绪退潮阶段的收益。如果没有足够的做空机制，则可利用囤货者倾销大蒜导致其价格跌破成本价的机会，增加囤货量。

综上，市场的博弈非常残酷，投资者在进行投资决策之前，要有一套完整的投资方法论，而建立方法论面临的核心问题便是对归纳法与演绎法的取舍。从笔者个人的理解出发，演绎法更适合作为投资者投资决策的底层方法，归纳法则更适合作为辅助的方法。

8.3 先明确目标，后优化过程的投资方法论

国内资本市场发展至今，许多投资人功成名就，更多投资人功败垂成。这是大数定律的必然，笔者认为这也是由认知差距造成的。这个认知，包括对自身的认知、对市场的认知，还有对归纳法与演绎法逻辑的认知。

普通人到资本市场做投资，笔者认为先要基于演绎法的逻辑找到一条未来必赢的路，即先"明确"投资结果，再考虑在演绎法逻辑下与归纳法思想结合，"优化"投资过程。

在过往这些年的投资经历里，笔者看过、听过太多错把"过程"当"结果"的负面例子。很多交易者在没有思考清楚底层演绎法逻辑前，出于对某类重复性"规律"的认同，侥幸盈利了一段时间，进而认为找到了"金钥匙"，加大投资，最后因"规律"被颠覆而使投资崩塌。

比如，期权的中性卖方策略在每一段隐含波动率下降的周期中都类比 45°的快乐投资曲线"过程"。很多交易者迷失在这类"过程"中，盲目简单地重复该策略，直到某次"黑天鹅"事件带来标的资产价格的大波动，以及隐含波动率的飙升，让这类交易者被"收割"。

这里以权益指数和指数期权投资为例，分享笔者基于演绎法逻辑下"先明确结果，后优化过程"的原则进行的长期投资的策略框架思考。

基于演绎法逻辑，权益指数和指数期权市场上什么是一定的？

➢ 逻辑一：基于生物进化思想，人类生产力必然发展，即权益指数长期必然向上。

➢ 逻辑二：基于自然灾害、社会灾难等"黑天鹅"的不可预测性，权益指数未来必然有大幅波动，即期权隐含波动率必然会再次大涨。

➢ 逻辑三：基于人类群体性的恐惧、贪婪等情绪，以及社会现实的规则和约束，在权益指数大幅波动时必然有超过合理区间的情绪发泄，且这个非理性情绪出现后必然有回归过程，即期权隐含波动率大涨后必然有回归阶段。

➤ 逻辑四：基于人类群体性的贪婪、短视，在权益指数平静一段时间后，必然有人会忘掉波动，忽视"黑天鹅"事件出现的概率，即期权隐含波动率处于低位越久，市场进一步低估"黑天鹅"事件发生概率的可能性越大。

以上述演绎法逻辑下的投资必然结果为目标，在权益指数和指数期权上可以衍生出三个策略：①逻辑一对应权益指数多头，长期坚守；②逻辑二和逻辑四对应期权波动率多头，在"黑天鹅"波动未出现前一直坚守，在隐含波动率偏低的区域、权益指数长期平静的时候尤胜；③逻辑三对应期权波动率空头，在每一轮"黑天鹅"波动时段兑现，在情绪过度宣泄后的退潮时段执行。

通过上面的思考和演绎，笔者形成了利用期权工具配套权益指数长期多头的投资框架。框架核心的投资目标有两个：一是权益指数长期向上，且指数估值总是周期往复的；二是权益指数必然波动，市场参与者情绪必然在博弈中周期往复，即期权隐含波动率均值回复。

"明确"了上述演绎法逻辑下的未来必然"结果"，投资者可以根据过往统计规律找到对应的策略执行方法，顺着逻辑方向优化投资"过程"。

比如，笔者目前推崇期权工具配套权益指数长期多头这个投资框架，权益指数和期权波动率是框架的两个核心配置资产，对这两个核心配置资产进行持有期收益优化所用的方法也是基于归纳法。如图 8.2 所示，在权益指数估值的下半区长期多头坚守且适度增配，上半区长期多头谨慎偏空可适度减配。在隐含波动率分布的下半区坚定做多波动率预防"黑天鹅"，等待向上均值回复，上半区则在情绪宣泄后，择时做空隐含波动率赚取情绪必然回落的收益。

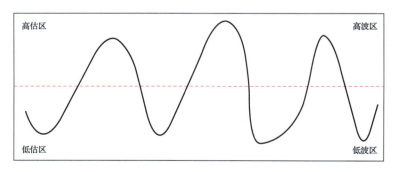

图 8.2　权益指数估值周期与波动率均值回复周期示意图

　　因为结果已经通过演绎法逻辑知晓，在投资执行上首要保障的目标是可以坚守到结果到来，而不是强求过程优秀，过程的优化在这类投资框架中只是辅助的，所以所有基于归纳法逻辑下的过程优化，要有"对了不妄喜，错了不妄忧"的觉悟。在投资框架遭遇市场不利的博弈周期，且无法基于归纳法逻辑进行短期波动平抑时，要有波澜不惊、大智若愚的心胸。

第9章

期权工具化配套权益指数多头方案

9.1　期权市场的卖方宿命与买方挑战

9.1.1　历史上的期权卖方与买方胜率

通过本书前边的内容我们知道，所有的期权卖方策略，本质上都是向交易对手出售标的资产价格向上或向下的极端"黑天鹅"波动风险，以获取一定收益补偿的交易。期权卖方策略的典型劣势是"风险无限，收益有限"，赔率低，优势则是胜率高。期权买方策略作为期权卖方策略的交易对手，本质上是向后者付费，以博弈波动超越市场预期的交易，其典型的优势是"风险有限，收益无限"，赔率高，劣势则是胜率低。

不同标的资产期权的卖方和买方的最终胜率可能有差异，但长期来说因为交易者会对未来风险计提风险溢价，所以期权卖方的胜率高是可以被演绎、推理的。为了让读者对国内指数期权市场的卖方与买方的胜率有一个整体的认识，这里笔者基于上证50ETF期权的历史数据做一定的统计。

数据周期为 2015 年 2 月 9 日至 2023 年 2 月 9 日的 8 个完整年度，上证 50ETF 期权在区间内累计有 3570 只上市期权合约。以合约为单位，按照到期日期权实际交割价值（目前仍上市交易的取最新价）对比上市首日开盘价进行统计。当实际交割价值大于上市首日开盘价时，记录为赢，反之记录为输。在按照自然年度区分排列后，上证 50ETF 期权历史上市合约胜率统计结果如图 9.1 所示。

从图 9.1 中可见，以合约为单位进行统计，上证 50ETF 期权买方在所示的 8 年周期中有 31.26%的胜率。

年度	合约数	终赢合约数	胜率
2015	496	184	37.10%
2016	334	99	29.64%
2017	310	112	36.13%
2018	506	154	30.43%
2019	470	123	26.17%
2020	472	145	30.72%
2021	414	137	33.09%
2022	502	149	29.68%
2023	66	13	19.70%
汇总	3570	1116	31.26%

图 9.1　上证 50ETF 期权上市合约年度胜率统计图

因为期权市场的主要交易量分布在虚值期权合约，所以期权买方的这个胜率显然被高估了。

忽略标的资产价格变动带来的虚值期权和实值期权的切换问题，按照上市时刻合约为虚值期权或实值期权进行区分，进一步得出虚值期权合约和实值期权合约的胜率统计，如图 9.2 所示。

合约性质	合约数	终赢合约数	胜率
虚值合约	1785	359	0.201120448
实值合约	1785	757	0.424089636
汇总	3570	1116	0.312605042

图 9.2　上证 50ETF 期权上市合约虚实值胜率统计图

其中，上证 50ETF 期权实值期权买方胜率约为 42.40%，显著大于虚值期权合约买方约 20.11%的胜率。基于实值期权胜率高于虚值期权胜率这个事实，可以基本上得出越虚值的期权合约，其长期胜率越低。

从演绎法的逻辑角度来看，虚值期权合约投入更少，盈利更依赖于标的资产极限"黑天鹅"波动，属于赔率更高的策略，市场的博弈定价自然会让其拥有更低的胜率。

9.1.2　"黑天鹅"的必然与卖方的宿命

先复习一下在第 4 章中有关期权隐含波动率和实际波动率关系的内容，图 9.3 为上证 50ETF 的实际波动率与上证 50ETF 期权的隐含波动率走势对比。

图 9.3　上证 50ETF 实际波动率与期权隐含波动率走势对比图

❖　蓝色线为上证 50ETF 期权下月平值隐含波动率走势；

❖　橙色线为上证 50ETF30 日历史波动率走势。

通过图 9.3 可发现，标的资产实际波动率和期权隐含波动率的关系有三个一般性规律：

➤　二者的走势高度相关。

➤　大多数时间，隐含波动率较实际波动率更高，即隐含波动率的均值高于实际波动率的均值。

➤　隐含波动率的突变性较实际波动率的突变性大。

关于实际波动率和隐含波动率的关系可以做如下理解。

实际波动率和隐含波动率两者的相关性较强，因为大部分市场参与者没法获得超越市场的信息，所以一般不敢过分超越常规去定未来溢价，只能依托实际波动率进行适度的溢价延伸，进而形成两者长期走势相互约束的核心牵引。但是因为未来总是不确定的，市场总需要有一定的风险溢价才值得被交易，所以隐含波动率的长期均值理应高于实际波动率的长期均值。

隐含波动率因为包含更多的未来预期和即时情绪，但未来预期和即时情绪会在市场交易者的博弈当中不断变化，所以在一定阶段内的波动率比实际波动率更大，进而形成隐含波动率突变性更大的特征。

对于期权卖方策略而言，期权隐含波动率基于未来不确定性而拥有的风险溢价，是策略长期获得正期望的关键。期权卖方策略的长期信仰者认为只要做好 Delta、Gamma 在内的风险对冲，这些溢价便可以长期留存在账户当中。

在第 5.1 节中曾分享上证 50ETF 期权极简长期期权中性卖方策略的历史绩效，该策略在测评周期中获得了正收益。

极简长期期权中性卖方策略与上证 50ETF 期权下月平值隐含波动率走势对比图，如图 9.4 所示，该策略在 2015 年至 2022 年年底的收益率约为 43%，最大回撤为 36%。

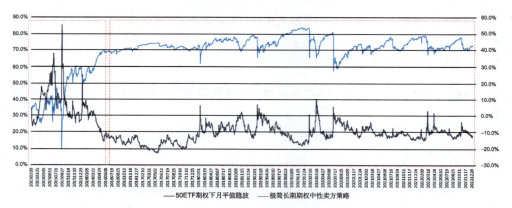

图 9.4　极简长期期权中性卖方策略与上证 50ETF 期权下月平值隐含波动率走势对比图

✧　蓝色线为上证 50ETF 期权极简长期期权中性卖方策略收益，坐标轴靠右；

✧　黑色线为上证 50ETF 期权下月平值隐含波动率走势，坐标轴靠左。

仔细观察，绝大部分收益来自于 2015 年至 2016 年，当时正是期权隐含波动率的大幅回落时段，即图中第一个红色虚线框内的区间。图 9.4 右侧红色虚线框对应的时间更长，但策略整体几乎没有收益。收益过程基本呈现先累积一段时间，然后被"黑天鹅"式波动带来的隐含波动率大涨瞬间吞噬的循环。

简单归因的话，2015 年至 2016 年的收益源于隐含波动率足够高，标的资产波动虽大，但波动率整体下行带给了策略隐含波动率下行的收益。2017 年至 2022 年，策略便没有了这个助力，呈现出常规时间赚小钱、"黑天鹅"波动时间亏大钱的循环。

因为未对标的资产价格和隐含波动率做任何择时，所以这个策略可以作为 2015 年至 2022 年上证 50ETF 期权中性卖方策略的典型策略。从结果来看，有几个核心问题需要期权卖方策略投资者深入思考：

> 2017 年至 2022 年，因为风险对冲过程中出现各种摩擦成本，所以期权隐含波动率溢价并未给策略带来可观收益。

> 策略留存的收益大部分来自 2015 年至 2016 年隐含波动率下行阶段，对策略来说，隐含波动率下行是比溢价更可靠的收益来源。

> 策略回撤极大，"黑天鹅"波动是期权卖方策略最核心的收益"克星"，如何预防这个"克星"是卖方策略收益提高和长期存活的关键。

显然，期权卖方策略面临如下宿命问题：

> 因为存在风险溢价，所以期权卖方策略长期拥有正期望是演绎法逻辑下的必然，但这个期望有市场摩擦成本的侵蚀。

> 对期权隐含波动率进行择时是期权卖方策略提高收益的关键，而择时方法论同样面临对归纳法逻辑和演绎法逻辑的取舍。

> 终点正期望，过程非坦途，当遭遇"黑天鹅"波动时，策略波动非常大，没有卖方能保证在未来的每一次波动中存活下来。

其中，最难以逾越的问题当属如何在未来每一次"黑天鹅"波动中活下来。这个问题最简单且可证伪的解决方法是投资者拥有无限的账户"充值"能力，即永远有新增资金可以承接风险，让投资者可以等待这一轮"黑天鹅"波动的必然收敛。

显然这种方式不符合现实，在现实可行的条件下，期权卖方策略投资者可以将所谓的"充值"能力转化为两个卖方策略风控方向：

> 明确账户最大资金极限，知道当出现极端风险事件时，期权卖方策略的损失可以承受，这就是极端压力测试。

> 尽可能多要风险溢价，以抵御未知的极限波动，即在尽量高的隐含波动率区域介入期权卖方策略。

此时，想必大家已经很清楚了，本书为何在第 5.1 节中花那么多篇幅介绍期权卖方策略的事前风控，一切皆为规避由期权卖方策略的"黑天鹅"波动带来的爆仓宿命。

9.1.3　时间风险的必然与买方的挑战

与期权卖方策略不喜欢标的资产价格波动相对，期权买方策略本质上是依托标的资产价格波动超出市场期待赚钱，最喜欢的恰恰是期权卖方策略最难克服的"黑天鹅"波动。在距离有效性较远，且充满博弈的资本市场中，期权买方策略长期盈利期望的演绎法逻辑的来源，即是图 9.5 所示的事物在市场中的波动，但该波动总会大于该事物本身的合理波动。

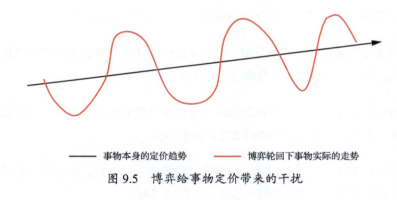

　　——— 事物本身的定价趋势　　——— 博弈轮回下事物实际的走势

图 9.5　博弈给事物定价带来的干扰

这同样也是期权卖方策略长期盈利期望所需风险溢价的核心来源。这听起来似乎有些相悖，从常识的角度来看，在博弈周期内包含参与者情绪；从人类本性的角度来看，在出现极端"黑天鹅"事件时，由情绪产生的波动必然会超出常规时间。所以在标的资产波动定价溢价这个部分，期权卖方策略在常规时间内会获得支持，但期权买方策略会在波动超常规的"黑天鹅"时间内获得一次性补偿，双方各占波动定价溢价的一部分。

虽然期权买方策略长期盈利期望可以基于演绎法逻辑进行预期，但是过程中的挑战在于时间的自然消耗。类似期权卖方策略需要规划自身的"充值"能力，以活过未来的每一次"黑天鹅"波动一样，期权买方策略则需要计划和控制时间的自然消耗，以让自己可以等到下一次"黑天鹅"波动到来的收益兑现时刻。

在上证 50ETF 期权上市的 2015 年至 2022 年年底，上证 50ETF 的波动经历了几轮牛熊市场的转换，使用期权买方策略可以拿到很多次"黑天鹅"波动收益，但是极简长期期权中性买方策略并未获得正收益。

上证 50ETF 期权极简长期期权中性买方策略的测评规则如下：

➢ 初始资金为 10 000 元。

➢ 选出剩余到期时间大于 60 个自然日，且距离当前最近的合约，匹配 50ETF 价格选择行权价距离最近的对应到期月认购期权合约和认沽期权合约，分别买入 1 张构建跨式组合。

➢ 当 50ETF 价格与上一开仓或调仓日价格偏离超过 0.15 元时，按照收盘价平仓原有跨式组合，并回到上一步重新匹配最新的跨式组合进行构建。

➢ 默认策略无市场冲击成本，期权合约交易费用为 3 元/张。

极简长期期权中性买方策略与上证 50ETF 价格走势对比，如图 9.6 所示，策略在 2015 年至 2022 年年底的收益约为-13.51%。

从图 9.6 中很容易发现，每当上证 50ETF 有极端波动的时刻，极简长期期权中性买方策略皆可以获得一次收益的飙涨，但是在更多数行情相对平淡的时间里，策略不断的损失完全吞噬掉了测评周期中所捕获的几次"黑天鹅"波动带来的收益。

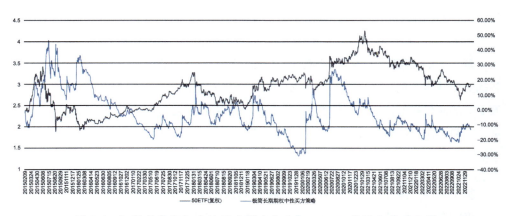

图 9.6　极简长期期权中性买方策略与上证 50ETF 价格走势对比图

❖ 蓝色线为上证 50ETF 期权极简长期期权中性买方策略收益，坐标轴靠右；

❖ 黑色线为上证 50ETF 价格走势，坐标轴靠左。

因此，对于期权买方策略来说，核心的挑战在于如何降低常规时间的消耗，即将等待期成本控制在可接受的范围内，以保障可以等到下一次超预期波动的到来。

一般来说有几个解决的方案：

> 常规时间内要保持 Gamma Scalping，以应对时间损耗，虽然隐含波动率溢价部分难以被对冲掉，但实际波动率部分可以基本被覆盖。

> 尽可能地在风险溢价较低时进行配置，即在尽量低的隐含波动率区域介入期权买方策略，胜算更高。

> 转换思路，期权买方策略的收益可以来自标的资产价格本身的大幅波动，也可以来自与标的资产价格大波动同步的期权隐含波动率的上升。如果期权买方策略将主要的风险敞口从 Gamma 与 Vega 同时存在切换为只有 Vega 存在，便可以规避 Theta 消耗的问题。

在第 5.2 节中花了很多篇幅讲解 Gamma Scalping 方法，即是源于对这些解决方案的思考。对于转换思路的这个方案，后文将叙述的期权反脆弱策略即是示例。

9.2　期权工具配套权益指数多头方案

9.2.1　情绪波动后周期期权中性卖方策略

基于归纳法逻辑，期权隐含波动率具备显著的均值回复效应，如果数据包含足够多的历史博弈周期，则基本可以从统计中找到下一轮博弈中代表情绪波动的期权隐含波动率的高位和低位区域。但面临的问题是无论数据包含多少的历史周期，都不能保证可以包括未来所有的波动规律，所以在投资的执行层面还需要使用演绎法逻辑进一步推敲。

基于演绎法逻辑，任何一轮博弈都必然有从冷静至兴奋或恐慌的情绪变动过程，可以确定在每一轮情绪的兴奋或恐慌后，必然有参与者情绪过度的修正性退潮。

结合前文所述的期权卖方策略长期期望依赖于期权隐含波动率溢价，但因为市场摩擦成本对风险溢价部分收益的侵蚀，策略的实际收益更依赖于期权隐含波动率下行，所以期权中性卖方策略必须重视期权隐含波动率择时，首先基于演绎法逻辑，在一轮博弈情绪发展到高潮之后，情绪退潮的后周期是最可靠的策略介入时机；其次基于归纳法逻辑，在足够多历史博弈周期统计条件下的相对高隐含波动率区进行介入。

上证 50ETF 期权极简长期期权中性卖方策略属于未对期权隐含波动率做任何择时优化的典型期权中性卖方策略。这里基于该策略的收益，按照上述逻辑进行优化。

根据上证 50ETF 期权下月平值期权隐含波动率的历史数据，对其做历史分布统计，如图 9.7 所示。

图 9.7 中用横线和蓝色箭头大致标记出了 3%分位数、25%分位数、50%分位数、75%分位数、98%分位数对应的隐含波动率，分别在约 10%、17%、20%、25%、46%的位置。

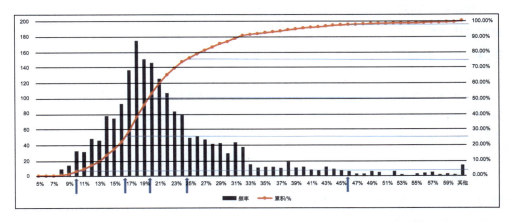

图 9.7　上证 50ETF 期权下月平值隐含波动率历史分布统计

❖　横轴为隐含波动率，竖轴左为次数，竖轴右为累积百分比；

❖　灰黑色柱状图对应该隐含波动率在上证 50ETF 期权历史上出现的天数；

❖　橙色线对应有隐含波动率低区到高区的累积分布率，50%代表已经包含一半的交易时间。

基于要求更高的风险溢价可以提升对期权卖方策略绩效的判断，结合这个统计，只有当期权隐含波动率大于 25%时，才执行上证 50ETF 期权极简长期期权中性卖方策略的优化方案。优化前后长期期权中性卖方策略与 50ETF 期权下月平值隐含波动率走势对比图，如图 9.8 所示。

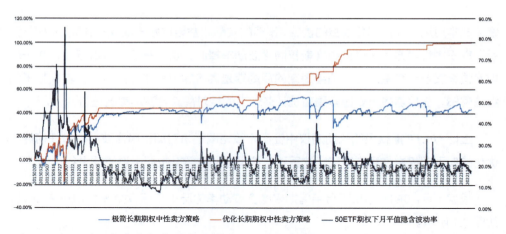

图 9.8 优化前后长期期权中性卖方策略与 50ETF 期权下月平值隐含波动率走势对比图

❖ 蓝色线为上证 50ETF 期权极简长期期权中性卖方策略收益，坐标轴靠左；
❖ 橙色线为上证 50ETF 期权优化长期期权中性卖方策略收益，坐标轴靠左；
❖ 黑色线为上证 50ETF 期权下月平值隐含波动率走势，坐标轴靠右。

优化前，期权卖方策略在 2015 年至 2022 年年底的收益率约为 43%，优化后该策略收益率大幅上升至 99.45%。收益率优化的核心在于，更高的隐含波动率的介入使得策略规避了 2018 年至 2022 年的数次上证 50ETF"黑天鹅"式波动。

上述优化只是基于统计规律做了简要过滤，既包含对每一轮博弈周期所必然带来的期权隐含波动率情绪波动上升周期的规避，也包含对情绪退潮阶段期权隐含波动率下行周期的捕捉。

示例策略只是作为期权中性卖方策略的大概率代表，实践中投资者可以结合自身能力进行针对性的调整，比如展示策略只取情绪波动后周期最快速退潮的一段，有能力的投资者完全可以将下行周期策略的收益能力也提高。

不过，通过上述讨论基本明确了期权中性卖方策略的核心收益源于隐含波动率的下行，主要风险源于"黑天鹅"波动，由此可以简要总结执行期权卖方策略的几个要点。

➢ 笃定：在市场处于恐慌或者非理性兴奋时，内心要笃定情绪必然退潮的规律，期权隐含波动率在波动后必然回归。

- ➢ 不贪：在常规时期，不要贪恋较小的隐含波动率下行空间与所谓的时间价值，要敢于做长时间等待。

- ➢ 压力测试：期权卖方策略毕竟是向交易对手出售未知风险，在演绎法逻辑上根本无法杜绝极端风险，在严格的策略前进行压力测试是长期存活于市场的必要条件。

- ➢ 右侧介入：期权卖方策略要尽量在情绪波动出现缓和的后周期出手，即所谓的右侧交易，以规避极端"黑天鹅"波动给账户造成理论上不可预测的压力。

9.2.2　情绪波动前周期期权反脆弱策略

对于"黑天鹅"在投资世界中的存在，不需要做过多解释，这几年 A 股市场投资者深有感触，"黑天鹅"事件的发生也必定会带来资本市场的大波动。

从消极的角度看，"黑天鹅"给投资带来了挑战；从积极的角度看，"黑天鹅"给投资带来了机遇。在情绪波动前周期布局期权反脆弱策略便是从积极的角度把"黑天鹅"波动视为机遇，反客为主地将"黑天鹅"波动转换为投资收益的方式。这个思路源于对 Nassim Nicholas Taleb（纳西姆·尼古拉斯·塔勒布）先生所提出的"反脆弱性"的理解。

"反脆弱"这个词源自其《反脆弱》一书。所谓反脆弱，就是那些不仅能从混乱和波动中受益，而且需要这种混乱和波动才能维持生存和实现繁荣的事物的特性。塔勒布在书中极力为不确定性正名，并积极引导读者看到它有益的一面，他还推崇以反脆弱性的方式构建事物。

按照常规的博弈周期，在市场情绪平稳甚至平淡时，当投资者都忘却"黑天鹅"波动时，是最佳布局的期权反脆弱策略时期。在突然事件和波动导致情绪极度兴奋或恐慌的时刻，则是期权反脆弱策略的理想兑现时机。

图 9.9 为上证 50ETF 期权 2018 年至 2022 年下月平值隐含波动率走势。隐含波动率作为资本市场上直接量化参与者情绪的重要指标，存在明显的情绪退潮期，往往速度慢、时间绵长，且在低潮时期可能纠结很久，而与之对应的是每一轮由突然事件和标的引发的情绪反馈往往非常急促。

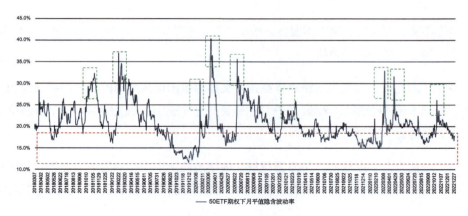

—— 50ETF期权下月平值隐含波动率

图 9.9　50ETF 期权下月平值隐含波动率走势图

❖　黑色线为上证 50ETF 期权下月平值隐含波动率走势；

❖　红色虚线框标记的是博弈情绪持续平淡对应的低隐含波动率区域；

❖　绿色虚线框标记的是每一轮博弈情绪高潮对应的阶段性高隐含波动率时段。

由此可见，期权反脆弱策略在大多数时间都可以耐心等待，但当"黑天鹅"波动发生时，情绪极度兴奋或恐慌的时间往往很短，该策略兑现时刻就应果决兑现。

在期权反脆弱策略的具体执行上，显然有两个关键问题：

➢　因为只能在低隐含波动率区域，即情绪平淡期布局策略，所以需要基于不同标的资产价格过往博弈周期的波动规律建立标准。同时，也要有情绪发酵超常规，即隐含波动率高点兑现的标准。

➢　在漫长等待意外时间或波动的过程中，该策略面临时间持续消耗的风险，需要考虑对冲时间消耗风险的辅助方法，以让该策略可以长期等待。

第一个关键问题可以参照前面的期权中性卖方策略的方法，基于包含足够多博弈周期的历史隐含波动率统计建立一个模糊的基准。

比如，上证 50ETF 期权 2015 年至 2022 年下月平值隐含波动率 3%分位数、25%分位数、50%分位数、75%分位数、98%分位数分别对应在约 10%、17%、20%、25%、46%的位置。期权反脆弱策略可以设定 17%这个低隐含波动率标准与 25%这个高隐含波动率标准。

基于这两个标准可以对上证 50ETF 期权极简长期期权中性买方策略进行优化，规则如下：

> 当上证 50ETF 期权下月平值隐含波动率低于 17% 时，开始构建策略；

> 完成策略构建后，当上证 50ETF 期权下月平值隐含波动率高于 25% 时，了结策略。

优化前后长期期权中性买方策略与上证 50ETF 价格走势对比图，如图 9.10 所示。

结果很直观，优化前长期期权中性买方策略在 2015 年至 2022 年年底的收益率约为 -13.51%，优化后该策略收益率大幅上行至 115.62%。虽然大部分时间都是等待建仓，或者建仓后等待，但每一轮"黑天鹅"波动带来的收益很显著。

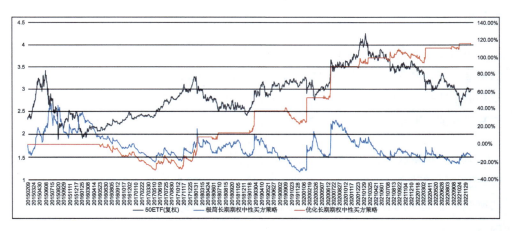

图 9.10　优化前后长期期权中性买方策略与上证 50ETF 价格走势对比图

❖　蓝色线为上证 50ETF 期权极简长期期权中性买方策略收益，坐标轴靠右；

❖　橙色线为上证 50ETF 期权优化长期期权中性买方策略收益，坐标轴靠右；

❖　黑色线为上证 50ETF 价格走势，坐标轴靠左。

针对控制等待期时间消耗风险的问题，除控制期权买方策略介入的隐含波动率时机外，在前述章节笔者还提到了两个优化方案：其一是维持 Gamma Scalping，即不断进行买权组合的 Delta 对冲交易，以抵御 Theta 损耗。上述期权中性买方策略其实已经这样做了，只不过为了配合捕捉标的资产价格大波动，规则上安排了上证 50ETF 价格变动 0.15 元（约 6% 波动）的大 Gamma Scalping 粒度。

其二是转换思路，放弃策略的正 Gamma 敞口，不以标的资产价格波动为收益目标，转为以正 Vega 为唯一敞口，只博弈期权隐含波动率在标的资产价格波动超预期时的上行。如此转换的逻辑是，因为标的资产价格常规波动时期不是期权反脆弱策略的优势时间，所以等待期裸露正 Gamma 敞口，承担 Theta 消耗，捕捉标的资产价格波动的意义不大。期权反脆弱策略真正的优势时间是标的资产价格波动超常规的"黑天鹅"波动时期，此时标的资产价格的波动大幅放大会助推期权交易者的不稳定情绪，进而让期权隐含波动率飙升，对应正 Vega 敞口大幅盈利。

所以，在实际执行期权反脆弱策略时，可以利用不同月份期权合约 Vega、Gamma 差异的特征，在控制 Gamma Cash 和 Theta Cash 近 0 的条件下，以正 Vega Cash 为主要敞口进行布局。比如，在第 3 章中所提过的买远卖近双向对角反比率期权策略，即是利用少量卖出近月期权合约控制负 Theta，大量买入远月期权合约维持正 Vega 的典型期权组合。

事实上，这个组合是笔者认为期权反脆弱策略的最佳执行方案之一，在基于微信公众号"发鹏期权说"资深读者组建的"权心权意做投资"战友投资小圈中，大家都戏称这个期权反脆弱策略框架为"发鹏模型（FPM）"。不过这仅仅是戏称，组合的方式并非独创，重点是关注思考方式和过程。

这类跨月期权组合虽然解决了期权反脆弱策略在等待期 Theta 消耗的问题，但也带来了跨月波动率结构的问题。实践中需要结合波动率曲面交易策略中月内和跨月波动率偏度的交易机会进行一定的修正，具体则可回看第 6 章波动率曲面交易策略的内容。

9.2.3　期权工具配套权益指数多头框架总结

第 8 章重点叙述了笔者个人的投资观，通过对现实世界充满博弈的认知，对归纳法和演绎法推理逻辑的理解，最终形成了先以演绎法逻辑找到长期可证伪的投资目标，后以归纳法逻辑优化投资过程的投资思想。

找到长期投资目标，即战略，优化投资过程，即战术。市场参与者的自身禀赋不同，有的人对股票市场认识深刻、有的人对债券市场了解深入、有的人对汇率市场深有研究、有的人对商品市场长期耕耘。除了市场层面的认识差异，不同市场参与者对具体行业、具体周期、具体文化的细分领域研究跟踪能力也千差万别。所以，每一位投资者都应该根据自身的情况，基于演绎法逻辑进行推理寻找，落实长期可证伪的投资目标。

就笔者个人来说，从业以来一直身处投资研究与交易一线，主要的经验都集中在指数跟踪与衍生品研究方面。在笔者目前所掌握的这些投资标的与策略当中，权益指数长期多头显著具备演绎法逻辑优势，同时也符合绝大多数投资者长期财富增值的期望。

权益指数投资具备长期优势的原理，这里笔者不过多解释，国内外投资书籍中多有提到。从长期主义出发，权益指数会跟随社会整体经济发展逐步增长，过程中指数既会有大级别的波动，也会有小级别的波动，所有的波动都可以被归结到市场参与者根据某个短期逻辑进行博弈。如图 9.11 所示，长期来说，因为这类波动都会回归于底层增长，所以从投资角度皆可被当作"噪声"。

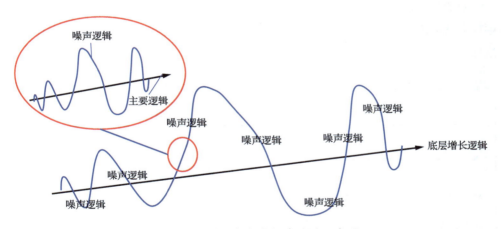

图 9.11 权益指数长期投资波动示意图

既然维持长期权益指数多头是战略目标，那么如何利用这些"噪声逻辑"带来的波动来优化投资过程，从而取得一定的战术胜利，是值得长期主义投资者思考的问题。

如前文所述的演绎法逻辑，事物内在趋势性定价的波动一定小于增加了博弈后的事物实际价格波动。这放到权益指数上，即指数内在增长对应的波动必然小于博弈性"噪声逻辑"充斥下的指数未来的实际波动。

　　那么，在市场对指数未来博弈性波动定价偏低时，博弈性波动率未来必然回归到指数长期实际波动率水平的上方，在市场已经经历了一轮明显的博弈性波动后，博弈性波动率会回归至指数长期实际波动率水平附近。循环往复，长期必然可以获得一定的超额收益率。

　　上述前一个情景对应情绪波动前周期的期权反脆弱策略，后一个情景对应情绪波动后周期的期权中性卖方策略，再结合长期权益指数多头的长期持仓策略，便是目前为止笔者所推崇和坚守的适合绝大多数人的期权工具配套权益指数多头长期投资方案。

　　在大部分时间里整体方案的走势和权益指数差别不大，一旦有指数有"黑天鹅"级别的波动，博弈周期所伴随的波动放大周期就有期权反脆弱策略捕获超额收益率，波动平抑周期有期权中性卖方策略捕获超额收益率。

　　如图 9.12 所示，将本章前述示例的上证 50ETF 期权优化期权中性卖方策略、优化期权中性买方策略，叠加上证 50ETF 基础持仓后的理论绩效，基本上可以发现所述规律。

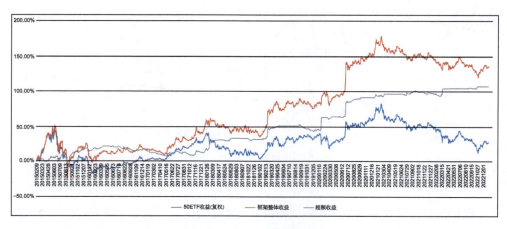

图 9.12　期权工具配套权益指数多头框架示例组合理论收益

◆　蓝色线为上证 50ETF 收益走势；

◆　橙色线为框架整体收益走势；

◆　灰色线为超额收益走势。

组合规则如下。

➤ 资金规模为 10 000 元，假设利用衍生品构建释放出大部分资金；

➤ 对应 5000 元初始规模的优化期权中性卖方策略，策略规则见前文；

➤ 对应 5000 元初始规模的优化期权中性买方策略，策略规则见前文；

➤ 暂不考虑衍生品拟合上证 50ETF 的成本。

由图 9.12 可知，在测评周期该框架整体获得超过 100%的超额收益率，虽然超额曲线不像目前国内主流的量化增强类策略平滑，不过其优势在于逻辑可证伪，而且可以预见会在下一次"黑天鹅"波动前后再次获得超额收益。

其中，期权反脆弱策略在整体投资方案中还有一个突出优势，因为期权反脆弱策略每一次兑现收益都是在标的资产价格大幅波动时，所以在每一次参与者情绪崩溃、市场崩塌时，拥有期权反脆弱策略所兑现的收益不仅是绝对收益，而且是可以让投资者基于博弈规律，敢于反人性增加标的资产配置的绝好"安慰剂"。

就像股神巴菲特先生被广为流传的话："别人贪婪我恐慌，别人恐慌我贪婪"，期权反脆弱策略给投资者践行这句话提供了核心支持。

当然，上述展示策略只是一个简单示例，主要突出风险敞口和核心策略目标，表达的核心是框架整体思路。在具体的投资执行上，实际可能是融合了很多期权细节或者权益策略加总而成的。比如，期权中性卖方策略在执行时可以根据"进阶篇——期权中性卖方策略"章节所述的技巧进行优化，还可以结合"进阶篇——期权波动率曲面交易策略"章节所述的投资机会进行融合。

综上所述，期权工具配套权益指数多头方案是演绎法逻辑下的长期投资方案，是确定正期望和长期超额的投资方法论。该方案适合大多数投资者，容易被复制，难的是理解，是坚持，是"看轻"自己。引用曾国藩"结硬寨，打呆仗"的战略方针，笔者所分享的"期权工具配套权益指数多头方案"同样不求快，但求稳。

第 10 章

期权投资的整体观

10.1 用做市商的思维管理期权风险参数

本书所有内容都体现着"先整体，后局部"的期权投资观，即便读者不赞同期权工具配套权益指数多头方案，也应该尊重所有投资都需要有的"先整体，后局部"思维。

在期权投资上，所谓的整体就是期权投资组合所形成的期权风险管理参数状态，包括初始的 Greeks 敞口要符合整体的投资目标和需求，提前掌握各种情景变化下具体的 Delta 敞口、Gamma 敞口、Vega 敞口的动态变化。

期权投资者虽然难以达到期权做市商的测算精度，但是可以参考做市商管理不同期权风险参数的方法，实时洞察各个维度的期权组合风险与收益机会，以做到从整体维度进行风险收益的优化。

10.2 配置在前，交易在后

在微信公众号"发鹏期权说"上，笔者分享过一篇名为《交易的觉悟》的文章，文章讨论了"交易是否要追求当下最优解？"这个问题，该问题同样适合在这里进行讨论。

在回答这个问题前，要知晓该问题涉及一个统计学概念，即每次交易是否相对独立。

如果是，则意味着每笔交易都追求绝对收益，都可以基于演绎法逻辑推敲出绝对的正期望，此时这个问题的答案毫无疑问是"要追求"。

比如，无风险套利类策略每一笔交易参与时基本都可以锁定收益期望，交易过程中只要有当下最优解，就是策略最终收益最优解。

但实际上不是所有的交易都是独立的，大部分基于更长视角进行布局的投资框架，其最终投资结果都是由一连串必然有关联的交易结果集合而成的，这种情况下上述答案显然不能简单地回答"要追求"。

在这种情况下，要将追求每次交易的当下最优解，转换为追求达成整体投资目标期望最优下的最优解，两者不是一个思考维度。

换一个说法，基于长期视角，有战略目标的投资框架是一个更长周期、更高格局的大交易，其过程中包含很多小的不能完全独立的交易。毕竟演绎法逻辑只能推敲出对应标的长期目标的确定性，短期路径则无法明确，即在整体投资过程中，因为任意阶段的短期波动都不可能完全、准确地被预测，而很多交易可能触发于短期波动，所以此时为了长期战略目标可达到模糊的"最优"，过程中难免舍弃某些小交易基于短期波动认知的所谓的"最优"，以保障长期战略目标。

比如，前文所述的期权工具配套权益指数多头方案，包含权益指数多头持仓策略、情绪波动后周期期权中性卖方策略、情绪波动前周期期权中性买方策略三个核心配置。

其中，后两者是不会同时存在的，如果从期权组合风险敞口的角度总结这个方案的基础配置，则在情绪波动前周期，即权益市场无大级别波动的常规时期，方案的基础配置敞口是正 Delta 和正 Vega；在情绪波动后周期，即权益市场遭遇意外波动后的阶段，方案的基础配置敞口是正 Delta 和负 Vega。

在投资的过程中，如果观察到本书前文讲解过的包括事件驱动套利交易、趋势或非趋势交易、波动率曲面交易等机会，交易者都需要明确这类交易机会的具体执行都要在匹配基础敞口配置需求的情况下才可以进一步推进，否则就是本末倒置。

后　记

回顾我的十年期权心路历程

笔者和期权结缘于 2012 年，当时身处一个小型投资公司。那时，国内还没有广泛形成持牌阳光私募基金的概念，大部分以由知名投资人或团队组建的"投资工作室"和"投资公司"的形式存在，笔者所在的公司就是其中之一。公司依托专业投资能力为投资者提供投资方面的服务，为了和同行的实施策略出现差异化，与中国香港某投资公司合作引入了指数、商品、外汇等期权投资标的。

笔者当时主要的策略是通过中国香港场外平台的对手方，构建中性双卖组合并做简单 Delta 对冲，以获得权利金收益的伪类固收策略，并将这种类固收的思路传播给核心投资者，帮他们实现海外资产的增值目标。笔者当时作为公司的核心研究交易成员，首当其冲负责了期权这个项目的交易台。

很显然，简单的长期双卖是不能取得稳定的类固收收益的，在"黑天鹅"波动来临时很容易被击垮，果不其然，很快就迎来了考验，2013 年上半年的某日，国际商品单日，超级大暴动让整个交易台全面崩溃。

对笔者来说，结果是痛苦的，但这个事情让笔者有了进一步深化期权对冲和风险控制体系的决心。基于对期权定价的进一步认知和学习，笔者从 2013 年开始自主设计期权组合风险跟踪与测评工具，本书所展示的期权组合 Greeks 测评工具就源于此。

2013 年是笔者期权投资生涯的第一次蜕变，笔者深刻意识到风险控制对期权卖方的重要性，同时，也认识到场外期权"生意"的本质，得真懂才能有识别对手方、中间商报价的能力。有些被包装得看起来很好的奇异收益结构未必是真得好，符合自身需求且价格合理才是根本。

2013 年年底，正当笔者自己的期权中性对冲交易思维完成第一阶段升级时，国内开始有期权推出的迹象。当时，各证券和期货交易所都开始向市场提供了大量模拟期权品种交易。笔者因为在同行中属于少见的有期权团队的人，所以最开始就获得了很多活动的邀请，过程中笔者有幸认识了多位目前还活跃于国内期权行业的老师。直到国内第一个期权 50ETF 期权上市，笔者就第一时间介入了交易。

国内期权上市初期，笔者的主要交易并非简单中性双卖，而是和团队一起写程序做期权定价约束套利、期权期货基差套利等策略。虽然投入资金不大，但当时做市商成熟度不高，的确获得了一些收益，这也得益于当时没做裸卖策略，笔者侥幸没有倒在 2015 年期权中性卖方策略波动大年中。

所以虽然标的行情波澜壮阔，但那段时间笔者的期权投资生涯并没有遭遇特别大的挑战。这个阶段笔者个人能力的提升包括，以做市商的思路对期权定价进行重新思考，以及在国内期权推广初期，以首批交易员身份结识了更多同行。过程中一度还和团队做过一个商品期货场外期权定价交易平台，虽然该项目后边因为市场和合规问题没有成功，但也属实算国内最早一批有此尝试的参与者之一。那时，因为有幸参加国内某交易所的比赛，并获得了某券商系期货资管老总的认可，所以后边进入资管行业待了几年。

在资管行业的日子，笔者的期权中性交易手段在实践中继续维护升级，除了期权中性卖方，笔者开始将期权波动率曲面作为核心优化方向。过程中经历了 2018 年年初的暴跌，见识了国内某卖方期权机构一夜净值几乎归零、公司破产的事情，再度深刻认识到卖方风控的重要性。但也因为笔者思维局限在中性，所以错过了 2017 年轰轰烈烈蓝筹牛市下的期权杠杆效应。

在体系内从业期间，笔者最大的一次挫折来源于 2018 年 10 月，上证 50ETF 在一周左右的时间里先暴跌，再飙涨。作为期权卖方，标的资产大级别反复波动让笔者认识到"大头针"风险。虽然产品的回撤通过后续的交易修复了，但是经验得到吸收。笔者进一步优化了期权中性卖方策略体系，微信公众号"发鹏期权说"也差不多是那个时候开始分享内容的。

2019 年回归私募行业，笔者依然作为公司的类固收产品基金经理，以期权中性交易策略为核心进行交易，同时也为公司权益产品提供衍生品配套交易。过程中笔者微信公众号的关注者开始多了起来，同步开始有不少的培训、合作邀约。随后实战交易与培训总结同步推进，笔者进一步体系化了自己的期权交易思路，也有幸让微信公众号得到更多朋友关注，让越来越多期权圈内的朋友知道了笔者。

老实说，在 2020 年以前，尽管笔者总结了不少期权策略技巧，但无一例外都是建立在中性类固收思想下的，笔者的整体投资框架从未超脱于 2013 年那次考验之后的蜕变。这可能和笔者的期权中性交易策略框架没有遭遇过大的波动挑战，进而在相对稳定的中性收益中陷入了"甜蜜"迷失有关。

最近一次期权投资思想上的根本蜕变源于 2020 年波澜壮阔的指数波动，距离当下不是很远，大家应该不陌生。2020 年春节后首日指数大幅跳空，3 月美股熔断带来 A 股崩跌，随后全球央行开启无限撒钱模式，至 2020 年 7 月指数出现超级爆涨。这三次考验让笔者熟悉的不少期权卖方选手被清退出市场，笔者的产品虽然再次经过了波动考验，但是期权投资的底层思想开始有了变化。

对笔者触动最大的是 7 月指数超级暴涨那一次，以期权中性卖方策略为主的产品在绝大部分人的狂欢当中出现回撤，尽管后边很快回归并创新高，但心路过程尤其值得反思。笔者作为一位资管行业的从业者，意识到投资人的感受并不完全是绝对收益，大多数人内心都有参考和对比的"人间真实"，这是人性，是本能。因此笔者认识到和投资者共情的重要性，意识到在权益指数投资基础上追求相对收益的合理性，以及投资人需要更深入地了解笔者的策略内核的必要性。

于是，笔者期权交易框架的第二次蜕变开始了。这之后笔者开始尝试跳出期权，从全市场视角反思，在长期投资原则下回归工具本身，思考期权投资的定位。同时，笔者也认识到了期权卖方策略"终点正期望，过程非坦途"的现实。

思考下来，笔者认为在长期投资原则下，以偏卖为主的期权中性交易框架所获得的类固收不真实，是伪类固收，所获得的阶段性收益看似完美，但是在演绎法逻辑下经不起长期推敲。

相比较而言，基于长期看好人类社会发展的认知，坚守权益指数长期多头，并利用期权工具进行配合是一条更符合演绎法逻辑的投资大道。于是笔者开始了改变，更有幸在这个过程中通过与微信公众号粉丝分享与互动，与业内同道好友切磋与讨论，进一步优化、提炼了本书所述的期权工具配套权益指数多头方案。

直到 2021 年年底，笔者决定与几位志同道合的朋友一起开启属于我们自己的私募基金之路。通过团队的协作配合，在上述方案的基础上，我们又增加了基于宏观、周期等高维信息，通过利用期权、可转债等工具进行主动投资的思路，进一步优化了整体投资框架。

展望未来，笔者坚信目前所坚守的投资大道一定是周期轮回下的光明路，这条路平整且宽敞，欢迎更多的投资人加入！

同时，笔者更深知自己的所知、所思还需不断进阶。今年撰写本书，一方面是向读者汇报笔者当下的思考，另一方面也有约束自己再次总结，再度升华的初衷。

最后，感恩职业过往帮助过笔者的人，是你们的支持让笔者不断进步！感谢"发鹏期权说"粉丝，是你们的认可让笔者持续进阶！感谢同路前行的朋友，是你们的信任让笔者勇敢前行！

附录 A

基于 B-S 期权定价模型的相关 Excel-VBA 公式代码

● Black-Scholes 期权定价模型 Excel-VBA 公式代码

Public Function BSPriceC(S As Double, k As Double, NowTime As Date, EndTime As Date, v As Double, r As Double, q As Double) '需输入的参数：标的资产价格、行权价、现在时间、到期时间、波动率、无风险利率、股息

```
    If EndTime <= NowTime Then
     T = 0.0001
    Else
     T = (EndTime - NowTime) / 365
    End If
    BSPriceC = S * Exp(-(q * T)) * Application.NormSDist(BSD1(S, k,
NowTime, EndTime, v, r, q)) - k * Exp(-(r * T)) *
Application.NormSDist(BSD2(S, k, NowTime, EndTime, v, r, q))
  End Function

  Public Function BSPriceP(S As Double, k As Double, NowTime As Date,
EndTime As Date, v As Double, r As Double, q As Double)
    If EndTime <= NowTime Then
     T = 0.0001
    Else
     T = (EndTime - NowTime) / 365
    End If
    BSPriceP = k * Exp(-r * T) * Application.NormSDist(-BSD2(S, k,
NowTime, EndTime, v, r, q)) - S * Exp(-(q * T)) *
Application.NormSDist(-BSD1(S, k, NowTime, EndTime, v, r, q))
  End Function

  Public Function BSD1(S As Double, k As Double, NowTime As Date,
EndTime As Date, Volatility As Double, r As Double, q As Double)
   If EndTime <= NowTime Then
     T = 0.0001
```

```
    Else
        T = (EndTime - NowTime) / 365
    End If
    BSD1 = (WorksheetFunction.Ln(S / k) + (r - q +
WorksheetFunction.Power(Volatility, 2) / 2) * T) / (Volatility * Sqr(T))
    End Function


    Public Function BSD2(S As Double, k As Double, NowTime As Date,
EndTime As Date, Volatility As Double, r As Double, q As Double)
    If EndTime <= NowTime Then
        T = 0.0001
    Else
        T = (EndTime - NowTime) / 365
    End If
    BSD2 = (WorksheetFunction.Ln(S / k) + (r - q -
WorksheetFunction.Power(Volatility, 2) / 2) * T) / (Volatility * Sqr(T))
    End Function
```

- 二分法计算隐含波动率 Excel-VBA 公式代码

Function CIV(S As Double, k As Double, NowTime As Date, EndTime As Date, r As Double, NowPriceCall As Single) '需输入的参数：标的资产价格、行权价、现在时间、到期时间、无风险利率、看涨期权价格

```
    high = 2
    low = 0
    If EndTime = NowTime Then
     T = 0.0001
    Else
     T = (EndTime - NowTime) / 365
    End If
    Do While (high - low) > 0.00001
        If PriceC(S, k, NowTime, EndTime, r, (high + low) / 2) >
NowPriceCall Then
            high = (high + low) / 2
        Else
            low = (high + low) / 2
        End If
    Loop
    CIV = (high + low) / 2
  End Function
```

```
    Function PIV(S As Double, k As Double, NowTime As Date, EndTime As
Date, r As Double, NowPricePut As Single) '需输入的参数：标的资产价格、行
权价、现在时间、到期时间、无风险利率、看跌期权价格
        high = 2
        low = 0
        If EndTime = NowTime Then
         T = 0.0001
        Else
         T = (EndTime - NowTime) / 365
        End If
        Do While (high - low) > 0.00001
            If PriceP(S, k, NowTime, EndTime, r, (high + low) / 2) >
NowPricePut Then
                high = (high + low) / 2
            Else
                low = (high + low) / 2
            End If
        Loop
        PIV = (high + low) / 2
    End Function
```

● 基于 B-S 期权定价模型计算 Greeks 的 Excel-VBA 公式代码

```
    Public Function BSDeltaCALL(S As Double, k As Double, NowTime As Date,
EndTime As Date, v As Double, r As Double, q As Double)
        Dim d1 As Double
        If EndTime <= NowTime Then
            T = 0.0001
        Else
            T = (EndTime - NowTime) / 365
        End If
        BSDeltaCALL = Exp(-(q * T)) * WorksheetFunction.NormSDist(BSD1(S,
k, NowTime, EndTime, v, r, q))
        If BSDeltaCALL = 0 Then
            BSDeltaCALL = 0.0000001
        Else
            BSDeltaCALL = BSDeltaCALL
        End If
    End Function

    Public Function BSDeltaPUT(S As Double, k As Double, NowTime As Date,
EndTime As Date, v As Double, r As Double, q As Double)
        Dim d1 As Double
        If EndTime <= NowTime Then
            T = 0.0001
        Else
```

```vba
      T = (EndTime - NowTime) / 365
   End If
   BSDeltaPUT = Exp(-(q * T)) * (WorksheetFunction.NormSDist(BSD1(S,
k, NowTime, EndTime, v, r, q)) - 1)
   If BSDeltaPUT = 0 Then
      BSDeltaPUT = 0.0000001
   Else
      BSDeltaPUT = BSDeltaPUT
   End If
   End Function


   Public Function BSGamma(S As Double, k As Double, NowTime As Date,
EndTime As Date, v As Double, r As Double, q As Double)
   Dim d1 As Double
   If EndTime <= NowTime Then
      T = 0.0001
   Else
      T = (EndTime - NowTime) / 365
   End If
   BSGamma = Exp(-(q * T)) * WorksheetFunction.NormDist(BSD1(S, k,
NowTime, EndTime, v, r, q), 0, 1, False) / (S * v * Sqr(T))
   End Function


   Public Function BSVega(S As Double, k As Double, NowTime As Date,
EndTime As Date, v As Double, r As Double, q As Double)
   Dim d1 As Double
   If EndTime <= NowTime Then
      T = 0.0001
   Else
      T = (EndTime - NowTime) / 365
   End If
   BSVega = Exp(-(q * T)) * S * WorksheetFunction.NormDist(BSD1(S, k,
NowTime, EndTime, v, r, q), 0, 1, False) * Sqr(T)
   End Function


   Public Function BSThetaCALL(S As Double, k As Double, NowTime As Date,
EndTime As Date, v As Double, r As Double, q As Double)
   Dim d1 As Double
   Dim d2 As Double
   If EndTime <= NowTime Then
      T = 0.0001
   Else
      T = (EndTime - NowTime) / 365
   End If
   d1 = BSD1(S, k, NowTime, EndTime, v, r, q)
   d2 = BSD2(S, k, NowTime, EndTime, v, r, q)
   BSThetaCALL = -(Exp(-(q * T)) * S * WorksheetFunction.NormDist(d1,
0, 1, False) * v) / (2 * Sqr(T)) + q * S * Exp(-q * T) *
```

```
WorksheetFunction.NormSDist(d1) - r * k * Exp(-r * T) *
WorksheetFunction.NormSDist(d2)
    End Function

    Public Function BSThetaPUT(S As Double, k As Double, NowTime As Date,
EndTime As Date, v As Double, r As Double, q As Double)
    Dim d1 As Double
    Dim d2 As Double
    If EndTime <= NowTime Then
        T = 0.0001
    Else
        T = (EndTime - NowTime) / 365
    End If
    d1 = BSD1(S, k, NowTime, EndTime, v, r, q)
    d2 = BSD2(S, k, NowTime, EndTime, v, r, q)
    BSThetaPUT = -(Exp(-(q * T)) * S * WorksheetFunction.NormDist(-d1,
0, 1, False) * v) / (2 * Sqr(T)) - q * S * Exp(-q * T) *
WorksheetFunction.NormSDist(-d1) + r * k * Exp(-r * T) *
WorksheetFunction.NormSDist(-d2)
    End Function

    Public Function BSRhoCALL(S As Double, k As Double, NowTime As Date,
EndTime As Date, v As Double, r As Double, q As Double)
    Dim d2 As Double
    If EndTime <= NowTime Then
        T = 0.0001
    Else
        T = (EndTime - NowTime) / 365
    End If
    d2 = BSD2(S, k, NowTime, EndTime, v, r, q)
    BSRhoCALL = (k * T) * Exp(-r * T) * WorksheetFunction.NormSDist(d2)
    End Function

    Public Function BSRhoPUT(S As Double, k As Double, NowTime As Date,
EndTime As Date, v As Double, r As Double, q As Double)
    Dim d2 As Double
    If EndTime <= NowTime Then
        T = 0.0001
    Else
        T = (EndTime - NowTime) / 365
    End If
    d2 = BSD2(S, k, NowTime, EndTime, v, r, q)
    BSRhoPUT = -(k * T) * Exp(-r * T) * WorksheetFunction.NormSDist(-d2)
    End Function
```